C·H·Beck
PAPERBACK

Aleida Assmann

DAS NEUE UNBEHAGEN AN DER ERINNERUNGSKULTUR

Eine Intervention

C.H.Beck

Die 1. Auflage dieses Buches erschien
2013 in der Beck'schen Reihe
2. Auflage in C.H.Beck Paperback 2016
3., erweiterte und aktualisierte Auflage. 2020

Originalausgabe

4. Auflage. 2020

www.chbeck.de
Satz: C.H.Beck.Media.Solutions, Nördlingen
Druck und Bindung: Pustet, Regensburg
Umschlaggestaltung: geviert.com, Christian Otto
Umschlagabbildung: Holocaust-Mahnmal, Berlin,
© Axiom Photographic/Getty Images
Gedruckt auf säurefreiem, alterungsbeständigem Papier
Printed in Germany
ISBN 978 3 406 74894 3

myclimate

klimaneutral produziert
www.chbeck.de/nachhaltig

INHALT

VORWORT ZUR DRITTEN AUFLAGE

Dieses Buch erschien 2013 in der ersten und 2016 als unveränderter Nachdruck in zweiter Auflage. Weitere drei Jahre später lässt sich der Titel *Das neue Unbehagen an der Erinnerungskultur* nur beibehalten, wenn das Buch auch auf aktuelle Tendenzen eingeht. Deshalb ist die dritte Auflage um den Abschnitt «Neue Entwicklungen» mit drei Unterkapiteln ergänzt worden, in dem solche Entwicklungen aufgezeigt und diskutiert werden. Ich danke Stefanie Hölscher, Beate Sander, Andreas Wirthensohn und dem Verlag C.H.Beck für die wieder so produktive und einvernehmliche Zusammenarbeit bei dieser Erweiterung.

Traunkirchen, September 2019 Aleida Assmann

EINLEITUNG

1930 veröffentlichte Sigmund Freud in Wien einen Text mit dem Titel *Das Unbehagen in der Kultur*. Darin beschäftigte er sich mit Kultur als einem kollektiven Projekt, das die Wünsche des Ichs zum Wohle der Allgemeinheit beschneidet. Der technische Fortschritt, der das Projekt der modernen Kultur antreibt, führt, so Freud, weder geradewegs zu einem subjektiven Glückszustand noch zu einer wirklichen Befriedigung angesichts der permanent gesteigerten Verfügungsmacht über die Umwelt. Den Grund für ausbleibendes Glück und Befriedigung sah Freud noch nicht in einem gesteigerten Bewusstsein wachsender Gefahren und Risiken der technisch-wissenschaftlichen Zivilisation, sondern in dem Umstand, dass mit der Ausweitung der Kultur auch das Über-Ich angewachsen sei und das Ich immer stärker unter Druck gesetzt habe. Denn die Kultur, so Freud, konfrontiert das Individuum mit einer Reihe von Zumutungen und ethischen Überforderungen. Die «kulturellen Ideale», die die Gesellschaft den Menschen auferlegt, sind deshalb teuer erkauft mit einem künstlich in Gang gehaltenen Bewusstsein für Schuld, das zur Grundlage des individuellen Gewissens geworden ist, sodass «der Preis für den Kulturfortschritt in der Glückseinbuße» besteht und «durch die Erhöhung des Schuldgefühls bezahlt wird».[1]

Wenn wir uns auf dieses Kernargument konzentrieren, trifft Freuds Argumentation auch den Nerv der deutschen Nachkriegsgeschichte: Der Kulturfortschritt wird mit einer Erhöhung des Schuldgefühls bezahlt. Die Reintegration des Landes in den Kreis der zivilisierten Nationen geschah auf der Basis eines negativen Gedächtnisses, das die eigene verbrecherische Vorgeschichte ins kollektive Selbstbild integriert und durch öffentliches Bekennen von Schuld rituell in Gang hält. Die Schuld, um die es inzwischen geht, ist allerdings nicht mehr die fiktive Konstruktion der Tötung eines archaischen Stammvaters durch die Vereinigung der Brüder, sondern der von den Deutschen ausgedachte, durchgeplante und mit transnationaler Kollaboration ausgeführte Mord an den europäischen Juden und anderen zivilen schutzlosen Minderheiten. War Freuds Vorstellung von der Tötung des Urvaters ein wissenschaftlicher Mythos, so ist der Genozid an den Juden ein rezentes und von historischen Quellen akribisch dokumentiertes Menschheitsverbrechen. Da diese Schuldlast bei Weitem alles übersteigt, was emotional getragen und abgegolten werden kann, betrifft sie auch zukünftige Generationen und ist in die Zukunft hinein mitzunehmen.

Die ‹Erinnerungskultur›, von der dieses Buch handelt, ist eine Antwort auf dieses historische Ereignis. Seit den 1990er Jahren hat sich dieser Begriff in wissenschaftlichen Diskursen, in den Ansprachen der Politiker, aber auch in den Medien und sogar in der Alltagssprache immer mehr durchgesetzt. Wir stoßen regelmäßig auf ihn, von der Sonntagsrede bis zum *Spiegel*-Titel, sodass wir uns schon nicht mehr darüber im Klaren sind, dass es sich dabei um eine neue Wortschöpfung handelt. In diesem Fall ist, wie ich zeigen werde, nicht nur das Wort, sondern auch die Sache neu. Warum kam diese Antwort auf das Jahrhundertverbrechen erst so spät? Warum gab es nach dem Ende des Zweiten Weltkriegs keine ‹Erinnerungskultur›? Warum galt lange Zeit das Schweigen als die bessere Option? Mit dem neuen Wort kam auch eine neue Einstellung in die Welt, die das bislang gültige Verhältnis zwischen Zukunft, Gegenwart und Vergangenheit grundsätzlich verändert hat. Wir können auch von einem tiefgreifenden Wertewechsel sprechen, der in die 1980er Jahre zurückreicht. Es handelt sich dabei um eine Verschiebung im Kanon unserer unbefragten Selbstverständlichkeiten, die als solche selbst nicht thematisiert werden, weil sie Teil unseres Weltbildes sind. Die Umwelttheoretiker sprechen von ‹Shifting Baselines›, wenn sie die stillschweigende Verschiebung normativer Referenzpunkte beschreiben. Menschen nehmen Veränderungen ihrer sozialen oder physischen Umwelt in der Regel nicht bewusst wahr, weil sie «immer jenen Zustand ihrer Umwelt für den ‹natürlichen› halten, der mit ihrer Lebens- und Erfahrungszeit zusammenfällt».[2]

Als 1989 die Berliner Mauer fiel und mit ihr das politische Gefüge des sowjetischen Ostblocks, brach gleichzeitig noch etwas anderes zusammen, nämlich der Modernisierungsglaube mit seiner Zukunftserwartung und Vergangenheitsvergessenheit. Die Entstehung der Erinnerungskultur und der Niedergang des Modernisierungsglaubens stehen in einem direkten Verhältnis zueinander und markieren einen Wandel westlicher Zeitorientierung, der erst allmählich ins Bewusstsein tritt.[3] Mit der neuen Erinnerungskultur haben sich die traditionellen Formen des Erinnerns radikal verschoben. Zum ersten Mal sind es nicht mehr nur die eigenen Opfer der Kriege, derer heroisch gedacht und die trauernd beklagt werden, sondern auch die Opfer der eigenen Verbrechen, die in die Verantwortung der Staaten und nachwachsenden Generationen mit einbezogen werden. Diese selbstkritische Erinnerung ist eine historisch völlig neue Entwicklung.

In den letzten drei Jahrzehnten ist diese Erinnerungskultur in Deutschland mit großer Energie, finanziellem Aufwand und bürgerschaftlichem Engagement aufgebaut worden und seither mit einer Fülle von Institutionen und Initiativen, Gedenkstätten und Museen, Veranstaltungen und Programmen für alle erreichbar und unübersehbar geworden. Sie ist durch die Medien ganz selbstverständlich in den Alltag eingelassen, vor der Haustür in Gestalt von Stolpersteinen präsent und überregional sichtbar in herausragenden Bauten und Monumenten. Nach dieser emsigen Phase des Aufbaus steht die deutsche Erinnerungskultur nun auf dem Prüfstand. Welche Rolle soll diese Erinnerung fortan in unserer Gesellschaft spielen? Soll sie überhaupt fortgesetzt werden, und wenn ja, wie? Wohin soll der Weg gehen, und wer soll ihn gehen? Das sind einige der Grundfragen, die sich auf der aktuellen Agenda angesammelt haben.

«Der letzte Pimpf, dem man noch vorhalten könnte, ein solcher gewesen zu sein und sich dazu nicht rechtzeitig reumütig bekannt zu haben, wird bald unter der Erde liegen», schrieb Hermann Lübbe im Jahr 2008.[4] Nach Harald Welzers Auskunft «spricht viel dafür, dass die Intensität der Erinnerung an die NS-Vergangenheit, den Krieg und den Holocaust künftig abnehmen, sich devitalisieren wird». Er bringt das in Zusammenhang mit der Tatsache, dass «mit dem Heranwachsen der vierten und fünften Generation nach dem Holocaust die unmittelbare generationelle Verbindung zu diesem historischen Geschehenszusammenhang verschwindet».[5]

«Die kurze Ära der Zeitzeugen» liegt bald hinter uns. Aber können wir daraus schließen, dass damit auch das Ende der Erinnerung an diese Geschichtsepoche zu ihrem ‹natürlichen› Ende kommen wird? Werden Zweiter Weltkrieg und Holocaust bald nur noch «ein Kapitel im Geschichtsbuch» sein? (Frank Schirrmacher) Ereignisse können als historisch geworden und vergangen gelten, wenn sie aufgehört haben, Teil der normativen Selbstdefinition eines kollektiven ‹Wir› zu sein: Das können ‹wir› vergessen (und den Historikern überlassen). Andernfalls lautet die Formel: Das dürfen ‹wir› als Bürger dieses Landes nicht vergessen. Die Möglichkeit eines verlängerten Identitätsbezugs zu einer negativen Geschichtserfahrung hat bereits Nietzsche thematisiert, als er schrieb: «Da wir nun einmal die Resultate früherer Geschlechter sind, sind wir auch die Resultate ihrer Verirrungen, Leidenschaften und Irrtümer, ja Verbrechen; es ist nicht möglich, sich ganz von dieser Kette zu lösen. Wenn wir jene Verirrungen verurteilen und uns ihrer für enthoben erachten, so ist die Tatsache nicht beseitigt, dass wir aus ihnen herstammen.»[6]

Die Frage ist deshalb wohl weniger, *ob* es für die Erinnerungskultur nach der nächsten oder übernächsten Generationenwende noch eine Zukunft geben wird, als vielmehr, *wie* diese Erinnerungskultur zu gestalten ist, d. h. welche aktuellen Probleme, Gefahren, Herausforderungen und Chancen in dieser Zukunft auf uns zukommen. Erinnern ist ein dynamischer Prozess, der sich durch inneren Druck und veränderte äußere Konstellationen in permanenter Veränderung befindet. Nietzsches genealogisches Konzept der ‹Kette› und des ‹Herstammens› zum Beispiel setzt ein ethnisches Schuldkollektiv voraus, das im Zeitalter von Globalisierung, Migration und der damit einhergehenden Pluralisierung von Erinnerungen nicht mehr haltbar ist. Wir befinden uns in einer demographischen und kulturellen Wende und haben deshalb nicht nur einen aktuellen Bedarf an Erneuerung und Anpassung an die veränderten Verhältnisse, sondern auch an Reflexionen und Kommunikation über anstehende Richtungsentscheidungen. Deshalb erscheint eine selbstkritische Diskussion über die Standortbestimmung und Entwicklungsdynamik der deutschen Erinnerungskultur zum gegenwärtigen Zeitpunkt dringend geboten.

Der unmittelbare Anstoß für dieses Buch ist das wachsende Unbehagen an der Erinnerungskultur, das derzeit in vielen Stellungnahmen und Stimmungen zum Ausdruck kommt. Diese sind ein deutliches Signal dafür, dass wir an einem Wendepunkt angekommen sind, wo wichtige Veränderungen dieser Erinnerungskultur im 21. Jahrhundert anstehen und bereits im Gange sind. Vorrangig stellt sich diese Wende als ein doppelter Generationswechsel dar. Zum einen befinden wir uns, wie erwähnt, am Ende der Ära der Zeitzeugen, die bislang als Mittler eine wichtige Brücke zwischen Geschichte als persönlicher Erfahrung und bloßem Lernstoff geschlagen haben. Auftritte von Überlebenden und Zeitzeugen in Schulen und Gedenkstätten konnten immerhin zu einer Erfahrung aus zweiter Hand beitragen und blieben als Begegnung und Ereignis im persönlichen Gedächtnis der Nachwachsenden anders haften als Zahlen und Fakten im reinen Wissensgedächtnis.

Zum anderen befinden wir uns zum gegenwärtigen Zeitpunkt am Ende der Deutungsmacht der 68er-Generation, die zusammen mit den noch älteren Generationen der Flakhelfer und der Kriegskinder als Architekten, Planer und Betreiber der deutschen Erinnerungskultur verantwortlich zeichnet. Diese Generation muss ihre Verantwortung nun in jüngere Hände legen. Der aktuelle Diskurs des Unbehagens ist ein klares Zeichen dafür, dass nachwachsende Generationen vermehrt ihre Deutungsmacht wahrnehmen und sich mit ihren Vorstellungen, Emotionen, Ideen, Werten und Gestaltungskonzepten in der Diskussion zu Wort melden. Wenn ich mich selbst in dieser Diskussion noch einmal zu Wort melde, dann nur, weil ich diese Diskussion, die grundsätzliche Fragen über Verfassung, Zweck, Form und Perspektive der deutschen Erinnerungskultur aufwirft, für ebenso aktuell wie anregend halte. Es ist an der Zeit, sich diesen wichtigen Fragen und Herausforderungen zu stellen, die in der allgemeinen Routine und Betriebsamkeit der Erinnerungsaktivitäten keine Chance haben.

Neben dem Abtreten der Zeitzeugen und dem Generationswechsel gibt es weitere Gründe für das gegenwärtige Unbehagen an der deutschen Erinnerungskultur. Die Erinnerung an den Zweiten Weltkrieg und an den Holocaust wird bald ausschließlich mediatisiert sein. Dabei spielt auch eine wichtige Rolle, dass sich die Medienlandschaft durch den allgemeinen Zugang zu digitalen Medien und insbesondere zu den sozialen Medien stark verändert. Welche Bedeutung haben nationale Zugehörigkeiten noch in einer digitalen Welt, in der jede von jedem gleich weit entfernt ist und auf dasselbe Repertoire von Bildern, Texten und Tönen zugreifen kann? Ebenso hat sich die Zusammensetzung der Gesellschaft in Zeiten der Einwanderung grundsätzlich gewandelt. Hinzu kommt, dass die Deutschen immer stärker im Begriff sind, ihre Geschichte auch als Teil einer gemeinsamen europäischen Geschichte zu begreifen. All das erfordert und ermöglicht neue Zugänge zur Vergangenheit, die Auswirkung auf die Qualität der Erinnerungskultur haben werden.

1998 war es die Rede Martin Walsers in der Frankfurter Paulskirche, die Anlass zu einer ähnlichen Generalreflexion bot und mich damals zu einer Anatomie der Debatte anregte.[7] Diesmal sind es die Stimmen des Unbehagens, die mir den Anstoß geben, Schlüsselbegriffe der Debatte zu identifizieren und sie zum Gegenstand einer vertiefenden Reflexion zu machen. Die hier angebotene kritische Durchleuchtung der deutschen Erinnerungskultur reicht von aktuellen Medienangeboten wie dem ZDF-Dreiteiler *Unsere Mütter, unsere Väter* bis zu weitreichenden transnationalen Bezügen. Sie beschränkt sich dabei nicht auf die Momentaufnahme des gegenwärtigen Zeitpunkts, sondern bettet die Debatte in einen weiteren europäischen und globalen Kontext ein. Damit soll der Erinnerungsdiskurs ein Stück weit aus seiner deutschen Selbstbezüglichkeit herausgelöst und die Frage nach Bedeutung und Zukunft der Erinnerung auch in eine transnationale Perspektive gestellt werden.

Die vielen Fragen, die an diesem Wendepunkt anstehen, können hier in keiner Weise erschöpfend thematisiert werden. Es ist aber das Anliegen dieser Intervention, wichtige Stichworte und wiederkehrende Themen aus dem Unbehagen-Diskurs aufzunehmen und als kritische Denkanstöße zu würdigen. Dabei soll gleichzeitig der Versuch unternommen werden, die Begrifflichkeit zu schärfen und konkrete Probleme zu konturieren, um damit eine breitere Grundlage für diese wichtige Auseinandersetzung zu schaffen. Mein Anliegen geht dahin, die Erinnerungskultur trotz evidenter Probleme und Fehlentwicklungen als tragendes Element unserer Zivilgesellschaft auszuweisen. Unbehagen artikuliert sich oft als Unmut; es macht sich Luft in der Abfuhr von Frustrationen und verdichtet sich in Polemik. Nicht immer ist ganz klar, wogegen sich das Unbehagen genau richtet: Handelt es sich um persönliche Invektiven? Um einen fachlichen Richtungsstreit? Um Überdruss und allgemeine Abwehr? Ich werte die unterschiedlichen Stimmen als Ausdruck einer Krise, die sich in emotional gefärbten Ausdrucksformen niederschlägt. Diese wiederum sind Fingerzeige auf unbearbeitete Probleme, die sich angestaut haben und noch nicht wirklich in die Form einer Diskussion oder Debatte überführt worden sind. Zu einer solchen Übersetzung von Unbehagen in kritische Auseinandersetzung möchte diese Intervention beitragen – in der Hoffnung, damit zugleich auch einen Beitrag zur Selbstaufklärung und Erneuerung des gemeinsamen Projekts der Erinnerungskultur zu leisten.

VERGESSEN, BESCHWEIGEN, ERINNERN

> Ist Erinnern notwendig ein Segen? Ist Vergessen immer ein Fluch? Ist jeder Gebrauch, den wir von der Vergangenheit machen, legitim?
> Tzvetan Todorov[1]

1. Probleme mit der Gedächtnisforschung

Ich beginne diese Studie über das Unbehagen an der Erinnerungskultur mit einem kurzen Auftakt über das Unbehagen an den Grundlagen des Erinnerns selbst und über die Kritik an der Begrifflichkeit, die diesem Konzept zugrunde liegt. Denn es gibt einige, die nicht nur mit den Formen der Erinnerungskultur unzufrieden sind, sondern bereits die Tatsache als solche in Abrede stellen. Sie hadern schon mit der Voraussetzung, dass Erinnern und Vergessen kognitive Tätigkeiten sind, die nicht nur Individuen, sondern auch Kollektiven wie Gruppen, Gesellschaften und Staaten zuzurechnen sind. Deshalb sollen hier zunächst einige begriffliche Grundlagen geklärt und soll insbesondere auf das Konzept des ‹kollektiven Erinnerns› eingegangen werden, dem sich manche nach wie vor hartnäckig widersetzen.

Individuelles und kollektives Gedächtnis

Es gibt insbesondere unter Historikern eine konstante Gruppe von Agnostikern, die mit der Begrifflichkeit des ‹kollektiven Gedächtnisses› nichts anfangen können. Diese Tradition beginnt bereits mit Marc Bloch in den 1920er Jahren. Der Mitbegründer der *Annales*-Schule hielt Maurice Halbwachs, dem Pionier der Gedächtnisforschung, vor, der Begriff des ‹kollektiven Gedächtnisses› stütze sich auf eine Metapher und sei deshalb fiktiv. Die Metapher lege die Vorstellung nahe, ein Kollektiv ‹habe› ein Gedächtnis, so wie Organismen ein Gedächtnis ‹haben›. Davon war bei Halbwachs allerdings nie die Rede, der in sehr konkreten soziologischen Studien untersuchte, wie sich Gruppen ein Gedächtnis schaffen. Dieses gemeinsame Gedächtnis schließt allerdings nicht individuelle Gehirne wie die Computer einer LAN-Party zusammen, sondern beruht auf gemeinsamen Riten, Symbolen und Geschichten, an denen man teilnimmt und die man sich gegenseitig erzählt. Es führt kein direkter Weg von individuellen Erfahrungen und Erinnerungen zu einem kollektiven Gedächtnis. Dieses ist keine Ansammlung von Einzelerinnerungen, sondern eine rekonstruierte Geschichte, die den Rahmen absteckt für die eigenen Erinnerungen, sodass man sich mit selbst Erlebtem in ihr wiedererkennt oder sich dieser Geschichte zurechnen kann. Das kollektive Gedächtnis ist im doppelten Sinn repräsentativ: Es repräsentiert einen als zentral bewerteten Ausschnitt der Vergangenheit und ist repräsentativ für Einzelschicksale. Dabei geht es immer um die doppelte Frage: Was wollen wir erinnern, was können wir vergessen? Diese Frage muss von Mal zu Mal unterschiedlich beantwortet werden – genau darin liegt die Dynamik des Erinnerns als eines unabschließbaren Prozesses.

Durch Einbindung in Kommunikation und Teilnahme an gemeinsamen Überlieferungsbeständen werden Gruppengedächtnisse aufgebaut, die jeweils ganz unterschiedliche Grade der Festigkeit, Reichweite und Verbindlichkeit aufweisen. Nur das, was in Museen ausgestellt, in Denkmälern verkörpert und in Schulbüchern vermittelt wird, hat auch die Chance, an nachwachsende Generationen weitergegeben zu werden. Ein kollektives Gedächtnis ermöglicht es den Mitgliedern einer Gesellschaft, über räumliche und zeitliche Entfernungen hinweg Bezugspunkte in der Vergangenheit festzuhalten und gemeinsame Orientierungsformen aufzubauen. Auf diese Weise kann man sich als Teil einer größeren Einheit begreifen, die weit über die individuelle Erfahrung hinausgeht. Diese hier in aller Kürze zusammengefassten Grundlagen der kulturellen Gedächtnisforschung finden bei den besagten Agnostikern keinerlei Zustimmung; im Gegenteil fühlen diese sich berufen, den erinnerungskulturellen Forschungskonsens mit militanten Common-Sense-Argumenten immer von Neuem in Frage zu stellen. Nehmen wir als prominentes Beispiel den 2006 verstorbenen Historiker Reinhart Koselleck:

> Meine These ist: ich kann nur das erinnern, was ich selber erfahren habe. Erinnerung ist an die persönliche Erfahrung zurückgebunden. Ich habe keine Erinnerung bis auf das, was ich selbst erfahren habe. Ich würde sogar soweit gehen zu sagen, dass jeder Mensch ein Recht auf seine eigene Erinnerung hat. Das ist das Recht auf seine eigene Biographie, das Recht auf seine eigene Vergangenheit, die ihm durch keine Kollektivierung, durch keine Homogenisierung, durch keine Zumutung genommen werden kann. Diese Erinnerung ist etwas völlig anderes als die Erinnerung, die das deutsche Volk zum 27. Januar, dem Tag der Befreiung von Auschwitz durch die Russen, offiziell feiert.[2]

In dieser These stecken mehrere Überzeugungen, die hier einzeln diskutiert werden sollen. «Ich habe keine Erinnerung bis auf das, was ich selbst erfahren habe.» Jedem ist sofort verständlich, was damit gemeint ist: Erinnerungen kann man sich (bisher noch) nicht implantieren lassen, sie sind an die genuin eigene Wahrnehmungs- und Erfahrungsperspektive gebunden und gehören damit zum unveräußerlichen Besitz der Person. Es soll, so Koselleck, daher ein Menschenrecht auf diese Erinnerung geben, weil sie wie die Glaubensüberzeugungen zum Grundbestand des freien und authentischen Selbst gehört. Diese Überzeugung leuchtet ein, auch wenn hier bei näherer Betrachtung einige Fragezeichen angebracht werden könnten. Koselleck betont bereits selbst, «dass es zwar keine kollektiven Erinnerungen gibt, aber (...) kollektive Bedingungen der möglichen Erinnerungen». Jeder weiß von sich selbst, dass der eigene Fundus der Erinnerungen unweigerlich mit Bildern und Anekdoten anderer durchsetzt ist und dass sich gerade bei den frühen Erinnerungen keine scharfe Grenze zwischen dem Selbsterlebten und dem, was man erzählt bekommen hat, ziehen lässt. Darüber hinaus teilen wir mit anderen nicht nur unsere Sprache und kulturellen Kategorien, sondern auch das, was Maurice Halbwachs ‹Gedächtnisrahmen› genannt hat. Unter diesem Begriff fasst er gruppenbezogene Kriterien der Auswahl und Relevanz, der kollektiven Deutungsmuster und emotionalen Besetzung von Ereignissen zusammen.[3] Deshalb kann man den Spieß auch umdrehen und die umgekehrte Frage stellen: «Kann es – wie Kritiker des Gruppenkonzeptes behaupten – ein rein individuelles Erinnern geben?»[4] Individuen, so die Gegenthese, erinnern eben nicht nur solipsistisch für sich selbst, sondern gehören, ob ihnen das bewusst ist oder nicht, immer schon größeren Erinnerungskollektiven an, in deren Rahmen sie sich mit den Anderen oder gegen die Anderen erinnern.

Kosellecks leidenschaftliches Plädoyer läuft darauf hinaus, dass zwischen einer persönlichen und einer kollektiven Erinnerung unbedingt zu unterscheiden ist. Damit bestätigt er aber zugleich die Existenz des Phänomens der kollektiven Erinnerung. Sie ist also keine reine Metapher und kein referenzloses Hirngespinst der Theoretiker, sondern existiert durchaus, wenn auch auf einer anderen Ebene: der Ebene des Gedenkens. Koselleck wehrt sich mit Recht gegen den Versuch, diese beiden Formen von Erinnerung gleichzusetzen, auch wenn nicht ganz klar wird, wer je den Anspruch erhoben hätte, persönliches Erinnern und kollektives Gedenken in eins zu setzen.[5] Ich gehe jedenfalls davon aus, dass die Deutschen, die am 27. Januar an die Befreiung von Auschwitz denken, sehr gut wissen, dass sie keine persönliche Erinnerung an diesen Ort haben. Sie können sich Bilder und Filme anschauen oder Reden anhören, Texte lesen und sich mit anderen Menschen darüber unterhalten, Ausstellungen und Gedenkorte besuchen und sich dabei jährlich an dieses historische Ereignis erinnern lassen. Sie können das Datum aber auch ganz einfach ignorieren, denn die Teilnahme an diesem Wissen und seinem kollektiven Identitätsbezug ist grundsätzlich freiwillig und kann in einer Demokratie nicht erzwungen werden. Das Datum im Kalender entspricht deshalb keiner allgemeinen und gleichförmigen Erinnerungsverordnung, sondern bietet lediglich einen Erinnerungsanlass, den jeder und jede nach eigenen Interessen und Motivationen wahrnehmen kann.

Geschichte und Gedächtnis

Es ist mit Koselleck also unbedingt zwischen kollektiver und persönlicher Erinnerung zu unterscheiden. Mit großem Pathos betont Koselleck, dass die persönliche Erinnerung nicht von der kollektiven Erinnerung gleichgeschaltet und mundtot gemacht werden dürfe. Offenbar denkt er hier an seine eigene Erfahrung in der totalitären Gesellschaft des Nationalsozialismus, die er als Schüler und Soldat bewusst und aktiv miterlebt hat. Wie Orwell nach dem Krieg in seinem Roman *1984* anschaulich dargestellt hat, versuchen totalitäre Gesellschaften die Vergangenheit nach dem Bilde ihrer jeweiligen Machtinteressen zu formen und unterdrücken dabei die subversive Kraft der persönlichen Erinnerung, die dieser kollektiven Fiktion ein Veto entgegensetzen könnte. Derselbe Widerstand gegen eine politisch gefährliche, ausschließlich Machtinteressen stützende Konstruktion der Vergangenheit bestimmt auch Kosellecks Zugang zur Geschichtswissenschaft. Als Historiker steht er auf der Seite der Wahrheit, «die von niemandem bestritten und geändert werden darf und kann, was immer Gedächtnis und Erinnerung sonst produzieren».[6] So leidenschaftlich er für die Authentizität des persönlichen Erinnerns und gegen das kollektive Erinnern eintritt, so leidenschaftlich tritt er für die historische Wahrheit und gegen die Machenschaften des Gedächtnisses ein: «Es gibt so viele Erinnerungen wie Menschen und jede Kollektivität, die darüber gestülpt wird, ist m. E. a priori Ideologie oder Mythos. Keine Ideologie und kein Mythos ist dagegen jene Erinnerung, die durch die Düse der historischen Kritik gelaufen ist.»[7]

In die von Koselleck konstruierten Oppositionspaare ist die klare Wertung ‹gut vs. schlecht› bzw. ‹real vs. fiktiv› eingeschrieben. Wer würde sich hier nicht sofort für die kritische Historiographie und gegen Ideologie und Mythos entscheiden? Auf dieser epistemologischen Basis ist der Zugang zur Thematik des kollektiven oder kulturellen Gedächtnisses allerdings ein für allemal versperrt. Der Schlüssel, mit dem dieser Zugang aufzuschließen wäre, lautet Identität. Menschen leben, so diese Prämisse, nicht nur als Individuen zusammen, die sie selbstverständlich immer bleiben, sondern sie leben auch in Gesellschaften, Gruppen und Kulturen, denen sie sich zugehörig fühlen und mit deren Hilfe sie sich selbst verstehen und definieren. Solche Identitäten kommen nicht ohne Rückbezüge auf die eigene Vergangenheit aus, sei es, um sich an Vorbildern zu orientieren, sei es, um sich Rechenschaft abzulegen. Für Koselleck muss der Historiker jedoch immer auf der Gegenseite stehen. «Der Auftrag der Historie (ist) m. E. höher und wichtiger als der Anspruch, Erinnerungen kollektiv zu verkaufen.» Und er geht noch einen Schritt weiter: Der Historiker «hat nicht die Aufgabe, Identität zu stiften, sondern sie zu vernichten».[8]

Diese Worte sind eine klare Kampfansage nicht nur an die Gedächtnisforschung, sondern auch an die Gedächtnismacher. Wer zeichnet verantwortlich für die Konstruktionen des Gedächtnisses? Die Antwort hängt von der Form des politischen Gemeinwesens ab. In totalitären Gesellschaften ist es der Staat, der das kollektive Gedächtnis schafft und kontrolliert; in Demokratien sind es obendrein auch die Bürger, die Künstler, die Parteien und vor allem die Medien. Koselleck verwischt diesen wichtigen Unterschied, wenn er die folgenden «sieben großen Ps» als Chef-Ideologen und Mythenfabrikanten für die Gedächtniskonstruktionen verantwortlich macht: «die Professoren, die Priester, die Pfarrer, die PR-Spezialisten, die Presseleute, die Poeten und die Politiker. Das sind sieben Kategorien in der Gesellschaft, deren Referenzbestimmungen sich auf Kollektivität beziehen, die sie durch Homogenisierung, Kollektivierung, Vereinfachung, Verschlichtung und Mediatisierung selber stiften wollen.»[9] Wer sich auf Kosellecks Opposition ‹geschichtliche Wahrheit› vs. ‹Mythos der Erinnerung› einlässt, kann deshalb nicht anders, als den neuen Forschungszweig der Gedächtnisstudien in toto abzulehnen. Wer jedoch davon ausgeht, dass Menschen nicht nur als vereinzelte Individuen, sondern auch in Gruppen leben, die durch Bande der kulturellen Erfahrung, der historischen Prägung und der sozialen Loyalität zusammengehalten werden, dem eröffnet die Frage nach den Bindungs- und Konfliktpotentialen des Gedächtnisses ein weites neues Forschungsfeld.

Wer diesen Schritt in die Gedächtnisgeschichte tut, dem bietet sich ein vielfältiges Bild. Er hat die abgesicherte wissenschaftliche Domäne der Wahrheit und Distanz verlassen und sieht die historischen Akteure in einem Beziehungsgefüge von Werten und Aspirationen, symbolischen Praktiken und emotionalen Investitionen. Voraussetzung dafür ist nichts anderes, als dass Menschen sich brauchbare Vergangenheiten zurechtlegen, von belastenden Episoden ihrer Geschichte heimgesucht werden oder sich auf die eine oder andere Weise dem Druck dieser Vergangenheit stellen. Im Medium der Erinnerung setzt man sich in der Gegenwart für die Zukunft gemeinsam Ziele. Die Begriffe ‹Ideologie› und ‹Mythos› ändern in diesem Licht ihre Bedeutung. Sie stehen plötzlich nicht mehr für ‹Verblendung› und ‹Lüge›, sondern für symbolische Konstrukte, die Menschen zusammenhalten und mit deren Hilfe diese ihr Leben organisieren. Die Einsicht, die noch dazukommt, ist die, dass Menschen ohne solche Konstrukte nicht auskommen, sondern auf symbolische Formen gemeinschaftlicher Rückversicherung und Orientierung angewiesen sind. Wenn dieser Schritt vollzogen ist, kann und muss man auf einer nächsten Stufe freilich die Frage nach Funktion und Beschaffenheit dieser Konstrukte stellen. Denn Konstrukt ist nicht gleich Konstrukt; es gibt, wie noch ausführlicher zu zeigen sein wird, aggressive sowohl wie produktive und Gewalt mobilisierende sowohl wie zivilisierende Gedächtnishorizonte.

Wir dürfen also von unterschiedlichen Formen des Erinnerns ausgehen – persönlichen und kollektiven –, die sich keineswegs gegenseitig aufheben oder ausschalten. Dasselbe gilt für das Nebeneinander von Gedächtniskonstruktionen und historischer Forschung. Auch hier stoßen wir auf einen Problemkomplex des Unbehagens, aus dem ununterbrochen Irritationen, Vorwürfe, Polemiken, Unklarheiten hervorgehen. Deshalb sind hier ein paar (hoffentlich) klärende Sätze angebracht. Die polemische Gegenüberstellung von ‹Gedächtnis› und ‹Geschichte› wurde zu einem Topos der 1990er Jahre. Dieses Verhältnis wird heute immer seltener als eines der gegenseitigen Verdrängung und immer öfter als eines der gegenseitigen Ergänzung diskutiert. Einerseits können die Historiker einer demokratischen Gesellschaft nicht vorschreiben, was und wie sie sich zu erinnern hat. Normative Fragen dieser Art sind nicht Teil ihres Geschäfts; diese Zumutung müssen sie von sich weisen, denn mit dieser Aufgabe wären sie völlig überfordert. Das meint Koselleck, wenn er davon spricht, der Historiker «hat nicht die Aufgabe, Identität zu stiften, sondern sie zu vernichten». Identität zu stiften, das wäre das Geschäft eines ‹Historikers im Dienste der Macht›, von dem sich der ‹Historiker im Dienste der Wahrheit› so klar wie möglich distanzieren muss. Andererseits dürfen sich die Konstruktionen des Gedächtnisses nicht gegenüber der historischen Forschung immunisieren. Was eine Gesellschaft als verpflichtende Grundlage ihres Vergangenheitsbezugs auswählt, muss sich dem Licht der kritischen Forschung aussetzen. Das Vergangenheitsmonopol eines Staates, der die unabhängige Geschichtsschreibung ausschaltet, führt unmittelbar zu Ideologie und Mythos im oben beschriebenen Sinne; andererseits führt eine kritische Historiographie, die neben sich keine Möglichkeiten von Gedächtnis und Identitätsbezug zulässt, zur Selbst-Enteignung der Geschichte durch ihre Verwissenschaftlichung. Das war schon Friedrich Nietzsches großes Thema: Wie konnte man verhindern, dass sich normative kulturelle Identitätsbezüge durch die moderne historische Wissenschaft gänzlich auflösen? Ein halbes Jahrhundert später formulierte Walter Benjamin die Einsicht, «dass Geschichte nicht allein eine Wissenschaft, sondern nicht minder eine Form des Eingedenkens ist», womit sich, wie Jürgen Habermas dann später hinzufügte, «unsere Verantwortung auch noch auf die Vergangenheit ausdehnt».[10]

Da individuelles Erinnern, kollektives Gedächtnis (bzw. Eingedenken, kulturelles Gedächtnis) und Historiographie irreduzible Zugänge zur Vergangenheit sind, die sich nicht aufeinander zurückführen lassen, ist von einer Pluralisierung der Vergangenheitsbezüge auszugehen. Dieses Nebeneinander braucht nicht als postmoderne Relativierung, sondern kann als ein System der *checks and balances*, der gegenseitigen Ergänzungen und Kontrolle verstanden werden. Wir können gleichzeitig feststellen, dass die Grenzen zwischen den Domänen gar nicht mehr so undurchlässig sind und vermehrt auch Überschneidungen aufweisen. Die Historiker, die Kosellecks klare Dichotomie von ‹kritischer Historie› einerseits und ‹Ideologie und Mythos› andererseits unterschreiben, haben allerdings den strategischen Vorteil, dass sie sich damit in polemische Konfrontation zu einem abgewerteten Anderen begeben und immer überlegen fühlen können. Wer gegen ‹Ideologie› und ‹Mythos› zu Felde zieht, hat die moralische Sicherheit, auf der richtigen Seite zu stehen. Wer jedoch inzwischen gelernt hat, dass auch die eigene Position Anteile von Ideologie und Mythos aufweist, wird diese einfache Selbstpositionierung, außer in klaren politischen Kampfsituationen, immer weniger aufrechterhalten wollen. Das Problem ist nicht die Frage nach Ideologie und Mythos, sondern die nach gegensätzlichen politischen Optionen: Geht es im konkreten Fall um die einseitige Instrumentalisierung der Vergangenheit zu Machtzwecken oder die rechtsstaatliche Selbstkritik und Anerkennung von historischer Verantwortung? Innerhalb der Geschichtswissenschaft gibt es nicht nur Agnostiker der Erinnerungskultur, sondern inzwischen auch ein reiches Spektrum unterschiedlicher Positionierungen im Spannungsfeld von Geschichte und Gedächtnis. Jörn Rüsen zum Beispiel, ehemaliger Kollege von Reinhart Koselleck in Bielefeld, arbeitet mit einem Konzept von ‹Geschichtskultur›, das wichtige Dimensionen der Kulturwissenschaft wie traumatische Nachwirkung, Emotionalität und Identitätsbezug in sich aufgenommen hat.[11] Paradoxerweise ist festzustellen, dass der Großteil der Gedächtnisforschung inzwischen von der Zunft der professionellen Historiker getragen wird, die darin offenbar keine Gewissensentscheidung zwischen Wahrheit und Lüge mehr sehen, sondern eine willkommene Ausweitung ihrer Methoden und Fragestellungen. Diese Entwicklung zerstreut auch die Sorge, dass die kulturwissenschaftliche Gedächtnisforschung die Frage nach der Wahrheit außen vor lässt und sich selbst hemmungslos an Ideologie- und Mythenproduktion beteiligt, denn die Untersuchung von Gedächtnisgeschichten schließt ja keineswegs kritische Perspektiven auf die untersuchten Befunde aus. Im Gegenteil hat sie sich längst zu einem reflexiven Meta-Diskurs und wichtigen Zweig der kritischen Analyse und Diagnostik von Gedächtniskonstruktionen entwickelt. Sobald man die platte Dichotomie von Geschichte und Gedächtnis aufgibt, werden die vielfältigen Bezüge zwischen beiden Formen des Umgangs mit der Vergangenheit sowie ihre gegenseitige Ergänzung sichtbar. Denn wir brauchen das Gedächtnis, um der Masse des historischen Wissens Leben einzuhauchen in Form von Bedeutung, Perspektive und Relevanz, und wir brauchen die Geschichte, um die Konstruktionen des Gedächtnisses kritisch zu überprüfen, die immer in bestimmten Machtkonstellationen entstehen und von den Bedürfnissen der Gegenwart diktiert sind.

Kulturelles Gedächtnis

Ähnlich wie Koselleck ist Jan Philipp Reemtsma, der Leiter des Hamburger Instituts für Sozialforschung, ein Vertreter des radikalen Individualismus. Auch diese Position tritt mit einem exklusiven Anspruch auf, der andere Formen des Selbstverhältnisses negiert oder entwertet. Wie für Koselleck gilt auch für Reemtsma, dass sich nur Individuen erinnern können. Ihre Erinnerung ist ephemer und kurzfristig: «Weniges wird überhaupt bewusst wahrgenommen. Weniger wird ins Kurzzeitgedächtnis aufgenommen. Noch weniger wird längerfristig, kaum etwas als biographisch bedeutsam ein Leben lang erinnert.»[12] Die Möglichkeit eines ‹kulturellen Gedächtnisses› wird explizit ausgeschlossen. Die Einsicht, dass es auch ein auf Symbole gestütztes Gedächtnis gibt, das sich eine Gruppe als Form der Selbstvergewisserung und Orientierung für die Zukunft aufbaut und über Generationen hinweg weitergibt, war jedoch ein wichtiger Lernschritt, der seit den 1980er Jahren unser Verständnis von Kulturen und unsere Perspektive auf gegenwärtige Veränderungen erweitert hat. Kulturen, so diese These, schaffen gemeinsame überlebenszeitliche Wissens- und Bezugsräume, in denen sich die Angehörigen dieser Kultur mit ihren eigenen Erfahrungen verorten und orientieren. Vergangenheit ist deshalb nicht nur etwas, das automatisch vergeht oder was nur noch die Historiker etwas angeht. Wer sich mit Erinnerung beschäftigt, weiß, dass der Gegensatz zwischen Vergangenheit und Zukunft in die Irre führt. Erinnerung, das hat der Hirnforscher Eric Kandel am Beispiel der Wasserschnecke Aplysia nachgewiesen, dient dazu, «unter Rückgriff auf ein in der Vergangenheit etabliertes Reizmuster eine Anforderung in der Gegenwart zu meistern, um in der Zukunft überleben zu können.»[13] Auch im Bereich der Kultur dient Erinnerung «der Orientierung in einer Gegenwart zu Zwecken künftigen Handelns».[14] Es gibt, soweit wir wissen, keine Kultur, die nicht mit ihren je eigenen Mitteln Strategien und Praktiken eines kulturellen Gedächtnisses entwickelt hätte.

In westlichen Kulturen wird Vergangenheit arbeitsteilig verwaltet. Sie wird von verschiedenen Institutionen wie Bibliotheken, Archiven und Museen bereitgehalten, um als Informationsquelle, als Bildungsgut, als künstlerische Ressource, als Gegenstand der Aneignung und nachträglichen Auseinandersetzung genutzt zu werden. Persönliches Erinnern und Vergessen sind deshalb immer schon in diese größeren Zusammenhänge kulturellen Erinnerns und Vergessens integriert. Menschen entscheiden nicht nur für sich selbst, was sie erinnern wollen und was nicht, sondern auch gemeinsam über das, was auch in Zukunft noch Geltung behalten und für die Nachwelt erreichbar sein soll. In diesem Sinne wurden und werden permanent Weichen für die Zukunft des Gedächtnisses gestellt, indem Entscheidungen und Vorkehrungen darüber getroffen werden, welche Autoren noch gelesen werden, welche Musik noch gehört wird, welche Dokumente noch erhalten werden, welche Ereignisse noch im Bewusstsein bleiben sollen. Anders als die Konjunkturzyklen des Marktes, die auswählen, was in der Gegenwart ankommt und was nicht, geht es bei den Auswahlentscheidungen des kulturellen Gedächtnisses um kulturelle Nachhaltigkeit. Sie werden meist stellvertretend von einer Minderheit getragen, aber in Demokratien auch von öffentlichen Diskursen begleitet. Der abstrakte Begriff ‹kulturelles Gedächtnis› bezieht sich also auf ein breites Spektrum kultureller Praktiken wie die Konservierung von Spuren, die Archivierung von Dokumenten, die Sammlung von Kunst und Relikten einschließlich ihrer Reaktivierung durch mediale oder pädagogische Vermittlung. Das kulturelle Gedächtnis ist nämlich nicht nur ein passives ‹Speichergedächtnis›, sondern umfasst gerade auch die Reaktivierung dieser Vergangenheit und die Möglichkeit ihrer allgemeinen Aneignung als aktives ‹Funktionsgedächtnis›. Das bedeutet, dass Strukturen der Partizipation eine wichtige Rolle spielen, die Prozesse individueller oder kollektiver Wiederaneignung ermöglichen. All das unterscheidet das kulturelle Gedächtnis vom abstrakten Fundus des enzyklopädischen Wissens, das universale Geltung, aber keinen Identitätsbezug hat. Die Möglichkeiten der Teilhabe wirken in der Demokratie allerdings eher als ein Angebot denn als eine verbindliche Verpflichtung. Auf diese Weise kommen wir vom Ich zum Wir und damit zu vielen unterschiedlichen Gruppen, die keineswegs alle im Gleichklang oder Gleichschritt formiert sind. Kollektivierung in Gestalt von Homogenisierung – das wäre tatsächlich, wie Koselleck zu Recht bemerkt, eine Zumutung. Reemtsma beschreibt das kollektive Wir als Herrschaft einer Minderheit über die Mehrheit. In einem Aufsatz über Sinn und Unsinn der Gedenkstätten betont er, dass er «die Rede in der ersten Person Plural insofern (für) metaphorisch (hält), als mit ihr nicht einmal Mehrheiten behauptet werden. (...) Auch für Gedenkstätten – wozu sie errichtet worden sind, was aus ihnen werden soll – interessiert sich nur eine Minderheit. Aber diese Minderheit hat ihr Interesse durchgesetzt, als wäre es das aktive der Mehrheit, die es doch nur hat geschehen lassen.»[15]

Identitätsbezug

Wie viele andere seiner Generation hat Koselleck für das Konzept der Identität, wie es heute im Umlauf ist, keine Verwendung. Was zählt, ist allein die Individualität, die irreduzible Differenz des einzelnen und vereinzelten Menschen: «Das ist das Recht auf seine eigene Biographie, das Recht auf seine eigene Vergangenheit, die ihm durch keine Kollektivierung, durch keine Homogenisierung, durch keine Zumutung genommen werden kann.»[16] Koselleck spricht hier vor dem Hintergrund der totalitären Erfahrung, angesichts derer der Schutz der Individualität verständlicherweise zum höchsten Gut geworden ist. Dieser Blick hat ihn aber auch in eine dogmatische Position getrieben, die jegliche Form der Zugehörigkeit reflexartig als Kollektivierung, Homogenisierung, Zumutung denunziert. In einer Zeit, in der Bindungen an Gruppen, Traditionen und Kulturen als wichtiger Teil der Identität reklamiert und ins Selbstbild integriert wurden, ist Kosellecks Perspektive respektabel, aber als allgemeine Forderung nicht mehr haltbar. Die Welt ist inzwischen wesentlich komplexer geworden, worauf die Kulturwissenschaften zu antworten versuchen. So, wie es inzwischen nicht nur einen Begriff vom ‹Mythos als Lüge›, sondern auch vom ‹Mythos als fundierender Geschichte› gibt, gibt es inzwischen einen Identitätsbezug, der nicht automatisch als ‹Kollektivierung›, sondern als neue ‹Form der Selbstbestimmung› zu verstehen ist. Individualität wird dabei nämlich keineswegs ausgelöscht, sondern ergänzt, angereichert und neu akzentuiert.

Obwohl es inzwischen eine internationale Bibliothek zu dieser Thematik gibt, lehnen viele Historiker auch das Konzept der ‹kollektiven Identität› nach wie vor als illegitime Metapher ab. Sie perhorreszieren dieses Konzept vor allem deshalb, weil sie es mit *nationalistischen* Tendenzen assoziieren, die es in Deutschland nach 1945 unter allen Umständen zu bekämpfen gilt. Die Lehre, die sie aus der totalitären Vergangenheit ziehen, lautet: Nie wieder eine deutsche Identität! Damit waren jedoch Denkverbote verbunden, die sich immer mehr als problematisch erweisen. Denn dass es so etwas wie ‹politische Erinnerungsrahmen› gibt und dass sich überall auf der Welt Nationen ein Gedächtnis machen und dieses auf unterschiedliche Weise in der Gesellschaft kommuniziert und vermittelt wird, zeigt ein Blick auf die überall auf der Welt existierenden Gedenktage und Gedenkrituale sowie auf andere symbolische Praktiken der kollektiven Vergegenwärtigung der Vergangenheit.

Da jedes Gedächtnis durch seine Standpunktbezogenheit perspektivisch und parteiisch ist, wird es notwendig auch durch das bestimmt, was jeweils ausgeschlossen ist und vergessen wird. In Demokratien ist das Erinnerungskollektiv nie einheitlich; jedes Individuum steht im Kreuzungspunkt verschiedener Gruppengedächtnisse und kann sich eigenständig zwischen diesen Erinnerungsangeboten bewegen. Diese Uneinheitlichkeit wird auch durch die unterschiedlichen Ebenen der Kommunikation unterstrichen: die offizielle (was im Bundestag und den Landtagen gesagt wird), die öffentliche (was in den Medien zur Sprache kommt), die inoffizielle (was an Stammtischen diskutiert wird). In Deutschland existieren viele ‹Wirs› mit ihren Gruppengedächtnissen nebeneinander: die nichtjüdischen Deutschen als Täter des Holocaust, die jüdischen Deutschen als Opfer des Holocaust, die nichtjüdischen Deutschen als Opfer der NS-Diktatur und des Zweiten Weltkriegs, als Opfer von Flucht und Vertreibung, als Opfer von Verfolgung in der DDR, und nicht zu vergessen: die Deutschen mit Migrationshintergrund samt ihrer verschiedenen Herkunftsgeschichten. Das schließt jedoch keineswegs aus, dass es einen gemeinsamen Gedächtnisrahmen gibt, in dem diese unterschiedlichen Gruppen ihre Erinnerungen mit unterbringen können. Da es sich aber um einen *Gedächtnis*rahmen handelt, schließt er auch vieles aus. Dazu gehören Dinge, die die Normen des moralischen Konsenses der Gesellschaft in Frage stellen, worauf wir unter dem Stichwort Political correctness noch einmal zurückkommen werden, aber auch gedankenlos Vergessenes, das noch Teil der deutschen Erinnerung werden könnte, was unter dem Stichwort ‹dialogisches Erinnern› angesprochen werden soll.

Die Verknüpfung von Erinnerung und Kollektiv ist keineswegs trivial, weil sie ein Gedächtnis für die Zukunft begründet, das über die eigene Lebensspanne hinausweist. Wer jedoch auf einer rein individuellen Erinnerung insistiert, negiert die Möglichkeit und Notwendigkeit einer Erinnerungskultur: «Mit der historisch abgeschlossenen Erfahrung endete auch das Ereignis selbst und lüde damit zum Ziehen eines Schlussstriches vor der klar abgegrenzten Gegenwart ein: Vergangenheit, die allzu schnell verginge. Es ist daher keine rein begriffliche Haarspalterei, auf den sozialen Charakter der Erinnerungen hinzuweisen, die immer schon kollektiv angelegt sind.»[17] Die Vergangenheit ist deshalb nicht nur ein Gegenstand des Wissens, den man zu den Akten legen kann, sondern auch durch Bande der Erfahrungen, Erinnerungen, Gefühle und Fragen der Identität mit der Gegenwart und Zukunft verbunden. Genau dafür hat Reemtsma in seinem Aufsatz auch sehr überzeugende Worte gefunden. Denn was ist nationale Erinnerung anderes als «Geschichtsdeutung im Sinne der Selbstdeutung: Wir wollen der Geschichte entnehmen, wer wir sind und was wir hoffen können.»[18] Auch Vera Kattermann hat aus psychoanalytischer Sicht das kollektive Gedenken mit dieser Identitätsdimension verbunden: «Auch wenn Sinnzuschreibungen und Bedeutungsgebung der Gedenktage immer wieder ausgehandelt werden und sich verändern können, sind sie doch Ausdruck der kollektiven Schlüsselbedeutung eines historischen Ereignisses, die vorläufigen Konsens gefunden hat: ‹Weil wir dieses erlebt haben, sind wir heute so. Unsere Erfahrungen begründen die Werte, die uns wichtig sind, mit dem Gedenken erinnern wir uns daran.›»[19]

Individuelles Erinnern ist also in den größeren kulturellen Rahmen kollektiven Erinnerns eingebunden, womit die Voraussetzungen für eine kollektive Identität geschaffen werden, die die Brücke zwischen Vergangenheit, Gegenwart und Zukunft schlägt. Im Medium der Erinnerung vergewissert sich die Nation ihrer Geschichte. Hier kommt allerdings die von Koselleck betonte Doppelung von persönlichem und kollektivem Erinnern noch einmal zur Wirkung, denn diese nationale Identität basiert niemals allein darauf, welcher Ausschnitt aus der Geschichte als relevant ausgewählt und im Gedenken aktualisiert wird, sondern auch darauf, woran sich die Menschen jeweils noch persönlich erinnern und was sie bereits vergessen haben.

Bedeutungen des Begriffs ‹Erinnerungskultur›

Das Unbehagen an der Erinnerungskultur hat auch etwas damit zu tun, dass sich dieser Begriff inflationär ausgebreitet hat und dabei mit ganz verschiedenen Bedeutungen im Einsatz ist. Da es so unterschiedliche Bedeutungen und Gebrauchsweisen dieses Wortes gibt, ist es fast unmöglich, sich über das, wofür er jeweils steht, zu verständigen. Als Beispiel nehme ich einen Text von Volkhard Knigge, der dafür plädiert, ihn durch den Begriff des ‹kritischen Geschichtsbewusstseins› zu ersetzen. Dabei geht es dem Leiter der Stiftung Gedenkstätten Buchenwald und Mittelbau-Dora aber nicht um einen Austausch von Begriffen, sondern um eine Richtungsänderung etablierter kultureller Praktiken. Er plädiert für eine Neuorientierung, die uns aus der Erinnerungskultur heraus- und zu einem reflektierten Geschichtsbewusstsein zurückführt. Die besondere Pointe dabei ist, dass Knigge als «ein langjähriger Protagonist der institutionalisierten Erinnerungskultur für einen bewussten Abschied vom Paradigma der Erinnerung plädiert».[20] In seinem Text macht er uns zu Zeugen des Gewissenskonflikts zwischen dem Erinnerungsfunktionär und der Person. Hier weiß einer ganz genau, wovon er spricht, und befürchtet, in der beruflichen Praxis seine eigenen Ideale verraten zu haben. Das Wort ‹Erinnerungskultur› steht dabei für das geballte Unbehagen, das er in seiner Praxis angesammelt hat.

Die Erinnerungskultur, die Knigge abschaffen möchte, basiert bei ihm auf drei Bedeutungen des Wortes ‹Erinnerung›. *Erstens* kritisiert er Erinnerung «als moralisch aufgeladene, eher diffuse Pathosformel», die suggeriert, dass Erinnern unter allen Umständen etwas Wertvolles ist. *Zweitens* wehrt er sich gegen das Konzept einer einheitlich homogenen Erinnerung, die persönliche Perspektiven verschleiert und den Blick auf unterschiedliche Geschichtserfahrungen verstellt. *Drittens* sieht er in Erinnerung eine problematische Alternative zu kritischem Geschichtsbewusstsein und einem «erfahrungsorientierten, forschenden Lernen». Mit diesen drei Bedeutungen hat Knigge jedoch nicht das Phänomen ‹Erinnerungskultur› definiert, sondern konkrete Fehldeutungen, Missstände und Missverständnisse identifiziert. Wie Koselleck polemisiert auch Knigge gegen Gedächtnis als einen totalitären Einheitsmythos und betont, «dass Gedenkstätten nicht *eine* Erinnerung repräsentieren, sondern Kristallisationspunkt zahlreicher und keineswegs einheitlicher Erinnerungen sind». Bei Knigge tauchen noch einmal die Umrisse der alten Polemik zwischen kritisch aufklärender ‹Geschichte› und selbstgenügsamem, priesterlichem ‹Gedächtnis› auf, die wir bereits bei Koselleck kennengelernt haben. Er definiert Erinnerungskultur als das, was sich von «geschichtswissenschaftlicher Forschung und methodisch fundierter Vernunft» abkoppelt. Damit ist aber nicht das Phänomen ‹Erinnerungskultur› definiert, sondern ein Missstand beschrieben. Das Unbehagen an einer solchen Erinnerungskultur ist voll berechtigt, aber es rechtfertigt keineswegs die Abschaffung derselben. Deshalb ist es nur folgerichtig, dass Knigge am Schluss seines Artikels das so demonstrativ verabschiedete Gedächtnis wieder mit an Bord nimmt. Er spricht von politischer und ethischer Bildung, betont die Bedeutung des Gedenkens und den Andachtscharakter von Gedenkstätten und insistiert auf der «Verknüpfung von kognitiven und affektiven Zugängen zur Vergangenheit».[21] Dass Gedenken Wissen braucht, ist eine Selbstverständlichkeit, und ebenso selbstverständlich ist es, dass Erinnerungskultur nicht «auf oberflächliche Rituale und vordergründige Betroffenheit» zu reduzieren ist oder zur «gefühlig verbrämten (geschichts-)politischen Manipulation» verkommen darf.

Um zu verhindern, dass sich die Debatte in einem Streit um Worte verliert, und um Wege aufzuzeigen, die uns aus dem Unmut in die Diskussion zurückführen können, sind hier begriffliche Differenzierungen angebracht. Neben Knigges Bedeutung von Erinnerungskultur als einen möglichst bald zu verlassenden Irrweg der Gegenwart möchte ich drei weitere Bedeutungen dieses Wortes vorschlagen, in der Hoffnung, damit über begründeten Unmut hinweg den gemeinsamen Denkraum zu erweitern und Perspektiven zurückzugewinnen.

In seiner ersten Bedeutung ist Erinnerungskultur ein unspezifischer Sammelbegriff, der sich auf die *Pluralisierung und Intensivierung der Zugänge zur Vergangenheit* bezieht. Lange galt die Vergangenheit noch als Domäne professioneller Spezialisten: Historiker, Archivare, Kuratoren, Denkmalschützer. Seit drei Jahrzehnten hat sich das geändert. Mit dem Schlüsselbegriff ‹Erinnerung› hat sich das Interesse an der Vergangenheit dramatisch erweitert. Individuen und Gruppen, Städte, Regionen und Nationen haben dieses Thema neu für sich entdeckt.

Eine zweite Bedeutung von Erinnerungskultur bezieht sich auf *die Aneignung der Vergangenheit durch eine Gruppe*. Nietzsche, der frühe Theoretiker dieser universalen menschlichen Handlungsform, hat nicht nur unterschiedliche Formen dieser Aneignung unterschieden, sondern auch betont, dass dieser Umgang stets ambivalent sei und zum Positiven wie zum Negativen, zum Nutzen und Nachteil ausschlagen könne. Seine drei idealtypischen Formen des Gebrauchs von Vergangenheit beschrieb er nicht wertend, sondern rein funktionalistisch. Die monumentale Erinnerung zum Beispiel kann auf große Vorbilder aus der Geschichte aufbauen, die zum Nacheifern anspornen, sie kann aber auch schaden, wenn diese Bilder manipuliert werden, um zum Fanatismus zu mobilisieren. Die antiquarische Erinnerung verhilft zur lokalen Verankerung und einem affektiv besetzten Herkunftswissen, stößt aber an ihre Grenze, wo zu viel Altes aufgehoben und unkritisch verehrt wird. Die kritische Erinnerung entfaltet eine revolutionäre Kraft, indem sie richtet, verurteilt und zerstört. Mithilfe von Erinnerungskulturen stärken Gruppen ihre Identität, bestätigen sie ihre Werte, stützen sie ihr Selbstbewusstsein und ihre Handlungsfähigkeit.

Als dritte Bedeutung ist eine *ethische Erinnerungskultur* hinzuzufügen, die ein historisches Novum darstellt und im Zentrum dieses Buches steht. Ihre Anfänge reichen in die Mitte des 20. Jahrhunderts zurück, breitere Akzeptanz hat sie jedoch erst gegen Ende des Jahrhunderts gewonnen. Mit dieser ethischen Wende haben sich unsere Wertmaßstäbe und unser Geschichtsbewusstsein tiefgreifend verändert. Für eine Beschreibung dieser dritten Bedeutung von Erinnerungskultur kann ich mich noch einmal auf eine Formulierung von Volkhard Knigge stützen. Es geht dabei um «die kritische Auseinandersetzung mit Staats- und Gesellschaftsverbrechen – gerade aus der Sicht der Opfer». Mithilfe von deren Zeugenschaft können «empfindliche Lücken der Überlieferung geschlossen werden» und die «zu Opfern gemachte(n) Menschen (...) zugleich ihren Subjektstatus zurückerobern und festigen».[22]

2. Arbeit am deutschen Familiengedächtnis – eine unendliche Geschichte?

Das Schweigen brechen – der ZDF-Dreiteiler ‹Unsere Mütter, unsere Väter›

Im März 2013 lief im ZDF ein dreiteiliger Film mit dem Titel *Unsere Mütter, unsere Väter*. Die Ausstrahlung, die von einer großen Medienoffensive begleitet wurde, erreichte mit über sieben Millionen Zuschauern die sagenhafte Einschaltquote von über 24 Prozent. Tatsächlich wurde diese Geschichtsstunde als ein Pflichtpensum in deutschen Haushalten angenommen und überwiegend positiv bewertet. In Talkshows und Leserbriefen war man sich weitgehend einig, dass die thematische Fokussierung, die packende Dramaturgie und die hohe technische Perfektion des Filmes bei allen Generationen gut ankamen.

Mit dieser Verfilmung war ein großer Anspruch verbunden: Zum ersten Mal sollte die Wirklichkeit des Zweiten Weltkriegs den nachwachsenden Generationen hautnah vermittelt und damit das Schweigen über diese schreckliche Wahrheit gebrochen werden. Die begleitende Berichterstattung der Medien unterstrich deshalb immer wieder den epochalen Charakter des Projekts. Laut *Spiegel* setzte der Dreiteiler «über Generationen hinweg einen neuen Meilenstein deutscher Erinnerungskultur».[1] Er wurde eingereiht in eine Erinnerungsgeschichte, die sich in «wiederkehrenden Schockwellen der Aufklärung, der Erinnerung, der Scham, der Trauer und der Vergangenheitsbewältigung» vollzogen habe. Im Zeitraffer wurden dabei noch einmal andere Meilensteine dieser Erinnerungsgeschichte rekapituliert, beginnend mit Eugen Kogons Buch über den SS-Staat (1946), über den Eichmannprozess (1961), das Buch der Mitscherlichs über *Die Unfähigkeit zu trauern* (1967), die amerikanische Fernsehserie *Holocaust* (1979), den Film *Schindlers Liste* (1993) und den Historikerstreit (1986) bis zur Ausstellung über Verbrechen der Wehrmacht (1995 ff.) und Daniel Goldhagens Buch über *Hitlers willige Vollstrecker* (1996).

Neu und epochal war an diesem «ZDF-Epos» vor allem der Blick auf das Thema des Zweiten Weltkriegs. Zum ersten Mal war in diesem Geschichtsfilm dabei nicht von historischen Personen wie Erwin Rommel oder Albert Speer und auch nicht von fiktiven Personen einer erfundenen Geschichte die Rede, wie in *Dresden* oder *Auf der Flucht*, sondern ganz allgemein von «unseren» Müttern und Großmüttern, Vätern und Großvätern. Es ging also nicht nur um historisches Wissen oder eine packende Re-Inszenierung von Geschichte, sondern um die Auffüllung einer notorischen Lücke im deutschen Familiengedächtnis. Mit anderen Worten: Die Figuren dieses Films wurden der Imagination der Zuschauer als Stellvertreter für die Ausleuchtung der eigenen Familiengeschichte angeboten. In den fiktiven Geschichten, so der Anspruch, sollten sich die persönlichen Erfahrungen der eigenen Familienmitglieder spiegeln. Die Jüngeren sollten diese Geschichten im Film aber nicht nur miterleben, sondern im allerletzten Augenblick auch die Chance ergreifen, die verbleibenden Zeitzeugen in dieser Sache noch einmal zu befragen und mit ihnen über die Generationen hinweg ins Gespräch zu kommen.

Neu an diesem Fernsehepos war zudem, dass hier eine Geschichte präsentiert wurde, die nicht aus der Perspektive der Zeitzeugen entwickelt, sondern umgekehrt für diese neu aufbereitet wurde. Dieses Weltkriegsepos, so die übereinstimmende Meinung, etablierte damit «eine neue Art von Zeitgeschichtsdrama im deutschen Fernsehen»,[2] und das bedeutete zugleich: Es markierte einen Wendepunkt des Geschichtsfernsehens nach dem Ende der Ära Knopp. Der Historiker Guido Knopp hatte über Jahrzehnte hinweg eine unverkennbare Handschrift entwickelt und sein eigenes Erfolgsrezept für die breitenwirksame Vermittlung der deutschen Gewaltgeschichte des 20. Jahrhunderts erfunden. Seine populären Filme und Serien, die für spannende Volksaufklärung standen, arbeiteten mit einer Mischung der Gattungen, indem sie eine informierende Erzählerstimme, historisches Filmmaterial, kurze Schnipsel von Zeitzeugenstimmen und die illustrierende Re-Inszenierung historischer Augenblicke fugenlos miteinander montierten. Auf diese Weise konnten sich die Betrachter jederzeit selbst mit am historischen Schauplatz wähnen und wurden gleichzeitig mit Erklärungen, Informationen und klaren Bewertungen versorgt. Im Laufe der letzten Jahre gewann für Guido Knopp die Arbeit mit Zeitzeugen zunehmend an Bedeutung. 2006 beteiligte er sich an der Gründung des Vereins «Unsere Geschichte. Das Gedächtnis der Nation», der ein großangelegtes Zeitzeugenprojekt durchführte. Mit dem «ZDF-Jahrhundertbus» zog er ab Oktober 2011 durch deutsche Städte, um noch möglichst viele Zeitzeugnisse unterschiedlicher Generationen zu bedeutenden Wendepunkten der deutschen Geschichte einzusammeln. Obwohl an dieser Initiative, die ebenfalls mit großem Medienaufwand begleitet wurde, Tausende von Bürgerinnen und Bürgern beteiligt waren, konnte sie keineswegs die Aufmerksamkeit und das Interesse auf sich ziehen, die nun dem ZDF-Epos *Unsere Mütter, unsere Väter* gewidmet wurden.

Die neue Ära des Geschichtsfilms setzt nicht mehr auf Zeitzeugen, sondern auf die Fiktionalisierung von Geschichte in Form einer packenden Story und einer am Hollywoodkino orientierten realistischen Optik mit perfektem Sounddesign. Im Zeitalter der Hypervisualisierung sind wir dabei, uns technisch und historisch ein – im Wortsinne – neues *Bild* von der Vergangenheit zu machen für eine Generation, die keinerlei Kriegserinnerungen mehr hat, dafür aber an Gewaltdarstellungen in Kriegs- und Actionfilmen mit schnellen Schnitten gewöhnt ist. Als Medienereignis war der ZDF-Dreiteiler siebeneinhalb Jahre vorbereitet worden und genau terminiert. Auch in diesem Film geht es um Volksaufklärung in Fernsehoptik, aber diesmal stand weniger Geschichtswissen im Mittelpunkt als ein neuer Blick auf die persönliche Perspektive und Erfahrung der eigenen Eltern und Großeltern. Gegenstand des Films sind deshalb nicht allein die Ereignisse, sondern insbesondere die Verstrickung in diese Ereignisse, zu der nun auch die Kinder und Enkelkinder einen neuen Bezug herstellen sollen. Es geht also nicht nur um

Fakten, sondern vor allem um die Emotionen, die noch an diesen Fakten hängen.

Um an diese emotionale Schicht der Geschichte heranzukommen, hat der Produzent Nico Hofmann (geb. 1959), der bereits zahlreiche Spielfilme über die NS-Geschichte ins Fernsehen gebracht hat, Elemente seiner eigenen Familiengeschichte verarbeitet. Die Eltern Hofmanns haben gleich drei Personen des Films inspiriert (Charlotte, Wilhelm und Friedhelm), weil die Ambivalenz der väterlichen Geschichte dramaturgisch in zwei Charaktere und Handlungsstränge aufgespalten wurde, die sich in der Filmerzählung überkreuzen. Diese ‹lebensechten› Figuren mit ihrer Herkunft aus einer konkreten deutschen Familie sind um zwei weitere ergänzt worden, die die Filmhandlung um eher außergewöhnliche Szenen anreichern: die vampartige Schlagersängerin Greta (als etwas klischeehaftes weibliches Gegenbild zur aufopferungsvollen Krankenschwester Charlotte) und der jüdische Überlebende Viktor, dem es gelingt, aus der Opferrolle in die des Widerstandskämpfers zu wechseln.

Diese ‹fünf Freunde› (eine Formel, die unpassenderweise an Enid Blytons populäre Jugendbuchserie erinnert) treffen sich auf einer ausgelassenen Silvesterparty des Jahres 1940. Drei von ihnen, die beiden Brüder und die Krankenschwester, verabschieden sich in Richtung Russlandfeldzug und versprechen den anderen, bis Weihnachten 1941 siegreich zurück zu sein. Der Film verfolgt daraufhin die unterschiedlichen Lebensgeschichten: Greta, die angehende Popsängerin, hofft ihre Karriere zu befördern und ihrem jüdischen Geliebten zu helfen, indem sie sich auf eine Beziehung zu einem hochrangigen SS-Mann einlässt. Der jüdische Freund, der Schneider Viktor, wird dennoch deportiert. Es gelingt ihm aber, aus einem Zug zu fliehen und sich einer polnischen Partisanengruppe anzuschließen, in der er unter antisemitischen Animositäten zu leiden hat und sich schließlich in die Freiheit durchschlagen kann. Statt eines Wiedersehens Weihnachten 1941 kreuzen sich die Wege der fünf Freunde unter unterschiedlichen Umständen an der Ostfront, wo der erfahrenere ältere Bruder Wilhelm und der jüngere Bruder Friedhelm in einem gemeinsamen Regiment unter dem Druck der Gewaltereignisse entgegengesetzte Entwicklungen durchmachen. Die idealistische Krankenschwester Charlotte lernt derweil den Krieg aus der Perspektive des Lazaretts kennen und hat mit eigenen Herausforderungen zu kämpfen. Nach Ende des Krieges kommen die Freunde in einer Berliner Bar noch einmal zusammen. Zwei fehlen: Greta wurde in einem Berliner Frauengefängnis erschossen, Friedhelm kam beim Einsatz für seine Kameraden ums Leben.

Das Motto des Filmes wird öfters wiederholt. Es lautet: «Der Krieg holt das Schlechte im Menschen hervor.» Das Rezept bei der Anlage der Figuren ist etwas anders: «Jeder der fünf begeht eine Heldentat, aber jeder von ihnen macht sich auch schuldig.» In allen Figuren sollen sich positive und negative Züge mischen, denn «in der prinzipiellen Widersprüchlichkeit jedes Menschen liegt seine Humanität».[3] Greta ist einerseits von Ehrgeiz verzehrt und hat nur ihre Karriere im Blick, andererseits liebt sie Viktor, kümmert sich um seine Rettung und nimmt Anteil am Schicksal seiner jüdischen Familie. Charlotte ist einerseits eine tapfere und aufopfernde Krankenschwester im Dienst an den Verwundeten, andererseits denunziert sie eine jüdische Krankenschwester. Die Soldaten Wilhelm und Friedhelm verändern sich in entgegengesetzter Richtung einerseits vom verantwortungsvollen Leutnant zum Kriegsaussteiger und andererseits vom distanzierten Pazifisten zum abgebrühten Draufgänger. Das Brüderpaar offeriert alle Stimmungslagen von Mut, persönlichem Verantwortungsgefühl und kritischer Distanz bis zu zynischer Abgebrühtheit, kalter Effizienz und illusionsloser Verbitterung. Dieses Rezept der Mischung von guten und schlechten Zügen hat die Funktion, lebensnahe Charaktere zu schaffen; ob diese damit auch schon lebensecht sind, ist freilich eine andere Frage. An dem Drehbuch ist übereinstimmend die spannende Dramaturgie gelobt worden. Der Konstruktcharakter wird dabei billigend in Kauf genommen. Der Akzent der Handlung liegt im Film offensichtlich auf dem äußeren Geschehen und nicht auf der inneren Verarbeitung. Vor allem spielt die mentale und emotionale Prägung der Figuren durch die nationalsozialistische Ideologie überhaupt keine Rolle. Dadurch soll die Distanz zwischen den historischen Figuren und den heutigen Zuschauern abgebaut werden. Den Zuschauern werden die fünf Freunde, die die Handlung tragen, schlicht und voraussetzungslos als ‹Menschen wie du und ich› präsentiert.

Die wichtigste historische Quelle dieses neuen Fernsehfilms ist das Familiengedächtnis des Produzenten. Seine Eltern gehören zu den jüngeren Jahrgängen der Kriegsgeneration, die bei Kriegsausbruch 18 Jahre und jünger waren. Mit dem Drehbuch, das er zusammen mit Stefan Kolditz (geb. 1956) als Autor, Philipp Kadelbach (geb. 1974) als Regisseur und seiner Produktionsfirma teamworx umsetzte, beansprucht er, die Traumata von Millionen Familien zu verarbeiten. Diese Aufklärungsmission bezog sich aber nicht nur auf die Nachkommen, sondern auch noch auf die Erfahrungsgeneration selbst. Mit dem Film, so erklärte der Produzent, habe er in seinem Vater «Gefühle hochgedrückt, die er über Jahrzehnte verdrängt hatte. Mein Vater ist jetzt 88, und zum ersten Mal kann er in einer Genauigkeit über die Zeit damals reden, wie ich es nie erwartet hätte». Deshalb lag ihm viel daran, dass er seinen Eltern diesen Film noch zeigen konnte: «Ich glaube, es war gut für ihn, dass er den Film gesehen hat. Und mir war es wichtig», äußerte sich der Sohn über den Vater. Und die Mutter hat ihm sogar bestätigt, «das sei der erste Film über den Zweiten Weltkrieg, bei dem sie sagen könne: Genau so war es.»[4]

Mit anderen Worten: Dieser Film zeigt im letztmöglichen Moment den verbleibenden Mitgliedern der Erfahrungsgeneration, was diese erlebt haben. Es ist ein Film der zweiten Generation über Erlebnisse der ersten Generation, der sich an die dritte Generation richtet. Er verarbeitet Erinnerungen aus dem Leben der Eltern, aber diese Erinnerungen haben inzwischen ihren Besitzer gewechselt. Wir werden Zeugen eines zeitlichen Transfers: Die Erinnerungen der Eltern sind in die ‹Deutungsmacht› der nachwachsenden Generationen übergegangen, die keinerlei Vertrauen in die Autorität der Zeitzeugen haben. Im Gegenteil sind sie davon überzeugt, dass diese Zeitzeugen den Kindern und Enkelkindern immer wieder Entscheidendes vorenthalten haben, was sie nun endlich ungeschminkt zur Darstellung bringen. Der Film sollte aber nicht nur zeigen, schockieren, unterhalten und belehren, sondern vor allem auch etwas bewirken – er sollte das Schweigen in der Familienkommunikation brechen und eine Geschichte anbieten, die den unterschiedlichen Generationen zeigt, ‹wie es eigentlich gewesen ist›. «Dieser Film», so bekannte der Produzent in einem Gespräch mit dem *Spiegel*, «ist auch für mich der Abschluss von 30 Jahren Familienauseinandersetzung». Darauf erwiderte sein Gesprächspartner lakonisch, diese Therapie habe das ZDF 14 Millionen Euro gekostet.[5] Als Einzeltherapie ist das ein stattlicher Preis, als Therapie der Nation wäre es ein Schnäppchen.

«Das grausam genaue Weltkriegsdrama *Unsere Mütter, unsere Väter*», so hieß es bereits vor der Ausstrahlung, «bricht endlich das Schweigen der Generationen. Der ZDF-Dreiteiler markiert eine Zeitenwende für das deutsche Fernsehen.»[6] Das ‹Brechen des Schweigens› ist die zentrale Pathosformel der deutschen Erinnerungsgeschichte. Die Erwartungen an das Geschichtsepos waren entsprechend hoch gesteckt: Man versprach sich nicht nur hohe Einschaltquoten und emotionale Breitenwirkung, sondern auch eine tiefergehende familientherapeutische Wirkung. In der Pressemappe zum Film hieß es: «Schmerz, Schuld und Schweigen ziehen sich als Spätfolgen des kollektiven Traumas Zweiter Weltkrieg bis in unsere Gegenwart und hinein in unzählige Familiengeschichten.» Von der Erfahrungsgeneration bis zu den Enkeln und Urenkeln sollte «dieser Dreiteiler Anlass und Ermutigung bieten, sich über die Generationen hinweg über die eigene Familiengeschichte auszutauschen», und die Familienmitglieder ermutigen, «über das Verschüttete, Verdrängte und Unaussprechliche zu sprechen».[7]

Die Frage ist allerdings, ob sich das tief in diese Geschichte eingenistete Schweigen mit einem Medienereignis so einfach und ein für allemal ‹brechen› lässt. Denn jede Offenbarung verbirgt zugleich etwas anderes, was dann auf weitere Enthüllung wartet. Immer bleibt ein Rest des Schweigens, etwas, das man nicht wissen will, das man umgeht, dem man sich (noch) nicht stellen möchte oder das man übersieht und ignoriert. Wir haben es zwar mit einer Geschichte zu tun, die wir immer besser kennenlernen, aber daraus folgt noch nicht, dass sie wie ein Krimi in allen Wendungen und Windungen irgendwann vollständig auserzählt vor uns liegen wird. Wir haben eher immer neue Ansätze, Formate und Rahmungen vor uns, die jeweils anderes und in anderer Belichtung freigeben. So zeigt uns der ZDF-Dreiteiler «nicht nur, was in Deutschland alles erzählt werden kann, sondern auch, was beschwiegen wird. (...) Worüber nicht erzählt wird, ist, dass man Hitler gut gefunden hat. Die politischen Überzeugungen der Deutschen, die das NS-Regime mehrheitlich gutgeheißen haben, tauchen in der populären Erzählkultur so gut wie nie auf. (...) Zwar gibt es in diesem Film viele Nazis, aber das sind immer die anderen. Damit bildet der Dreiteiler exakt die deutsche Erinnerungskultur und ihre Ausblendungen ab.»[8] Dieses Urteil eines Zuschauers wurde durch den Beitrag des Historikers Ulrich Herbert zu diesem Film bestätigt. Er schrieb: «Unsere Väter und unsere Mütter waren eben nicht nur junge Leute, die einfach nur leben wollten, es wegen des Krieges aber nicht konnten, wie es der Film suggeriert. Es handelte sich um eine hoch ideologisierte, politisierte Generation, die den deutschen Sieg, den Sieg des nationalsozialistischen Deutschlands wollte, weil sie ihn für richtig hielt.» Er sieht eine weiterhin wirkende Selbstzensur in der Darstellung: «Es ist offenbar nach wie vor nicht möglich, jemanden darzustellen, der mit hellem Sinn und fester Überzeugung – und ohne dabei abnorm zu wirken – für den Nationalsozialismus eintritt.»[9] Die Gewaltszenen im Krieg können noch so schockierend sein – das Familiengedächtnis bleibt immer noch von Weichzeichnung, Ausblendungen, Rücksichtnahmen und blinden Flecken geprägt.

Natürlich ist Geschichte niemals ganz erzählbar. Auch die Geschichtswissenschaft, die ganze Bibliotheken zum Thema NS-Geschichte produziert, kann nicht beanspruchen, die Vergangenheit mit ihrer Forschung je wirklich einzuholen. Der ontologische Abstand zwischen ‹Geschichte› als vergangener Realität und erlebter Wirklichkeit einerseits und ‹Geschichte› als Erzählung von dieser Realität und ihrer Erfahrung ist und bleibt (egal ob wissenschaftlich oder fiktional) unüberbrückbar. Bei einer belastenden, unbewältigten und nicht vollständig verarbeitbaren Geschichte gilt das aber in noch radikalerer Weise: Es bleibt immer ein entzogener Rest, der nur verschoben und nicht eingeholt wird. Die Erfahrung extremer Gewaltereignisse des Zweiten Weltkriegs und des Holocaust, bei denen sich Menschen in Situationen äußerster Bedrohung befanden und Erschütterndes miterleben mussten, aber auch selbst zu Akteuren krimineller Gewalt wurden bzw. diese gutgeheißen, gerechtfertigt oder beharrlich ignoriert haben, lösen sich mit der Zeit nicht einfach auf, sondern gehen den Menschen nach, suchen sie heim und gewinnen im Nachhinein den Charakter eines unbewältigten Traumas. Da Schmerz oder Scham diese Erfahrungen zerbricht, verformt und verdeckt, bleiben die nachfolgenden Generationen weiter auf der Suche nach der ihnen vorenthaltenen Geschichte. ‹Einschlagsereignisse› (*impact events*) nennt die Literaturwissenschaftlerin Anne Fuchs solche die Wahrnehmung und Erzählbarkeit sprengenden Traumata, die eine Vielfalt und einen Überschuss von ‹Einschlagsnarrativen› (*impact narratives*) produzieren, die die unmögliche Aufgabe haben, diese traumatische Lücke der Erfahrung zu füllen.[10]

Gleichzeitig besteht ein großes Bedürfnis, diese Erfahrungslücke des Traumas zu schließen. Es gibt immer wieder Beispiele für fiktionale oder künstlerische Präsentationen solcher unerzählbaren Ereignisse, die die Betroffenen selbst als authentische Darstellungen ihrer eigenen Geschichte ratifizieren. Das war zum Beispiel ausgerechnet bei Binjamin Wilkomirski der Fall, der eine gefälschte Holocaustbiographie vorlegte und dabei paradoxerweise den wirklichen Erfahrungen vieler authentischer Opfer zum Ausdruck verholfen hat. Das war auch der Fall bei *Waltz with Bashir*, einem Werk, das als Film und Graphic Novel der Generation der im Libanonkrieg eingesetzten israelischen Soldaten zu ihrer Erinnerung verholfen hat. «This was it!», hörte ich einen von ihnen über seine Erfahrung sagen, während er mit der Hand auf das Buch klopfte. Mit dem ZDF-Dreiteiler hat sich das Fernsehen einer solchen intergenerationellen Gedächtnislücke angenommen und der deutschen Gesellschaft nun ein Angebot gemacht, wie sie diese füllen kann. Der Film, der als «ein Meilenstein in der deutschen Erinnerungskultur» gerühmt wird, soll uns genau das zeigen, was in der Kommunikation zwischen den Generationen bislang nicht zur Sprache kam. Diese nach allen Regeln des filmischen Mainstreams präparierte Fiktion beansprucht, ein ‹wahrhaftiges› Bild von der Vergangenheit zu zeichnen: So ist es gewesen! Dafür eignet sich, wie bereits Aristoteles wusste, die stellvertretende Wahrheit der Fiktion sogar besser als die dokumentarische Wahrheit der Fakten. Jede

Einzelgeschichte ist zwar anders verlaufen, aber in dieser Erfindung können sich alle wiedererkennen. Genauso wurde die ZDF-Fiktion von vielen Angehörigen der Erfahrungsgeneration authentifiziert. ‹Genauso war es!›, reagierte die Mutter des Produzenten Nico Hofmann, die das Vorbild für die Krankenschwester Charlotte abgab. ‹So ist es gewesen!›, versicherte auch Götz Aly, der Züge seiner eigenen Mutter in dieser Figur wiedererkannte. Und der Autor Dieter Wellershoff (geb. 1925) beteuerte, dass sich die Filmbilder fugenlos mit seinen eigenen Erinnerungsbildern als junger Soldat vermischt hätten.

Hat die ZDF-Serie also einen neuen Konsens geschaffen und damit zugleich die letzte klaffende Erinnerungslücke in der Gesellschaft geschlossen? Können wir uns fortan darauf einigen, diese Darstellung den nachwachsenden Generationen als verbindliches Bild anzubieten, das sie sich nun von den damaligen Ereignissen machen können? Denn stärker als Bücher und Ausstellungen produzieren heute Filme, Comics und Mangas die breitenwirksamen Erzählungen ganzer Geschichtsepochen. Nachwachsende Generationen von Amerikanern z. B. kennen den Zweiten Weltkrieg durch den Film *Saving Private Ryan* und den Holocaust durch *Schindlers Liste*. Der ZDF-Dreiteiler hat demgegenüber eine etwas andere Qualität: Er ist zugleich Erinnerungsanstoß und Deckerinnerung, die sich über das Geschehen legt, wie es millionenfach unterschiedlich erfahren wurde und nun in einer kompakten Geschichte anschaulich und öffentlich zugänglich geworden ist.

Die Latenz des Schweigens – Hermann Lübbes Thesen zur deutschen Nachkriegsgeschichte

> Man kann von einem 80 Millionen Volk einfach nicht erwarten, dass es geschlossen Mea Culpa macht. Das wäre in Frankreich nicht so gewesen, und das wäre in Italien auch nicht so gewesen, glaub ich. Es ist trotzdem mein Problem geworden, wie wenig dieses Volk – insgesamt gesehen – sich damit auseinandergesetzt hat.
>
> Oliver Storz[11]

Traumata sprengen das menschliche Gedächtnis und reißen Lücken in die Kommunikation zwischen den Generationen. Je massiver die Abwehr und je größer die Gedächtnislücken, desto stärker wird das Bedürfnis, diese Lücken nachträglich zu schließen. Wir können jedoch nicht über das Brechen des Schweigens sprechen, ohne nicht noch einmal auf die Grundlegung des Schweigens nach 1945 zurückzukommen, das das Unterfutter der deutschen Erinnerungsgeschichte bildet. Dieses Schweigen haben bekanntlich Alexander und Margarete Mitscherlich zum Thema gemacht, als sie 1967 den Deutschen ihre Unfähigkeit zu trauern vorhielten. In ihrer psychoanalytischen Deutung hatten sich die Deutschen nach dem Krieg mit einem Panzer der Abwehr gegen ihre eigenen Gefühle gewappnet. Ganz anders fiel die Analyse dieses Schweigens aus, die der Philosoph Hermann Lübbe 1983 anlässlich einer Tagung im ehemaligen Reichstagsgebäude zum 50. Jahrestag der Machtergreifung vortrug. Diese Thesen hat er in einem Essayband wiederholt und dabei mit Genugtuung festgestellt, dass seine Position zu diesem Thema, die damals in Buh-Rufen untergegangen war, heute zum allgemeinen Konsens geworden ist.[12]

Lübbe sprach in deutlicher Abgrenzung von den Mitscherlichs nicht von Verdrängung, sondern von absichtsvollem Schweigen. Natürlich konnte ein ganzes Volk nicht schlagartig vergessen, aber es konnte sich darauf einigen, über die schlimme Vergangenheit, die man soeben hinter sich hatte, zu schweigen. Vor allem wollte man nicht mehr Auskunft geben über die eigene Begeisterung und Zustimmung, über alle Aktivitäten, Hoffnungen und Emotionen, die man in den eben zusammengebrochenen Staat investiert hatte. Insbesondere galt das Bedürfnis des Schweigens natürlich für die schwer Belasteten, die als hochrangige Stützen des NS-Systems gedient und sich persönlich schuldig gemacht hatten. An diese dachte Lübbe jedoch nicht, wie er in seinem späteren Text klarstellte. Diejenigen, die Schuld auf sich geladen hatten, hatten sich selbstverständlich für ihre kriminellen Handlungen vor Gericht zu verantworten. Lübbe nahm eine Trennung vor, die wir heute nicht mehr so leicht zu ziehen imstande sind, nämlich zwischen ‹in Schuld verstrickten Nazis› einerseits und ‹harmlosen Nazis› andererseits. Zu Letzteren zählte er sich selbst und viele andere, die aus Verblendung oder Opportunismus das System unterstützt hatten und in die Partei eingetreten waren. Diese Gruppe hielt er, von sich selbst ausgehend, für die repräsentative Mehrheit der Deutschen. Im Jahre 1926 geboren, gehörte er zur Flakhelfergeneration, die, wenn sie das Glück hatte, zu überleben, ihr Leben 1945 noch einmal von vorn beginnen konnte.[13]

Ich möchte Lübbes Thesen hier als Ausgangspunkt für einen Überblick über die deutsche Erinnerungsgeschichte nehmen und dabei im Dialog mit ihnen einige Widersprüche und Probleme ansprechen. Sie handeln von dem Konsens des Schweigens, mit dem nach 1945 die persönliche Vergangenheit der damals millionenfach affirmativ ins Dritte Reich integrierten Deutschen aus der Kommunikation ausgeschlossen wurde. Mit diesem Schweigen wurde die Vergangenheit jedoch nicht verdrängt oder gelöscht, sondern latent gehalten. Die deutsche Bevölkerung, die eben noch das deutsche Volk gewesen war, konnte sich schwerlich von heute auf morgen aus innerer Überzeugung zu dem neuen demokratischen System bekennen, aber sie war bereit, ihre NS-Überzeugungen auf Distanz zu halten und das Fundament der neuen Werte, «die öffentlich unwidersprechlichen normativen Geltungen im Verhältnis zum Nationalsozialismus», anzunehmen.[14] In der demokratischen Nachkriegsgesellschaft wurde sie damit zu einer ‹schweigenden Mehrheit›, die dem neuen System, sei es aus Opportunismus oder Überzeugung, ihre Zustimmung gab. Diese Zustimmung zum neuen Staat wuchs nicht zuletzt dadurch, dass den Menschen nicht täglich ihre vergangenen Verfehlungen vorgehalten wurden. Zwischen den Gegnern des NS-Regimes, die Recht behalten hatten, und denen, die sich nun ihr Unrecht eingestehen mussten, wurde keine Kluft aufgerissen. Im Gegenteil: Die Persilschein-Geber läuterten bereitwillig die Persilschein-Pflichtigen und erleichterten ihnen durch diesen Vertrauensvorschuss die positive Einstimmung und Eingliederung in die neuen Verhältnisse. Eine moralische Verurteilung und brüske Umerziehung, hätte, so Lübbe, möglicherweise das Gegenteil bewirkt. Im Schutze des Schweigens gab es also eine Weile lang ein ‹falsches Leben im richtigen›, das die Chance hatte, sich mit der Zeit immer mehr in ein ‹richtiges Leben im richtigen› zu verwandeln.

Lübbe hat seine pragmatische These von der verwandelnden Kraft des Schweigens in einem späteren Essay genauer erläutert und differenziert. Er wollte keinesfalls falsche Identitäten decken oder Menschen rechtfertigen, die sich damit der Strafverfolgung entzogen. Sein Konzept des Beschweigens bezog sich nämlich nicht auf das, was geheim zu halten war, sondern auf das, was alle wussten. Es galt sozusagen auf Augenhöhe und mit Augenmaß und beruhte auf einem Deal. Dieser Deal bestand in der «unausgesprochenen Übereinkunft, daß die Anti-Nazis von diesem Wissen keinen Gebrauch machen und daß die ehemaligen Nazis ihrerseits sich in der Öffentlichkeit zurückhalten.»[15] Lübbe sah die positive Kraft dieses Schweigens, das ja mit einem klaren Bekenntnis zum neuen Rechtsstaat verbunden war, darin, dass es die Menschen zukunftsfähig machte. Ebenso zukunftsorientiert vollzog sich auch der Wiederaufbau nach 1945, denn ‹Zukunft› bedeutete damals: Integration durch neue Chancen, Rehabilitierung und Läuterung; während ‹Vergangenheit› das genaue Gegenteil bedeutete, nämlich Spaltung der Gesellschaft durch Schuldzuschreibung und Fixierung auf eine abgelegte Identität.

Innerlich entsprach dieser pragmatischen Haltung die flexible Anpassung an das neue System *ohne die Notwendigkeit einer expliziten moralischen Umkehr*. Das allgemeine Schweigen ersparte der Kriegsgeneration, wie es im Lübbe-Idiom heißt, «gerechtigkeitsambitionierte Zudringlichkeiten».[16] Durch das Latenthalten der Vergangenheit wurden gesellschaftliche Konflikte vermieden. Das biographische Innenleben war Privatsache. Es war nach Lübbe eben diese Latenz – hergestellt durch Diskretion und Beschweigen all dessen, was im Erfahrungsgedächtnis millionenfach vorhanden und somit allgemein bekannt war –, die der neuen Bundesrepublik zu einer schnellen gesellschaftlichen Integration und zu wirtschaftlichem Aufschwung verholfen hat. Aus pragmatischer Sicht, da ist Lübbe sicher zuzustimmen, war diese Praxis alternativlos. Millionen Parteigenossen, die jung und im NS-Staat in unteren Chargen tätig waren, hätten realistischerweise niemals sämtlich juristisch verfolgt und abgeurteilt werden können. Indem sie in der Lage waren, ihre Kräfte in das neue Regime zu investieren und es zu stützen, haben sie sich gewissermaßen selbst rehabilitiert. Lübbe gehört selbst zu dieser Gründer- und Aufbaugeneration, der auch Anerkennung für diese gelungene historische Entwicklung gebührt.

Keine Frage, dass ein Klima gegenseitiger Verdächtigungen, Anschwärzungen und Denunziationen die notwendige historische Transformation der Volksgemeinschaft in die neue Zivilgesellschaft schwer gestört hätte. Deshalb darf man aber nicht darüber hinwegsehen, dass das Beschweigen auch einen hohen Preis hatte: Die Remigranten trafen (mit wenigen Ausnahmen) auf ein repressives politisches Klima; auch die Verfolgten des NS-Regimes hatten lange Zeit keine Chance auf Anerkennung. Es gab eben leider nicht nur unbedeutende Ex-Nazis (wie Helmut Schelsky) und allseits anerkannte jüdische Opfer (wie Helmut Plessner), sondern auch viele äußerst unbeliebte Remigranten, die sich verbittert zurückzogen, sowie Alt-Nazis, die ihre Macht weiter ausbauten und sie gegenüber den alten Gegnern konsolidierten. Kurz: Im mikrosozialen Umfeld lief es in der Regel leider nicht so harmonisch ab wie in den von Lübbe geschilderten Beispielen. Die Veränderung des offiziellen Werterahmens hatte zunächst kaum Konsequenzen für die etablierten Hierarchien und Machtstrukturen, die sich im bundesrepublikanischen Alltag fortsetzten – zur Frustration und Verzweiflung vieler Opfer. Das markanteste Beispiel dafür ist Jean Améry, der damals den Begriff des ‹Ressentiments› positiv besetzte und als Veto gegen das Schweigen in Anschlag brachte. Funktionelle Anpassung und kühler Pragmatismus in Ehren, aber das unter dem Schutze des Schweigens fortlaufende Unrecht und die seelischen Schäden dieser Phase müssen unbedingt eingerechnet und dürfen nicht heruntergespielt werden.

So unscheinbar und schleichend sich die mentalitätsgeschichtliche und moralische Transformation der (west-)deutschen Nachkriegsgesellschaft in der ersten Generation vollzog, so abrupt und öffentlich fand sie in der zweiten Generation statt. In dieser Kollision zwischen den Generationen zeigten sich sowohl die Grenzen der Pragmatik des Schweigens als auch die Vor- und Nachteile der moralischen Abrechnung. Das Schweigen hatte den Betroffenen eine Form der Selbstbeschränkung auferlegt, die möglicherweise der Gesellschaft, aber weder ihnen selbst noch ihren Kindern langfristig gutgetan hat. Was im großen Ganzen heilsam gewesen sein mochte, hat zugleich durch die Aufkündigung des intergenerationellen Dialogs gravierende (zwischen-)menschliche Schäden hervorgebracht. Die erste Generation war durch langjährige Sozialisation und kulturelle Werte darauf eingestellt gewesen, Probleme durch Beschweigen aus der Welt zu schaffen. Die nachfolgende Generation wuchs bereits in einer Kultur auf, in der das Reden über das Schweigen gestellt wurde. Hinterfragen und Entlarven wurden zu zentralen Projekten der redegewandten 68er-Generation. Langfristig gesehen bestand die Tragik dieser historischen Konstellation darin, dass in dieser intergenerationellen Konfrontation nicht die Kommunikation befördert, sondern das Schweigen vertieft wurde. Während die Integration der Gesellschaft fortschritt, brachen die Familien auseinander. An die Stelle von Fragen traten lautstarke Anklagen, Gespräche gingen in Vorwürfen und Rechtfertigungen unter. Ein Dialog war schon deshalb unmöglich, weil im Kampf der Generationen der Bezug auf die Vergangenheit zur politischen Waffe geworden war.[17]

Lübbes Thesen über das kommunikative Beschweigen sollen hier noch durch ein Interview aus dem Jahre 2007 ergänzt werden, in dem er auf ‹das Unvergessliche› zu sprechen kam. An seinen Parteieintritt im Jahr 1944 konnte er sich nicht mehr erinnern, dafür aber an eine Episode, die er als 12-Jähriger erlebt hat: «Am Tag nach der ‹Reichskristallnacht› 1938 kam ich auf dem Heimweg mit meiner Schulfreundin am Auricher Sportplatz vorbei. Dort wurden von der Auricher SA die Juden schikaniert – darunter auch unsere Nachbarn. Wir schauten zu. Da trat der Vater der Schulfreundin, ein ursprünglich zentrumsgeprägter Oberregierungsrat, zu uns und sagte zwei Sätze, die mir unvergesslich bleiben mussten: ‹Da schaut man nicht zu›, und ‹Das wird man uns nicht vergessen›. Wenn der Krieg verloren ist – das wusste ich später –, wird das so eintreffen.»[18]

Lübbe erzählt hier von einer doppelten Unvergesslichkeit: Sie betraf das, was sich dem voyeuristischen Blick des Jungen spontan als ein Schreckensbild eingeprägt hat, sowie das, was – hypothetisch – andere über die Deutschen in Erinnerung behalten werden würden. Einerseits brennt der emotionale Druck des Gesehenen im persönlichen Erfahrungsgedächtnis etwas ein, andererseits schaffen exzessive Gewalthandlungen ein verschränktes Erinnern und Vergessen und damit langfristige unterschwellige Beziehungsverhältnisse zwischen Menschen und Gruppen. Ob diese Beziehungen, die auf eine asymmetrische Gewaltsituation zurückgehen, noch einmal aktualisiert werden oder nicht, hängt, wie Lübbe später lernte, von der jeweiligen politischen Machtkonstellation ab: «Wenn der Krieg verloren ist», verlieren die Deutschen damit zugleich auch die Hoheit und Kontrolle über ihr nationales Gedächtnis. Was die Opfer in guter Erinnerung behalten haben, darüber können sich die Täter dann nicht mehr so einfach hinwegsetzen.

Inzwischen entscheiden weiterhin politische Machtkonstellationen über das, was offiziell erinnert werden muss und vergessen werden kann. Es gibt jedoch zusätzlich noch einen anderen Faktor in dieser Dynamik, mit dem Lübbe noch nicht rechnete. Das ist die Macht der Ohnmächtigen im Rahmen einer neuen Politik der Menschenrechte, die in einer globalen Arena Aufmerksamkeit, Anerkennung und Empathie für das ihnen widerfahrene Unrecht und ihre Geschichten finden. Diese ethische Wende macht das Neue an der neuen Erinnerungskultur aus und ermöglicht es grundsätzlich, das beharrliche Vergessen der Täter zu unterwandern und Konkurrenzen und Kollisionen der Gruppengedächtnisse in dialogische Formen der gemeinsamen Teilhabe und Verantwortung zu verwandeln. Diese Erinnerungen enden längst nicht mehr an den Grenzen der Nationen, sondern verschränken sich auf einer transnationalen und globalen Ebene.

Der Satz «Das wird man uns nicht vergessen!» geht deshalb auch nachwachsende Generationen noch etwas an. Es ist wichtig, dass sie wissen, was anderen durch ihre Eltern, Großeltern und Urgroßeltern widerfahren ist. Das schließt aber nicht aus, dass sie auch wissen, was ihre Eltern, Großeltern und Urgroßeltern erlitten haben. Die eine Erinnerung sollte die andere nicht mundtot machen, auslöschen oder in Frage stellen. Es ist zu hoffen, dass sich mit der dritten und vierten Generation im Beziehungsgefüge des nationalen und europäischen Gedächtnisses moralische Barrieren und Empathieblockaden allmählich auflösen. Ebenso wichtig ist es, das emotionale Spektrum des nationalen Gedächtnisses zu erweitern und vermehrt auch positive Bezugspunkte zur Vergangenheit ins Licht der Aufmerksamkeit zu rücken. Aus der Verengung des Täter- und Opfergedächtnisses führt zudem eine Pluralisierung der Perspektiven. Durch Migration, Europäisierung und Globalisierung werden wichtige neue Verbindungslinien innerhalb der Weltgesellschaft geschaffen.

Schlussstrich und Trennungsstrich

Nach Lübbe ging es in der ersten Phase der deutschen Erinnerungsgeschichte vordringlich um soziale und politische Integration. Die westliche und europäische Integration, die Adenauer im Kalten Krieg mit Wiedergutmachungszahlungen und dem Eintritt in die Nato erreichte, gelang der Gesellschaft mit kommunikativem Beschweigen. In dieser Phase war Anpassung wichtiger als Moral und innere Umkehr. Man ließ die Vergangenheit ganz einfach auf sich beruhen und glaubte sie damit irgendwann loszuwerden. Man war allgemein zuversichtlich, dass das nur eine Frage der Zeit war. Die junge Protestgeneration der 68er machte dann den ersten gewaltigen Strich durch diese Rechnung. Sie intervenierte mit Fragen und Anklagen, die das Schweigen gebrochen und dabei zugleich aber auch vertieft haben. Mit der Aufdeckung von NS-Biographien in Familien und Institutionen arbeitete die junge westdeutsche Generation gleichzeitig an einer Entwertung ihres ungeliebten Staates, den sie als nach wie vor faschistisch entlarvte, und identifizierte sich idealistisch mit kommunistischen Regimen, die sie als moralisch vorbildlich verehrte.

Während sich in der Latenz des Schweigens die soziale Integration der Gesellschaft gefestigt hatte, brach in den späten 1960er Jahren die soeben hergestellte Einheit an der Sollbruchstelle der Generationengrenze auf. Die Kriegsgeneration hatte ihre Vergangenheit mit einem Schlussstrich zum Verschwinden gebracht; die zweite Generation zog unter diese Vergangenheit einen moralischen Trennungsstrich. Der *pragmatische Schlussstrich* bedeutete Entsorgen durch Verschweigen; die damit verbundene Haltung lautete: ‹Davon soll hinfort nicht mehr die Rede sein!› Der *moralische Trennungsstrich* dagegen bedeutete radikale Distanznahme von der Vergangenheit; hier lautete die Einstellung: ‹Wir sind anders, und deshalb müssen wir von dieser

Vergangenheit reden!› Diese konträren Formen des Umgangs mit der Vergangenheit prallten zwischen den Generationen aufeinander. Während die Elterngeneration die offizielle politische Verurteilung des NS-Regimes als ‹schweigende Mehrheit› mittrug, sich aber aufgrund ihrer Verstricktheit nicht persönlich von diesem Regime distanzierte, vollzog die zweite Generation öffentlich und lautstark den Bruch mit der Vergangenheit und wandte sich gleichzeitig von der neuen Demokratie ab. Sie nahm die liegen gebliebenen Probleme der ‹Vergangenheitsbewältigung› ihrer Eltern auf und machte sie zu ihrem ‹Generationsobjekt›.[19] Nicht nur die braunen Biographien der Eltern wurden zum Gegenstand der Anklage. Denen wurde nun auch ihr kommunikatives Beschweigen vorgeworfen, denn Schweigen galt jetzt als ‹zweite Schuld› (Ralph Giordano): «Wer schweigt, macht sich schuldig!»[20] So entstand ein Schuld-Diskurs in Form einer pauschalen Anklage, die sich nicht nur moralisch gegen die Kriegsgeneration, sondern zugleich auch politisch gegen die neue Bundesrepublik richtete. Im Nachhinein konnte die Abwehr der Protestgeneration als eine Art *reenactment* der historischen Situation ihrer Eltern gedeutet werden: Auch die Kinder lebten ihrer ideologischen Einschätzung nach in einem faschistischen Staat, den sie aber im Gegensatz zu ihren Eltern in den 1960er und 1970er Jahren heftig bekämpften. Mit ihrem Protest boten die Kinder den Eltern ein Vorbild, wie diese sich damals hätten richtig verhalten sollen. So hat Peter Sloterdijk das Selbstbild seiner Generation karikiert: «Wir haben von 1967 bis zur Baader-Meinhof-Krise 1977 Volksfront gespielt und tapfer Hitlers Aufstieg verhindert. Doch immerhin, man hatte ein Drehbuch, auch wenn es um ein halbes Jahrhundert verrutscht war.»[21]

Diese Dialektik zwischen Protest und Mimikry, die auch auf gewisse Ähnlichkeiten zwischen den Generationen hinweist, die durch die Gegensätze durchscheinen, ist inzwischen mehrfach diskutiert worden.[22] Wir sollten allerdings nicht den Fehler machen, diese deutsche Generationenkonstellation auf dem historischen Stand der 1960er und 1970er Jahre gleichsam anzuhalten und – wie es einem verbreiteten Usus entspricht – als ein *ahistorisches Muster* zu verallgemeinern. Ein naheliegendes Problem des Ansatzes der Generationsforschung liegt nämlich darin, dass sie

Generationsidentitäten und -konflikte ‹essentialisiert›, indem sie diese auf bestimmte Merkmale dauerhaft festlegt und die Dimension des zeitlichen Wandels dabei ausschließt. Um mehr über diese Dimension des zeitlichen Wandels und – damit verbunden – auch des Wandels des Generationenverhältnisses zu erfahren, empfiehlt es sich, einen Blick in die literarische Gattung der Väter- und Familienromane zu tun. Seit den 1970er Jahren wurde das für die deutsche Nachkriegsgesellschaft emblematische Generationenverhältnis zu einem beliebten literarischen Thema. Je später diese Romane entstanden, desto persönlicher, reflektierter, informativer und kommunikativer wurden sie. Auf den Gestus der Anklage, Abrechnung und ideologisch selbstgewissen Ablösung von der NS-Geschichte folgte in den sogenannten Familienromanen der 1990er Jahre der Versuch, mithilfe von Familiendokumenten, Archivrecherchen und historischer Wissenschaft tiefer in die eigene Familiengeschichte einzudringen und sich dabei selbst in dieser Geschichte zu verorten. Das Brechen des Schweigens Ende der 1960er Jahre, so wurde dabei immer deutlicher, war alles andere als eine vollständige Offenbarung, sondern blieb eine lebenslange Anstrengung, die auch die eigenen Abwehrmechanismen mit einschloss. Die Entwicklung führte dabei vom politisierten Bruch zwischen den Generationen bis zur Annahme der NS-Geschichte als Teil der Familienbiographie durch die zweite und dritte Generation. Während viele Autoren der 68er-Generation den versäumten Dialog mit der Elterngeneration in literarischer Form noch einmal nachholend inszenierten, öffnete sich in Texten der dritten Generation ein erweiterter Blick auf den historischen Zusammenhang von drei und mehr Familiengenerationen. Diese erweiterte Perspektive war nicht mehr von dem Wunsch nach Abspaltung der elterlichen Schuld diktiert, sondern zeugte von einem neuen Interesse an Großeltern, Herkunftswelten und der eigenen (Vor-)Vergangenheit.

Externalisierung und Internalisierung

Diese Entwicklung kann man in der Begrifflichkeit von M. Rainer Lepsius als Weg von einer ‹Externalisierung› der NS-Vergangenheit durch Abwehr und Abspaltung hin zu ihrer ‹Internalisierung› durch Aneignung seitens der 68er-Generation beschreiben.[23] Sie lässt sich nicht nur anhand literarischer Zeugnisse belegen, sondern zeigt sich auch in einer allgemeinen Veränderung des politischen und kulturellen Klimas von den 1960er zu den 1980er Jahren. Der moralische Trennungsstrich, den die 68er-Generation zwischen sich und der Elterngeneration gezogen hat, gewann dabei allmählich einen neuen und allgemeineren Charakter. Zunächst war er ein Instrument im intergenerationellen Konflikt und politischen Kampf. Die moralische Überlegenheit diente nicht nur der emotionalen Abgrenzung von der Elterngeneration, sie war auch eine Waffe im Kampf gegen den eigenen Staat, den diese Generation aufgrund der braunen Kontinuität der Eliten nicht als Rechtsstaat, sondern als in seiner Verfassung unverändert faschistisch wahrnahm.

Das politisierte Brechen des Schweigens durch die 68er wurde deshalb von einer Vertiefung des Schweigens begleitet, weil im selbstbezüglichen deutsch-deutschen Familienkonflikt die konkrete Frage nach den jüdischen Opfern in der politisierten Kommunikation noch keine wirkliche Rolle spielte. Es gab, wie Christian Schneider gezeigt hat, so etwas wie die symbolische Aneignung und Usurpation des Jüdischen für eigene Zwecke, aber noch keine auf der breiten historischen Wirklichkeit des später sogenannten ‹Holocaust› basierende Empathie für jüdische Biographien. Das änderte sich 20 Jahre später, als der moralische Trennungsstrich zum Grundstein einer neuen ‹Erinnerungskultur› wurde. Dieser Begriff war in den 1960er und 1970er Jahren noch gänzlich unbekannt.[24] In den 1980er Jahren hatten die 68er die Konturen ihres Generationenprojekts grundlegend verändert. Sie zogen nicht mehr mit Ho-Chi-Minh-Plakaten durch die Städte, um zum bewaffneten Kampf für die Opfer eines Imperialismus aufzurufen, den sie mit Faschismus gleichsetzten, und sie huldigten auch nicht mehr der alle Traditionen schleifenden Kulturrevolution von Mao Tse Tung. Sie waren ja auch nicht mehr in ihren Zwanzigern, sondern in ihren Vierzigern und fingen ernsthaft an, sich für die realen jüdischen Opfer der nationalsozialistischen Rassenpolitik in ihrem lokalen Umfeld zu interessieren. Es ging also nicht mehr um «den ermordeten Juden als role model»,[25] sondern um individuelle Personen mit Namen, Biographien und teilweise auch noch

Adressen. In Ringvorlesungen waren auf Anstoß der neuen Studentengeneration bereits Geschichten über Ausschluss und Vertreibung jüdischer Kollegen aus Universitäten erzählt worden. Nun folgten andere Institutionen nach. In Kliniken zeigten die jungen Oberärzte Ausstellungen über die Geschichte ihrer Institution während der NS-Zeit, gleichzeitig recherchierten Bürgerinitiativen die Namen der ausgewiesenen und ermordeten Juden; sie nahmen – ein absolutes Novum – mit den Angehörigen Kontakt auf und luden sie in ihre ehemaligen Städte ein. Beides, die politische Agitation und das zivilgesellschaftliche Engagement, sind Ausprägungen des moralischen Trennungsstrichs, mit dem die 68er auf den Schlussstrich ihrer Elterngeneration reagierten.

Diese innere Entwicklung lässt sich ebenfalls sehr gut mit den Begriffen der ‹Externalisierung› und ‹Internalisierung› beschreiben und im Zusammenhang mit einem Unbehagen diskutieren, das aktuell über die Rolle der 68er-Generation in der deutschen Erinnerungsgeschichte artikuliert worden ist. Ich beziehe mich hier auf eine Diskussion, die der Psychoanalytiker Christian Schneider und die Soziologin Ulrike Jureit angestoßen haben.[26] Die emotionale Haltung, die Schneider und Jureit den 68ern vorwerfen, betrifft nämlich die emotionalen, moralischen und politischen Strategien der *Externalisierung*, mit denen sich diese Generation einst radikal von ihrer Elterngeneration abgesetzt hatte. Die Autoren schreiben: «Ihre Exklusion zementiert das eigene Selbstverständnis als nachgeborene Deutsche, die sich durch Identifizierung mit den Opfern radikal von der ererbten Geschichte lossagen – und dadurch einen wesentlichen Kern ihres Vergangenheitsbezugs verleugnen.»[27] *Internalisierung* dagegen beschreibt das erst später einsetzende Verhältnis zu den konkreten jüdischen Opfern, das aus einem neuen Sinn der Verantwortung für die ererbte Schuld entstanden ist. Schneider und Jureit sehen hier jedoch keine Entwicklung oder Wende. Sie interpretieren die Hinwendung der 68er zu den jüdischen Opfern als einen Akt des Selbstbetrugs, mit dem sich die Nachgeborenen bis heute aus der deutschen Geschichte herausmogeln. Mit Beschreibungen wie «geliehene Identität» und «gefühlte Opfer» prangern sie eine fortbestehende phantasmatische Über-

Identifizierung der nicht-jüdischen Deutschen mit den jüdischen Opfern an, in der die Differenz zwischen Deutschen und Juden gänzlich ausgelöscht wird.

Es mag sein, dass es solche Fälle der Identitätsverwirrung gegeben hat, die ernst zu nehmen sind und ins Archiv der psychischen Verformungen dieser Generation gehören. Etwas ganz anderes ist dagegen die pauschale Erhebung dieser Symptomatik zum Schlüssel einer gesamten Generationsidentität und ihre ahistorische Festschreibung über ein halbes Jahrhundert hinweg. Internalisierung im Sinne von Lepsius bedeutet eben gerade nicht phantasmatische Identifikation, sondern Annahme der Geschichte samt der historischen Schuld sowie deren Umwandlung in Formen moralischer Verantwortung, die nicht in diffuser ‹Betroffenheit› steckenbleiben, sondern in konkrete Erinnerungspraktiken und -projekte münden. Den Nachfahren der deutschen NS-Gesellschaft, die heute beispielsweise im Rahmen der Aktion ‹Stolpersteine› im Land der Täter persönliche Kontakte mit Familien der Opfer herstellen und pflegen, liegt nach meiner Erfahrung ja nichts ferner, als sich selbst als unschuldig zu imaginieren und mit diesen Opfern gleichzusetzen. Das Generationenprojekt der 68er hatte seine eigene Geschichte, die auch Haltungswechsel einschloss. Sie begann mit Protest und Anklage in den 1960er Jahren und setzte sich in den 1980er Jahren unter neuen Verhältnissen und mit neuen Praktiken fort. Erst in den 1980er Jahren wurden die Voraussetzungen dessen geschaffen, was wir heute als ‹deutsche Erinnerungskultur› bezeichnen, ein Begriff, der sich erst im Laufe der 1990er Jahre durchzusetzen begann. Diese rezente Erinnerungskultur beruht deshalb nicht, wie Jureit und Schneider suggerieren, auf einer falschen Identifikation und Gleichsetzung der Deutschen mit den jüdischen Opfern, sondern auf dem späten Aufbau einer empathischen Beziehung zu diesen Opfern.[28]

Hermann Lübbe erinnert uns in seinem Aufsatz an ein Fernsehereignis, das nicht zeitgleich wie im Falle des ZDF-Dreiteilers, dafür aber nachträglich als ein Meilenstein der deutschen Erinnerungskultur eingestuft worden ist. Es handelt sich um die vierteilige amerikanische Fernsehserie *Holocaust,* die im Januar 1979 in Deutschland ausgestrahlt wurde (im Dritten Programm und erst nach 22 Uhr). Die Serie vollzog tatsächlich ein Brechen des Schweigens, diesmal unerwartet und im Massenmedium der öffentlichen Populärkultur. Dieses Ereignis, das sozusagen von außen in die bundesdeutsche Nachkriegsgesellschaft eindrang, brachte die Darstellung der Geschichte der Ermordung der Juden anhand der Schicksale einer fiktiven Familie in die bundesdeutschen Haushalte und löste millionenfach eine emotionale Anteilnahme aus, die zum Teil auch die Generationen miteinander verband. Zum ersten Mal war die gesamte Gesellschaft von der Empathie mit den jüdischen Opfern ergriffen; die emotionalisierende Darstellung dieses Films vermochte es, anhand einzelner Personen und ihrer Biographien eine Brücke zu schlagen über den Abgrund der politisierten deutschen Vergangenheit. Diese amerikanische Fernsehsendung, das hat Lübbe bereits 1983 richtig gesehen, vermittelte der Erfahrungsgeneration und den Nachgeborenen eine gemeinsame Medien-Erfahrung. Sie war ein gesamtgesellschaftliches Ereignis, das die im Schweigen verhärtete ältere Generation und die verblendet politisierte jüngere Generation überraschend zusammenführte. Was der Eichmann-Prozess für die Juden in und außerhalb Israels war, das hat die Serie *Holocaust* für die Deutschen bewirkt. Die emotionale Beteiligung an den fiktiven Stellvertreter-Schicksalen der namenlosen Juden legte den Grund für das, was später ‹Erinnerungskultur› genannt wurde.

Die Geste des ‹Brechens des Schweigens›, die mit dem Fernsehfilm *Unsere Mütter, unsere Väter* noch einmal vollzogen wurde, war also kein neues Ereignis, sondern wiederholte einen Grundimpuls der deutschen Erinnerungsgeschichte. Hermann Lübbe beschrieb dieses Schweigen aus der Perspektive eines involvierten Zeitzeugen, der Schweigen ganz explizit nicht mit ‹Verdrängen› gleichsetzte. Denn er argumentierte dabei nicht aus einer moralischen, sondern aus einer pragmatischen Position und hatte dabei vor allem die Zukunft im Auge. Es war, so resümierte er, «diesseits gewisser Grenzen, politisch weniger wichtig (...), woher einer kommt als wohin er zu gehen willens ist.»[29] Von historischen Rückblicken, dem Eingestehen von Fehlverhalten und politischer Reue hielt und hält Lübbe nichts, was ihn von den heutigen Prämissen der deutschen Erinnerungskultur trennt. Sehr viel dagegen hielt und hält er von der gemeinsamen Investition aller Gruppierungen der Gesellschaft in die Werte des neuen Rechtsstaats. Diese Verwandlung ‹vom Parteigenossen zum Bundesbürger› konnte seiner Meinung nach nicht durch moralische Läuterung, sondern nur durch erfolgreiche Anpassung gelingen, denn er setzte nicht auf Bekehrung, sondern auf «lebenserfahrungsbefestige Anpassung ans Bessere».[30]

Das Crescendo der Holocaust-Erinnerung

Im Einleitungssatz zu seinem Vortrag im Jahre 1983 hat Lübbe eine paradoxe Beobachtung gemacht, die inzwischen zu einem festen Topos geronnen ist. Sie verdient, hier noch einmal wiederholt zu werden:

> Die Intensität der Beschäftigung mit dem Nationalsozialismus ist mit der Zahl der Jahre, die uns vom Zusammenbruch seiner Herrschaft trennen, gewachsen. Mit der größeren temporalen Distanz von den zwölf Jahren des ‹Dritten Reichs› ist kein Effekt des Verblassens der Erinnerung an dieses im wachen zeitgenössischen Bewusstsein verbunden gewesen. Ganz im Gegenteil hat die kulturelle und politische Aufdringlichkeit dieser Erinnerung zugenommen. Die Position des Nationalsozialismus hat im Vergangenheitshorizont der Deutschen emotional an Aufdringlichkeit gewonnen, je tiefer er chronologisch in diesen Vergangenheitshorizont zurückgesunken ist.[31]

Was Lübbe vor 30 Jahren beobachtete, kann man aus späterer Sicht nur bestätigen. Es betrifft das Crescendo der Holocaust-Erinnerung, die im Rhythmus von circa 20 Jahren kontinuierlich zugenommen hat. Es dauerte 20 Jahre, bis der Holocaust aus seiner Überlagerung und Verdeckung durch den Zweiten Weltkrieg allmählich zur Erscheinung kam und durch Gerichtsprozesse in Jerusalem und Frankfurt neu thematisiert wurde, weitere 20 Jahre, bis diesem Menschheitsverbrechen in intellektuellen Debatten und Akten des Gedenkens ein neuer Platz zugewiesen wurde, und dann noch einmal 20 Jahre, bis dieses Ereignis in Museen und Denkmälern weltweit verankert wurde.

Das Crescendo der Holocaust-Erinnerung

1945	1965	1985	2005
Kriegsende	Auschwitz-Prozess	Weizsäcker-Rede Historikerstreit	Zentrales Holocaust-Mahnmal
Vergangenheits-bewältigung		Vergangenheitsbewahrung national	 transnational

Nach 1989 öffneten sich die zentraleuropäischen Archive und europäische Kollaborationsgeschichten kamen zum Vorschein. In den 1990er Jahren wurde der Holocaust in einer Fülle von Gedenkveranstaltungen, Ausstellungen, Museumsgründungen, Denkmälern und politischen Symbolsetzungen verankert. Diese Erinnerungsgemeinschaft hat dabei die nationalen Grenzen überschritten und inzwischen eine globale Ausweitung erfahren. Gleichzeitig hat sie damit einen Modellcharakter gewonnen, an dem auch andere Opfer-Gruppen ihre Ansprüche und die Gestaltgebung ihrer eigenen traumatischen Erinnerungen ausrichten.

Lübbe schrieb seinen Aufsatz vor der Einrichtung dessen, was wir heute ‹Erinnerungskultur› nennen. «Die Verweigerung der Anerkennung der Leiden der Opfer» des Holocaust, so der Sozialpsychologe Harald Welzer, sei «der erinnerungspolitisch größte Skandal der Nachkriegsgeschichte» gewesen.[32] So urteilen wir verständlicherweise aus heutiger Retrospektive. Die deutsche Erinnerungskultur hat sich aber erst ganz allmählich vier Jahrzehnte nach Ende des Krieges aufgebaut. Was ihr voranging, war eine lange Latenzzeit, in die das kommunikative Beschweigen und das folgenreiche Brechen des Schweigens durch die Protestgeneration gehörten. Für Lübbe war die Latenz des Schweigens kein erinnerungspolitischer Skandal, sondern «das sozialpsychologische Medium der Verwandlung unserer Nachkriegsbevölkerung in die Bürgerschaft der Bundesrepublik Deutschland».[33] Während durch das Schweigen ein Problem gelöst wurde, nämlich die Umstellung, Anpassung und gesellschaftliche Integration der unmittelbaren Nachkriegsgesellschaft, wurden andere Probleme damit geschaffen und verschärft. Was für die ältere Generation heilsam gewesen sein mochte, hat die nachfolgenden Generationen schwer belastet. Sie wurden zu den Begründern einer neuen Erinnerungskultur, die emotionale, moralische und kulturelle Aspekte umfasste. Diese Erinnerungskultur ist das Generationenprojekt der 68er geworden, aber noch nicht das der protestierenden 20-Jährigen, die man bei den Auschwitzprozessen und Verjährungsdebatten vergeblich sucht, sondern der in der Mitte der Gesellschaft angekommenen 40-Jährigen, die sich in den 1980er und 1990er Jahren von ihren ideologischen Präokkupationen befreit hatten.

Tatsächlich war die Entideologisierung der vorangegangenen geschichtspolitischen Debatten eine entscheidende Voraussetzung der neuen Erinnerungskultur. An die Stelle rechter und linker Ideologien traten nun die Menschenrechte als normative Grundlage für politisches Handeln, moralische Bewertung und historische Sensibilität. Diese mentalitätsgeschichtliche Wende begann in den 1980er Jahren an mehreren Orten und gewann dabei allmählich eine kumulative Wirkung: Sie lässt sich zurückverfolgen zum Ende des Vietnamkriegs und seinen Folgen in den USA, zum Ende der Diktaturen in Lateinamerika und den aus ihnen folgenden politischen Transitionsprozessen (inklusive Südafrika) und zum Ende der bipolaren Welt des Kalten Krieges nach dem Fall des Eisernen Vorhangs in Europa. Diese Wende führte in westlichen Gesellschaften zu einer folgenreichen Umperspektivierung von den Helden und Akteuren der Geschichte auf ihre namenlosen Opfer, deren Geschichten nun in Zeugnisberichten zum ersten Mal vielstimmig erzählbar und hörbar wurden und in deren Namen verstärkt das Wort ergriffen wurde. Im Zentrum der Orientierung standen jetzt die Menschenrechte und, damit verbunden, die Anerkennung von Leiden und die Empathie mit den zivilen Opfern von politischer Gewalt und Rassismus. Diese Wende lässt sich auch als Umperspektivierung von der Schonung der Täter hin zu den Leiden der (nicht nur jüdischen) Opfer beschreiben. Mit diesem Schritt endete zugleich die deutsche Selbstbezüglichkeit im Erinnern, denn in den folgenden Jahrzehnten erfolgte der Eintritt in eine transnationale Holocaust-Erinnerungsgemeinschaft mit dem gemeinsam gefassten neuen Grundsatz der ‹Vergangenheitsbewahrung› in einem auf eine unbestimmte Zukunft ausgerichteten Gedenken.

3. Probleme mit der deutschen Erinnerungskultur

Weltmeister im Erinnern?

Die Situation ist paradox. Seit einigen Jahren wird den Deutschen von der Außenwelt bescheinigt, dass sie etwas gut gemacht haben, und das ist der Aufbau ihrer Erinnerungskultur. Der englische Historiker Timothy Garton Ash sprach von einer deutschen DIN-Norm des Erinnerns, in Russland ist vom ‹German model› die Rede, und von dem amerikanischen Politologen John Torpey, der Grundlegendes zum Thema Wahrheitskommissionen und politischer Systemwandel veröffentlicht hat, stammt der Satz: «We are all Germans now!»[1] Gemeint ist damit ein Mentalitäts- und Gesinnungswandel, der dazu geführt hat, dass Staaten inzwischen immer öfter bereit sind, das Unrecht, das sie selbst in der Geschichte verübt haben, anzuerkennen, anstatt wie bisher üblich alles, was das positive nationale Selbstbild in Frage stellen könnte, zu verleugnen oder mit Schweigen zu übergehen. Hinzu kommt – nicht zu unterschätzen – das positive Votum einer großen und weiter wachsenden Zahl jüdischer und anderer Künstler, die inzwischen von Jerusalem, Paris oder New York nach Berlin ziehen, weil sie dort auf Schritt und Tritt die Spuren ihrer traumatischen Familiengeschichte wiederfinden, die hier offen ausgestellt, diskutiert und in Erinnerung gehalten werden.

Sind die Deutschen also Weltmeister im Erinnern? Wenn ihnen dieser absurde Titel zukommt, dann nur, weil sie zuvor Weltmeister im Morden waren. Es führt kein Weg daran vorbei, dass es eine *deutsche* Obsession war, Millionen von Männern und Frauen, Kindern und alten Menschen mit bürokratischer Akribie durch Hunger, Arbeit, Folter, Erschießung und Vergasung aus keinem anderen Grund umzubringen als dem, dass sie einer anderen ‹Rasse› angehörten. Ist die deutsche Erinnerungskultur deshalb eine versteckte Fortsetzung deutscher Hybris?

Die Außensicht und die Innensicht gehen hier deutlich auseinander. Was im Ausland an den Deutschen geschätzt wird, ist hierzulande vielen ein Dorn im Auge. Ein dumpfes Unbehagen an der deutschen Erinnerungskultur hat es im rechten Spektrum immer schon gegeben. Jetzt aber steht es zunehmend auch auf der publizistischen Agenda von Wissenschaftlern und Intellektuellen, die den demokratischen Wertekonsens der Gesellschaft keineswegs in Frage stellen wollen. In den letzten drei Jahren sind etliche Publikationen erschienen, die das Unbehagen an der deutschen Erinnerungskultur auf die eine oder andere Weise zum Thema gemacht haben. Auf einige dieser Bücher soll hier ausführlicher Bezug genommen werden. Dazu gehört die Studie von Ulrike Jureit und Christian Schneider mit dem Titel *Gefühlte Opfer*, die die «opferidentifizierte deutsche Gedenkkultur» und die ihr zugrunde liegende kulturelle Gedächtnistheorie aufs Korn nimmt.[2] Die beiden Verfasser haben ihre Thesen zwei Jahre später noch einmal in einem Sammelband wiederholt, in dem sich auch andere Beiträger verschiedener Fachrichtungen zu diesen Grundfragen äußern.[3] Eine weitere einschlägige Veröffentlichung stammt von Harald Welzer und Dana Giesecke. Unter dem Titel *Das Menschenmögliche* wird eine beherzte Entrümpelung und Renovierung der deutschen Erinnerungskultur vorgeschlagen.[4] Ferner ist das Themenheft «Weshalb erinnern?» der *Vorgänge. Zeitschrift für Bürgerrechte und Gesellschaftspolitik* zu nennen sowie eine größere Anzahl verstreuter Aufsätze.[5]

Manche Stimmen des Unbehagens sind hochelaboriert, viele jedoch gründen auf einer Intuition und verbleiben in einem vorreflexiven Zustand. Irgendwas stimmt nicht, aber man weiß noch nicht so genau, was es eigentlich ist. Die Intuition kann ein wichtiger Wegweiser für die Reflexion sein, die sich aufmacht und zu klären versucht, was das Problem ist und wie es behoben werden kann. Um von Unbehagen, pauschaler Abwehr und Anklage in eine Diskussion der anstehenden Probleme überzugehen, sollen deshalb einige der wichtigsten Themen, um die es dabei geht, genauer identifiziert werden. Das Ziel ist dabei die Vermeidung unfruchtbarer Polemik und die Schaffung von Rahmenbedingungen für eine konstruktive Diskussion.

Deutungsmacht und gefühlte Opfer – Erinnerungskultur als Generationenkonflikt

Im Mittelpunkt des Unbehagens von Ulrike Jureit und Christian Schneider steht die Rolle der 68er-Generation, die als treibende Kraft hinter der deutschen Erinnerungskultur ausgemacht wird. Ihrer Meinung nach ist diese Generation für die Irrwege der deutschen Erinnerungskultur verantwortlich, die sie aus soziologischer und psychoanalytischer Perspektive nachzeichnen. Dazu gehört ein falsches Verhältnis zu den Opfern, das auf einem Selbstbetrug gründet, sowie eine illusorische Erlösungserwartung und ein verfehltes Modell von Trauerarbeit. Hinter beider Kritik steht der Wunsch nach Selbstbefreiung von der als oppressiv empfundenen Vormundschaft der 68er-Generation. Die zentrale Vokabel dieses Unmutsdiskurses heißt ‹Deutungsmacht›. Es geht also nicht nur um einen Richtungsstreit, sondern um einen politisierten Generationenkonflikt, den man als ‹Nachbeben› des Generationskonflikts zwischen den 68ern und ihren Eltern bezeichnen möchte. Die 68er-Generation hat demnach die Holocaust-Erinnerung in Form einer «generationellen Selbstermächtigungsstrategie» in Deutschland eingesetzt, woraus folgt, dass die deutsche Erinnerungskultur in toto die Folge ihres Diktats (wo nicht gar ihrer Diktatur) ist. Selbst das, was sich als ein demokratischer Beschluss darstellt, wie die Abstimmung über den Bau des Mahnmals im Berliner Parlament, ist im Grunde nichts anderes als die Machenschaft einer politischen Generation, die hier ihr Deutungsmonopol ausübt, indem sie ihre «eigene vergangenheitsbezogene Sinnstiftung auf Dauer» und «historisches Erinnern nach den eigenen Maßstäben still» stellt.[6]

So wie die Mitscherlichs in den 1960er Jahren der Kriegsgeneration ins Gewissen redeten und ihr ihre ‹Unfähigkeit zu trauern› vorwarfen, werfen Jureit und Schneider vierzig Jahre später der Generation der 68er falsches Erinnern und Trauern vor. Dieses sei von Grund auf unauthentisch, denn es gründe auf simulierten Gefühlen, einer erschlichenen Identität und falschen Erlösungswünschen. Der Kern dieser Kritik an der deutschen Holocaust-Erinnerung betrifft das, was Jureit und Schneider das «geliehene Selbstbild des gefühlten Opfers» nennen. Die Identifikation mit den jüdischen Opfern habe den 68ern geholfen, mit ihren eigenen Familien zu brechen und aus einem kontaminierten historischen Umfeld in eine moralisch einwandfreie Welt überzuwechseln. Das Mittel dieser wunderbaren Rettung durch Identitätskonversion sei die Erinnerungskultur gewesen, mit deren Hilfe man sich die Erlösung von deutscher Schuld erhoffte. Mit dieser Darstellung haben Jureit und Schneider viel Zustimmung erfahren, die Rede von «fiktive(n) Identifikationen mit Opfern» und «artifizielle(r) Betroffenheit» ist inzwischen zu einem festen Topos geronnen.[7]

Um das Problem, um das es hier geht, konkreter zu machen, möchte ich dazu ein Beispiel anfügen. Bei einem Gespräch mit Frank Schirrmacher über den ZDF-Dreiteiler *Unsere Mütter, unsere Väter* hat der Produzent Nico Hofmann folgendes Gespräch mit seiner Mutter aus der Erinnerung wiedergegeben: «Als 1979 auch in Deutschland die Serie Holocaust im Fernsehen lief, (hat sie mir) ernsthaft beim Mittagessen vorgeworfen: ‹Du argumentierst ja immer auf der Seite der Juden. Du verstehst das jüdische Volk besser als mich.› Ich habe dann gesagt: ‹Ich identifiziere mich doch nicht mit deiner BDM-Sache! Wir sprechen hier vom Holocaust. Ich identifiziere mich doch nicht mit den Deutschen, ich identifiziere mich mit den deutschen Juden.›»[8]

Von der emotionalen Wirkung der Serie *Holocaust* auf die deutsche Gesellschaft war im vorangegangenen Kapitel bereits die Rede. Hermann Lübbe sah in dieser Serie eine befreiende generationenübergreifende Beendigung des Schweigens. Was kein Geschichtsbuch und keine Pädagogik nach Auschwitz vermocht hatte, das schaffte die populärkulturelle Fernsehgeschichte: Sie löste in weiten Teilen der Bevölkerung eine Affektblockade und ermöglichte eine Empathie mit den jüdischen Opfern. Durch diese Serie, so stellte Hermann Lübbe vier Jahre nach der Ausstrahlung fest, «wurde zum Nationalsozialismus in seinen furchtbarsten Folgen ein pseudotheoriefreies Verhältnis des moralischen und politischen Gemeinsinns wiederhergestellt». Sie habe «im deutschen Verhältnis zum Nationalsozialismus den moralischen und politischen Gemeinsinn in seiner Urteilszuständigkeit neu bestätigt, und sie hat eben dadurch integrierend gewirkt».[9]

Viele Zeugnisse bestätigen, dass die Ausstrahlung und Rezeption der amerikanischen Serie ein Meilenstein in der deutschen Erinnerungsgeschichte war, weil hier die älteren und jüngeren Deutschen sich zum ersten Mal der Wirklichkeit des Holocaust auch emotional öffneten. Das wird durch Nico Hofmanns Gespräch mit seiner Mutter nicht bestätigt, die diese Wende offenbar nicht mitgemacht hat. Sicher war auch seine Erfahrung kein Einzelfall, denn die *Holocaust*-Serie hat die Generationen auch polarisiert. (Ich habe inzwischen mit einigen gesprochen, denen ihre Eltern ausdrücklich verboten haben, die Serie anzuschauen.) Das Gespräch zwischen der unverstandenen Mutter, die weiterhin an ihren nationalsozialistischen Werten hängt, und dem verständnislosen Sohn, der mit der Fernsehserie ein gegensätzliches Identifikationsangebot annimmt, klingt wie eine exakte Bestätigung von Ulrike Jureits These. Man fragt sich aber zugleich, was an dieser Situation eigentlich so falsch ist. Der Sohn identifiziert sich in der Fernsehserie mit den deutschen Juden, also mit den Opfern, und distanziert sich von den Deutschen. Das Wort ‹identifizieren› besagt aber keineswegs, dass er sich deshalb selbst für ein jüdisches Opfer hält. Empathie bedeutet Einfühlung und ermöglicht eine gefühlsmäßige Verbindung mit einem fremden Menschen, an dessen Schicksal man Anteil nimmt, ohne damit ein klares Bewusstsein der Differenz zwischen dem Ich und dem anderen aufzugeben. Identifikation bedeutet die Übernahme von Werten und Einstellungen mit den Opfern, aber diese Übernahme befreit keineswegs von der eigenen Identität, Familie, Nation und Geschichte. Identitäten sind auch nicht echt oder falsch, sondern formbar und plastisch; sie verändern sich durch Überzeugungen und Handlungen. Tatsächlich war diese empathische Identifikation mit den Opfern der Deutschen nicht, wie Jureit unterstellt, der Irrweg und Skandal der deutschen Erinnerungskultur, sondern deren Voraussetzung und Grundlage.

Es ist unstrittig, dass es seit den 1970er Jahren in der 68er-Generation Formen eines übersteigerten Philosemitismus und Fälle der Konversion zum Judentum gegeben hat. Es ist jedoch hochgradig irreführend, wenn Jureit der gesamten Generation eine illegitime Identifikation mit den jüdischen Opfern vorwirft und als Prototyp dieses Verhaltens auf den Fall Binjamin Wilkomirski alias Bruno Grosjean/Dössekker verweist, einen Schweizer, der seine eigene Adoptionsbiographie in ein Holocaust-Schicksal umgefälscht hat. Der Autor der *Bruchstücke* wurde 1998 enttarnt, der Fall hatte rechtliche Konsequenzen. Wilkomirskis Empathie mit den jüdischen Opfern ging tatsächlich so weit, dass er die Differenz zwischen dem Ich und dem anderen in einem Akt phantasmatischer Identifikation auflöste. Jureit schreibt dazu mit einer ihr eigenen Ambivalenz in der Aussage: «Die Geschichte Bruno Grosjeans ist ein Einzelfall und kann als solcher nicht verallgemeinert werden. Allerdings offenbart sie jenseits ihrer individuellen Tragik eine Grundstruktur kollektiven Erinnerns und in dieser Hinsicht stellen Wilkomirskis *Bruchstücke* eben nicht nur eine spezifische, sondern auch eine gesellschaftstypische Umcodierung dar. Opferidentifizierung ist mittlerweile zur erinnerungspolitischen Norm geworden.»[10] Falls es je solche Wilkomirski-Fälle in der deutschen Nachkriegsgeneration gegeben hat, sind diese längst als eine problematische Selbsttäuschung kritisiert worden. Mit deutlichen Worten hat dies bereits Reinhart Koselleck klargestellt: «Wir Deutsche, als die politisch verantwortliche Nation,» haben die «Verpflichtung, dass wir uns der Taten selber und damit auch der Täter zu erinnern haben. (…) Schon gar nicht dürfen wir uns hinter Opfergruppen verstecken, etwa den Juden, als gewönnen wir damit ein Holocaustdenkmal wie andere Länder auf diesem Globus auch. Das dürfen wir uns als Deutsche weder anmaßen noch zumuten. Wir allein sind gefordert, die Täterschaft in unsere Besinnung einzubeziehen.»[11]

Hier ist ein unnötiges Missverständnis entstanden, das auf einer äußerst vagen Redeweise beruht. Wenn Jureit tadelnd von «opferidentifiziertem Erinnern» spricht, muss man sich zum Beispiel selbst dazudenken, dass sie dabei automatisch ‹jüdische Opfer› im Sinn hat. Das ist jedoch alles andere als selbstverständlich, weil gerade die Deutschen bekanntlich lange und beharrlich an ihrer eigenen ‹opferidentifizierten Erinnerung› festgehalten haben, die über weite Strecken wenig Platz ließ für eine Empathie mit den ‹gefühlten Opfern›. Da das Wort ‹Opfer› bei Jureit systematisch unbestimmt bleibt, wird ihre Argumentation dort, wo von der Konkurrenz verschiedener Opferperspektiven die Rede ist, extrem undurchsichtig.[12] Noch missverständlicher ist jedoch die konzeptionelle Ungenauigkeit. Jureit unterscheidet nämlich nicht zwischen einer ‹opfer-identifizierten› Erinnerung (das ist der Terminus, den sie gebraucht) und einer ‹opferorientierten› Erinnerung (diesen Begriff hat Werner Konitzer vorgeschlagen).[13] Zwischen diesen beiden Positionen, die oberflächlich austauschbar erscheinen, liegen jedoch Welten! Während, wie Koselleck zu Recht betont hat, sich die Deutschen nicht anmaßen können, sich mit den jüdischen Opfern zu identifizieren, um sich mit ihnen gemeinsam *selbst als Opfer zu fühlen*, ist es nicht nur möglich, sondern auch durchaus angemessen, dass sie empathisch *mit den Opfern fühlen*. Während Überidentifikation die Differenz zwischen Identitäten auslöscht, setzt Empathie die Unterscheidung zwischen dem Selbst und dem Anderen voraus. ‹Mitfühlen› und ‹sich als N. N. fühlen› sind deshalb grundverschiedene Gefühlsakte.

Werner Konitzers Unterscheidung ist hilfreich, um unterschiedliche Rahmen der transgenerationellen Erinnerung – denn genau darum geht es hier – präziser zu beschreiben. Mit der Kategorie ‹opferidentifiziertes› Erinnern lässt sich zum Beispiel sehr gut die zweite Generation der Holocaustüberlebenden erfassen, die sich selbst als ‹2G› (Kürzel für ‹zweite Generation›) bezeichnen und ihre eigene Biographie selbstbestimmt als transgenerationelle Extension des elterlichen Traumas begreift. In Deutschland dagegen kann man mit Konitzer argumentieren, dass der Durchbruch in Richtung einer Orientierung an den jüdischen Opfern erst 1979 mit der amerikanischen TV-Serie *Holocaust* einsetzte. Diese Serie, so der Konsens der Forschung, legte den Grundstein zu einem neuen, transgenerationellen Erinnerungsrahmen. Mit der opferorientierten Erinnerungskultur ordneten sich die Deutschen, wie Konitzer schreibt, in die europäische und weltweite Erinnerungskultur ein. Im Anschluss daran wäre mit Koselleck zu fragen, ob wir damit schon eine Erinnerungskultur haben wie andere Länder auch. Denn sicher fällt die Erinnerung im Land der Täter anders aus als in Ländern, die zwar kollaboriert haben, aber historisch auch durch starke Widerstandstraditionen geprägt sind. Deshalb gibt es in Deutschland zum Beispiel bis heute keine ‹Straße der Deportierten›, aber inzwischen jede Menge ‹Stolpersteine›, die auf Initiativen der Zivilgesellschaft zurückgehen. Eine Welt ohne Empathie und Parteinahme für unschuldige zivile Opfer wäre, so Konitzer, «ungleich unbehaglicher als die gegenwärtige Erinnerungskultur».[14]

Die normative Haltung der deutschen Erinnerungskultur zum Holocaust ist nicht durch Identifikation, sondern durch eine Form von Empathie bestimmt, die durchaus Platz lässt für das Bewusstsein, selbst *nicht* dem Volk der Opfer anzugehören. Diese Haltung der deutschen Holocaust-Erinnerung ist opferorientiert, aber nicht opferidentifiziert, denn hier spielt die Täterperspektive ja gerade eine nicht zu eliminierende Rolle. Deshalb ist in diesem Falle auch von einem ‹negativen› Gedächtnis die Rede. Die Schuld, die den nachwachsenden Generationen nicht mehr angelastet werden kann, wird dabei in ‹historische Verantwortung› verwandelt und als Warnung in die Zukunft verschoben. Die folgenden Sätze, die Jureit aus einem Bundestagsbeschluss über das Berliner Mahnmal zitiert, machen diese Grundeinstellung deutlich. Sie sprechen die Sprache einer *ethischen Erinnerung*, die empathisch opferorientiert ist und gleichzeitig die historische Identifizierung mit dem ‹Tätervolk› aufrechterhält: «Mit dem Denkmal wollen wir die ermordeten Opfer ehren, die Erinnerung an ein unvorstellbares Geschehen der deutschen Geschichte wach halten und alle künftigen Generationen mahnen, nie wieder die Menschenrechte anzutasten, stets den demokratischen Rechtsstaat zu verteidigen, die Gleichheit der Menschen vor dem Gesetz zu wahren und jeder Diktatur und Gewaltherrschaft zu widerstehen.»[15]

‹Erinnern, um nicht zu wiederholen› – das ist die Kurzfassung dieses ethischen Imperativs, der für die deutsche Situation geprägt wurde, aber nicht auf sie beschränkt blieb. Er hallt inzwischen von vielen Orten der Welt wider, wo die ehemaligen Täter im Rahmen einer ‹Politik der Reue› (*politics of regret*) eine Brücke der Erinnerung zu ihren ehemaligen Opfern schlagen. Bei diesem Brückenschlag der Erinnerung geht es deshalb keineswegs um eine geschichtsvergessene *Identifizierung* mit den Opfern, sondern um die Grundlegung einer deutschen *Iden-*

tität, die das Gewaltereignis in der ethischen Form einer ‹anamnetischen Solidarität› (Johann Baptist Metz) ins kollektive Selbstbild aufnimmt. Die negative oder ethische Erinnerung gewinnt ihre besondere Evidenz aus den Fällen, wo sie bislang – in sehr unterschiedlichen historischen Konstellationen – noch entschlossen verweigert wird (wie in der Türkei in Bezug auf den armenischen Genozid, in Russland in Bezug auf Katyn oder in Spanien in Bezug auf die weiterhin verschwiegenen Massaker des Bürgerkriegs).

Jureits Unbehagen an der deutschen Erinnerungskultur richtet sich nicht nur gegen die Deutungsmacht der 68er und die Erinnerungsfigur des ‹gefühlten Opfers›, sondern viel umfassender gegen das Konzept einer transgenerationellen Erinnerung, wie es inzwischen weltweit praktiziert und seit Jahrzehnten in der internationalen Fachliteratur diskutiert wird. Für sie als Historikerin kann es – wie auch für Koselleck – keine Erinnerung an Ereignisse geben, die man nicht selbst erlebt hat. Von kollektiver Identität und Gruppenzugehörigkeiten, die durch Übernahme einer nationalen Geschichte auf der Basis medialer und kultureller Überlieferung entstehen, hält sie nichts. Deshalb bewertet sie den Identitätsbezug der deutschen Holocaust-Erinnerung als reinen Selbstbetrug: «Wir tun schlicht so, als wenn es um Geschehnisse geht, die wir selbst erfahren und erlitten haben, und simulieren einen Selbstbezug, in den wir uns dann emotional hineinsteigern.»[16] Wer so denkt, kann gar nicht anders, als auf Erinnerungskulturen generell mit Unbehagen zu reagieren.

Der Holocaust als negativer Gründungsmythos

Seit den 1990er Jahren ist die Erinnerung an den Holocaust in die deutsche Gesellschaft zurückgekehrt und wurde durch Gedenkstätten, Jahrestag und Denkmäler als negativer Gründungsmythos des wiedervereinigten Staates verankert. Während inzwischen die dritte und vierte Generation durch symbolpolitische Akte, Schule und öffentliche Medien in die deutsche Erinnerungskultur hineinsozialisiert sind und die Holocaust-Erinnerung für sie Teil ihrer kulturellen Umwelt und als Status Quo ein Stück Selbstverständlichkeit geworden ist, meldet sich gleichzeitig aus verschiedenen Richtungen Widerstand und Kritik an dieser neuen Erinnerungskultur. Nach der so erfolgreichen Institutionalisierung dieses negativen Gründungsmythos stellt sich die Frage nach der weiteren Entwicklungsfähigkeit der Erinnerungskultur – ihren neuen Deutungen, ihrer Neujustierung und Pluralisierung in einer Zeit des Umbruchs und der Krise. Wie lässt sich diese staatliche vergangenheitsbezogene Identitätsstiftung mit aktuellen Zukunftsaufgaben und neuen Handlungsorientierungen verbinden?

Mit der ‹positiven Besetzung› des ‹negativen› Holocaust-Gedächtnisses im Rahmen einer neuen Erinnerungskultur kam in den 1990er Jahren eine lange Auseinandersetzung zwischen linken Stimmen, die dieses Erinnern gegen den gesellschaftlichen und politischen Mainstream forcierten, und rechten Stimmen, die für Bewältigung, Vergessen und Hintersichlassen plädierten, an ihr Ende. Die linke Erinnerungsfraktion war keineswegs nur von der 68er-Generation getragen, sondern umfasste auch wichtige Fürsprecher älterer Generationen wie Jürgen Habermas, Günter Grass, Hartmut von Hentig oder Hans-Jochen Vogel. Nachdem diese Erinnerungsfraktion gewonnen hatte, entstand ein neues Problem, das man mit der Formel ‹Der Sieg ist die Niederlage› umschreiben könnte. Was als subversive Initiative begonnen hatte, war plötzlich staatstragend geworden.

Die deutsche Erinnerungskultur ist aus einer Position des kritischen Widerstands entstanden. Es waren unmittelbar vor der Wende vor allem zwei Berliner Projekte, die aus lokalen zivilgesellschaftlichen Initiativen hervorgegangen sind und erst später an Sichtbarkeit gewannen: die historische Spurensicherung auf dem Gelände der ‹Topographie des Terrors› in Berlin, wo die eilig beseitigten Reste der ehemaligen Gestapozentrale sichergestellt wurden, sowie der Antrag auf ein zentrales Denkmal für die ermordeten Juden Europas. Beide Projekte verstanden sich als kritische Interventionen gegen die offizielle inklusive Opfer-Symbolpolitik von Helmut Kohl, die nach der Wende elementare Unterschiede verwischte und damit Fragen der historischen Verantwortung umging. Nachdem Kohl 1992 die Neue Wache als ‹seinen Symbolort› installiert hatte, schwenkte er nach Absprache mit Ignatz Bubis, dem Vorsitzenden der jüdischen Gemeinde, um, der ihm klar gemacht hatte: ‹Du kannst dein

Denkmal haben, dann bekomme ich aber auch meines!›[17] Nach langer Abwehr machte sich Kohl dann Mitte der 1990er Jahre selbst zum Fürsprecher des Holocaust-Mahnmals. Damit geriet die deutsche Erinnerungskultur auf einen neuen Kurs: Sie wurde politisch akzeptiert und staatstragend. Tatsächlich ist sie inzwischen vielfach und irreversibel in die Statuten unseres politischen Gemeinwesens eingegangen. Die Betreuung der historischen Gedenkstätten wurde im Wiedervereinigungsvertrag als staatliche Aufgabe und Verantwortung festgeschrieben, das Parlament stimmte im Juni 1999 mit großer Mehrheit für die Errichtung des Mahnmals für die ermordeten Juden Europas, das aus der Mitte Berlins nicht mehr wegzudenken ist.

Das Dilemma vom Sieg als einer Niederlage geht auf den unter Intellektuellen tief verinnerlichten Denkstil der Kritischen Theorie zurück. Danach gilt der Grundsatz: Die Haltung der Intellektuellen darf gar nicht anders als subversiv sein. Sie sind das Salz der Erde und der Stachel im Fleisch der Macht. Wer affirmativ argumentiert, ist zum Feind übergelaufen. Die Mächtigen – das sind immer die Anderen, und ihnen ist grundsätzlich mit Misstrauen zu begegnen. Auch der Historiker Harald Schmid, der sich mit der Entstehung und der Geschichte der deutschen Erinnerungskultur befasst hat, bestätigt diesen allgemeinen Wertewechsel: «Wo Vergessen und Verdrängen, wo Beschweigen und Leugnen war, ist nun allseits Erinnern.»[18] Von Anfang an wurde dieser Wandel der politischen Kultur von linken Intellektuellen mit Skepsis und Misstrauen zur Kenntnis genommen. Das neue Unbehagen an der Erinnerungskultur war eine Antwort auf ihre erfolgreiche Institutionalisierung und dem damit verbundenen affirmativen Charakter, dem alles Beunruhigende und Verstörende abgehe. «Geht hier verunsichernde Verstörung in die so lange erhoffte beruhigende Versöhnung über, wird das Ungeheuerliche in der schieren Omnipräsenz von ‹Erinnerung› verdeckt?», fragt Harald Schmid. So besehen, wäre die Erinnerungskultur «immer mehr Teil des Problems, als dessen Lösung sie auftritt».[19]

Das Unbehagen der Intellektuellen an dieser Erfolgsgeschichte ist vor der langen subversiven Tradition der Linken nur allzu verständlich. Aber offensichtlich greifen Gegensatzpaare wie ‹links oder rechts›, ‹fortschrittlich oder konservativ›, ‹subversiv oder affirmativ› heute nicht mehr so eindeutig wie noch zu Zeiten des Kalten Krieges. Sie haben nicht mehr den Charakter einer Zwangsalternative, weshalb sich die neue Frage stellt, wie das kritische Potential in einer gesellschaftlichen Situation zu retten ist, in der die Intellektuellen immer mehr Mitverantwortung an der Gestaltung der politischen Kultur übernehmen. Tatsächlich stellen sich mit der erfolgreichen Verankerung der Holocaust-Erinnerung als negativem Gründungsmythos der Bundesrepublik neue Probleme der «Auf- und Abspaltungen des Gedächtnisses» (Harald Schmid). Nachdem das, was zuvor peripher war, ins Zentrum gerückt ist, werden durch die auch transnational befestigte hegemoniale Erinnerung an den Holocaust andere Erinnerungen verdeckt oder an die Seite gedrängt, wie etwa der deutsche Widerstand, die Geschichte der Helfer, die zentrale Bedeutung des Zweiten Weltkriegs und die Erinnerung an Flucht und Vertreibung. Das Problem der Pluralisierung der Erinnerungen hat unmittelbar mit der Zukunft der Erinnerung zu tun. Denn es schließt auch die Frage nach der Aufnahme und Geltung neuer Erinnerungsschichten ein wie die DDR-Erinnerung und die Erfahrung der Migration als Teil des gesellschaftlichen Selbstverständnisses.

Um das kritische Potential in der Erinnerungskultur zu retten, haben wir gelernt, in Paradoxien zu denken. Eine dieser Formeln lautet: Der Sieg ist die Niederlage, eine andere: Erinnern ist Vergessen – wenn es pietätvoll, aber unverbindlich und folgenlos praktiziert wird. In den erinnerungskulturellen Konsens hat sich mit dem um sich greifenden Unbehagen ein Dissens eingenistet, der die affirmative Staatskultur des Erinnerns immer wieder aus der Perspektive einer kritischen Gegenkultur herausfordert, deren Aufgabe darin besteht, den zivilgesellschaftlichen Funken in der Erinnerungskultur immer wieder zu entfachen.

Im Folgenden sollen weitere Schlüsselbegriffe der Unbehagen-Debatte vorgestellt und die Frage erörtert werden, ob die Deutschen eine «vergangenheitsabhängig anhaltend verwirrte Nation» sind.[20] Ich sehe in dem aktuellen Unbehagen wichtige Anzeichen eines vitalen Interesses, emotionalen Engagements und aktiver Beteiligung. Diese Diskussion ist eine wichtige Form der Selbstaufklärung und Selbstverständigung und somit ein wesentlicher Teil der politischen Kultur in der demokratischen Gesellschaft, die ja wie die Erinnerung selbst ein dynamischer und zukunftsgerichteter Prozess ist.

Fertig erinnert?[21]

Der Sieg ist zugleich die Niederlage der deutschen Erinnerungskultur – dieses Unbehagen wurde und wird in verschiedenen Versionen vorgetragen. Es kann zum Beispiel die folgende Form annehmen: Wenn das Wissen über den Holocaust, das in den Medien überall präsent ist, inzwischen in der Mitte der Gesellschaft angekommen ist, dann braucht man nicht mehr über Erinnerungskultur zu sprechen und kann auf ihre Inszenierungen verzichten. Denn was man weiß, muss man nicht stets wiederholen. Im Gegenteil: Die Wiederholung dessen, was man bereits weiß, kann nur Überdruss und Abwehr hervorrufen. Das ist das Unbehagen, das Harald Welzer und Dana Giesecke in ihrem Buch *Das Menschenmögliche. Zur Renovierung der deutschen Erinnerungskultur* zum Ausdruck bringen.[22] Was man weiß und was man internalisiert hat, braucht man nicht mehr zu erinnern. Erinnerungsimperativ und Vergessensverbot laufen, so ihre These, bei den nachwachsenden Generationen ins Leere, da dieses Wissen inzwischen zu einem festen Bestand ihrer Umwelt geworden sei. Sie wehren sich gegen jede neue Gedenktafel, weil «der Erkenntniswert des einzelnen Falles inzwischen gegen null geht».[23] Sie schlagen deshalb vor, das Vergangenheits-Kapitel als abgehakt zu betrachten, die Erinnerungskultur zu entrümpeln und zu neuen Aufgaben überzugehen, die die Bewältigung und Gestaltung der Zukunft betreffen. «Es ist heute nicht mehr nötig zu fordern, dass an den Holocaust zu erinnern und der Opfer zu gedenken sei – daran hat gesamtgesellschaftlich außer ein paar Neonazis niemand auch nur den geringsten Zweifel und die geringste Kritik.» Für Jüngere sei diese Haltung nicht mehr anschlussfähig: «man weiß nicht recht, wogegen eigentlich anerinnert wird, wo doch alle für das Erinnern und Gedenken sind.»[24]

Welzer verwischt hier einen wichtigen Unterschied zwischen kognitivem Wissen und einem Wissen mit Identitätsbezug. Der zweite Hauptsatz der Thermodynamik zum Beispiel ist Teil eines kognitiven Wissens, das in der Wissenschaft und möglicherweise auch in der Allgemeinbildung verankert ist. Im Gegensatz dazu ist der Holocaust Teil eines historischen Wissens, das ebenfalls in der Wissenschaft verankert ist, aber zusätzlich noch einen Identitätsbezug aufweist, der dieses Ereignis mit der Entstehung unseres Staates, eigenen Familiengeschichten und einer ethischen Orientierung verknüpft. Das kulturelle Gedächtnis ist die Form, die ein solcher Identitätsbezug annimmt, wenn eine Geschichte als die eigene angenommen und damit zur Grundlage eines gesellschaftlichen Selbstverständnisses sowie zur Konstitution eines politischen ‹Wir› wird. Welzers Vorschlag, die Erinnerung als abgeschlossen zu betrachten und die Vergangenheit umstandslos ad acta zu legen, löst diesen Identitätsbezug des kulturellen Gedächtnisses auf. Ein Erinnern jedoch, darin ist ihm Recht zu geben, das vordringlich damit beschäftigt ist, gegen das Vergessen zu mahnen, ist tautologisch; es ist inhaltlich ausgehöhlt und nur noch mit seiner eigenen Erhaltung beschäftigt. Es geht hier nicht darum, ob Erinnern an sich gut oder schlecht ist – die Frage ist in dieser Form gar nicht beantwortbar –, sondern darum, wie das Erinnern jeweils neu zu füllen und zu aktualisieren ist.

Eine weitere Version von Welzers Unbehagen lautet: Wir haben aus der Vergangenheit gelernt. Deshalb leben wir heute in einem Rechtsstaat und haben eine gesicherte Demokratie. Also ist es an der Zeit, dass sich die Deutschen endlich auf positive Werte stützen und sich nicht länger negativ aus der Vergangenheit definieren. Kurz gefasst: Wir sind Demokraten, weil wir aus freien Stücken Demokraten sein wollen und nicht deshalb, weil unsere Vorfahren Juden ermordet haben und wir uns ständig daran erinnern müssen. Diese Fixierung auf den negativen Gründungsmythos sei eine Obsession der 68er-Generation gewesen, die den Holocaust sakralisiert und das Thema Schuld zum Kern der deutschen Identität erhoben habe. Diese starke Moralisierung des Themas und das von Schuld geprägte Selbstbild hatten möglicherweise eine vorübergehende historische Berechtigung, als es noch um die Abrechnung mit der Elterngeneration ging, aber für nachwachsende Generationen ist diese Haltung immer weniger zumutbar. Im Gegenteil kann sie sich nur kontraproduktiv auswirken und muss zukünftige Deutsche in ihrem Selbstbild verformen. Deshalb wünscht er sich den Wechsel von einem *negativ* grundierten zu einem *positiven* Freiheits- und Demokratieverständnis.

Diese Position vertrat Hans-Ulrich Wehler in einem Interview, das zum 8. Mai 2005 veröffentlicht wurde.[25] Unter der Überschrift ‹Bravourös bewältigt› äußerte er sich zum Umgang der Deutschen mit der nationalsozialistischen Vergangenheit. Er blickt mit Stolz auf die Überwindung des Nationalsozialismus und «auf die Erfolgsgeschichte von Demokratie und Menschenrechten seit 1949 im Westen und seit 1990 im ganzen Land». Die Deutschen hätten im «postnationalen Verfassungs- und Sozialstaat» ihren Nationalismus erfolgreich bewältigt und verabschiedet: «Diese postnationale Identität hat sich auch nach 1989 gut gehalten. Die Bundesrepublikaner scheinen mehrheitlich immun zu sein gegenüber patriotischen Appellen.» Wehler machte im Interview explizit deutlich, dass mit dieser postnationalen Identität nichts anderes kompatibel sei als ein sogenannter ‹Verfassungspatriotismus›:

> *Frage:* Ist dann nicht Platz für das Nationalbewusstsein Joschka Fischers ...
> *Wehler:* ... dessen Gründungsmythos Auschwitz heißt? Nein, dafür ist kein Platz. Ein vitales Gemeinwesen lässt sich nicht auf Menschheitsverbrechen aufbauen.
> *Frage:* Warum nicht? Fischers «Nie wieder» bedeutet doch «Auf immer» zu Humanität und Freiheit.
> *Wehler:* Diese positiven Werte sind längst Inhalt unserer Verfassung. Dafür brauchen Sie nicht den Holocaust, auch wenn ein Teil der 68er monoman darauf insistiert. Unstrittig ist der Holocaust zentral im 20. Jahrhundert. Aber die Größe eines Verbrechens adelt es nicht zum Identitätsstifter.[26]

Gemeinsame Identitäten, so ein weit verbreitetes Unbehagen, können nur auf *positiven,* nicht jedoch auf *negativen* Erfahrungen begründet werden. In diesem Sinne warnt Welzer vor einer «historischen Überhöhung ex negativo». «Soll man sich all dieser Untaten erinnern? Und warum? Wie lange? Und mit welchen Folgen?»[27] Er vertritt die These, dass eine «Zivilgeschichte der Zukunft sich nicht um eine negative Geschichte zentrieren darf, sondern um die Möglichkeiten gelingenden und glücklichen Zusammenlebens. Die Menschheitsgeschichte besteht schließlich nicht nur aus Schrecken, sondern auch aus Momenten des Glücks, des Erfolgs, des zivilisatorischen Fortschritts.»[28]

In diesem Sinne hat auch John Torpey vor den problematischen Folgen einer hypertrophen Erinnerungskultur gewarnt: «Während wir damit beschäftigt sind, den Schaden aus der Vergangenheit zu bearbeiten, müssen wir aufpassen, dass die Geschichtspolitik nicht unsere Visionen von Fortschritt und Zukunft verdrängt oder ersetzt.»[29] Auch Welzer stellt fest, dass sich unter der Schwerkraft historischer Katastrophen die Gewichte in unserer Zeitordnung verschoben haben. Eine Vereinseitigung habe stattgefunden; dadurch «schrumpft der Zukunftshorizont und weitet sich im selben Maß die Vergangenheitsbezogenheit».[30] Ganz explizit hat Konrad Jarausch dieses Unbehagen formuliert, als er eine Bilanz aus 65 Jahren europäischer Erinnerung zog. Er sah in Europa ein starkes Überwiegen negativer Erinnerungen und vermisste positive Werte:

> Der eindrucksvolle Katalog der Menschenrechte, der in die Präambel der Europäischen Verfassung eingegangen ist, gewinnt seine Bedeutung eher aus einer realen allgemeinen Erfahrung vergangener Verbrechen, die es zu vermeiden gilt, als von einer spezifischen Festlegung gemeinsamer Werte, die die Gemeinschaft in der Gegenwart zusammenbinden kann. Diese Fehlentwicklung ist umso bedauerlicher, als sie dazu führt, das Denken über Europa unter ein negatives Vorzeichen zu setzen. Europa ist eine Art Versicherungspolice gegen die Wiederholung früherer Probleme und nicht ein positives Ziel, das eine gemeinsame Vision für die Zukunft stützen kann.[31]

Auffällig ist auch in Jarauschs Argumentation die radikale Trennung zwischen Vergangenheit und Zukunft, die auch er offenbar nicht anders als im Modus unvereinbarer Gegensätze denken kann. Greift aber dieser als selbstverständlich unterstellte Gegensatz zwischen Vergangenheit und Zukunft überhaupt noch? Die neue Erinnerungskultur könnte selbst der Grund und Beleg dafür sein, dass sich nicht nur dieses Zeitverhältnis verschoben hat, sondern auch der starre Gegensatz von negativ und positiv. Jarauschs Unterscheidung zwischen «negativen Lektionen» einerseits und «positiven Werten» andererseits hat einen Haken, weil sie nicht in Rechnung stellt, dass aus der Gewaltgeschichte Europas ja gerade seine zukunftsweisenden Werte herausdestilliert wurden. Dasselbe gilt für Welzers Gegensatzbildungen: «Das paradoxe Bemühen der deutschen Erinnerungskultur, aus einem negativen Ursprungsereignis eine positive Identitätsbildung zu generieren und in politisches Verantwortungsbewusstsein zu übersetzen, muss fehlschlagen: Identität braucht psychologische positive Fundamente, eine gesicherte Überzeugung, dass und wie man Gutes bewirken und Böses verhindern kann.»[32] Wer Erinnerung mit Vergangenheitsfixierung gleichsetzt, übersieht ihr verwandelndes Potential, das heute immer öfter beim Umbau von Staaten und Gesellschaften in sogenannten ‹Transitionsprozessen› zum Tragen kommt. Es geht dabei um eine neue Art des Erinnerns, die sich nicht nur, wie in früheren Zeiten üblich und auch heute weiterhin praktiziert, auf das eigene Heldentum oder das eigene Leiden beschränkt. Indem die Erinnerungskultur das eigene (Mit-)Verschulden und die Empathie mit fremdem Leid in sich aufgenommen hat, kann die negative Last der Geschichte in zukunftsweisende Werte verwandelt werden. Aus dem Zivilisationsbruch ist auf diese Weise die Grundlage und Verantwortung für eine neue Zivilgesellschaft entstanden, die es in dieser Form noch nicht gab. Da der Wert der Menschenwürde aus der äußersten Vernichtung der Menschenwürde gewonnen wurde, bleibt die positive Geltung dieses Wertes an seine negative Genese gebunden.[33] In diesem Sinne haben sich auch Jürgen Habermas und Jacques Derrida geäußert, die beide betont haben, dass in Europa aus einer destruktiven und traumatischen Geschichte positive Werte und Perspektiven für die Zukunft gewonnen wurden.[34] Genau diese Perspektive, die im Europa der Finanzkrise, der Sparzwänge und der wachsenden Frustrationen so leicht in Vergessenheit gerät, wurde im Oktober 2012 durch die Verleihung des Friedensnobelpreises an die Europäische Union noch einmal bekräftigt: «Die EU erlebt derzeit ernste wirtschaftliche Schwierigkeiten und beachtliche soziale Unruhen. Das Norwegische Nobelkomitee wünscht den Blick auf das zu lenken, was es als wichtigste Errungenschaft der EU sieht: den erfolgreichen Kampf für Frieden und Versöhnung und für Demokratie sowie die Menschenrechte; die stabilisierende Rolle der EU bei der Verwandlung Europas von einem Kontinent der Kriege zu einem des Friedens.»[35]

Diese Verwandlung Europas hängt nicht nur mit Formen des Vergessens und wirtschaftlicher Zusammenarbeit, sondern, wie noch genauer zu zeigen sein wird, aufs Engste mit seiner Erinnerungskultur zusammen. Im Gegensatz zum ‹amerikanischen Traum›, der Vergangenheiten und Herkunftsgeschichten annulliert und das Versprechen einer neuen, glücklichen Zukunft macht, sind beim ‹europäischen Traum› Vergangenheit und Zukunft eng miteinander verschränkt. Der amerikanische Traum ist ein Erfolgsversprechen, das an Individuen gerichtet ist; alle dürfen ihn träumen, aber nur für wenige geht er in Erfüllung. Der europäische Traum dagegen betrifft ganze Nationen. Er zeigt, wie aus feindlichen Nachbarn friedlich koexistierende Nachbarn werden können. Der Verwandlungsprozess hat inzwischen längst die Dimension einer positiven Geschichte angenommen, für die die Europäer nicht nur dankbar, sondern auf die sie sogar stolz sein können. Der europäische Traum hat Europa verwandelt, aber diese Entwicklung ist, wie wir wissen, ein langwieriger Prozess und alles andere als ein stabiler Besitz. In diesem Sinne war der Preis des Nobel-Komitees selbst ein Erinnerungsimpuls für die europäischen Mitgliedstaaten. Er sagte ihnen: Über allen Frustrationen der Finanzkrise, die einen Flächenbrand entfacht hat und täglich Aggressionen und Unmut zwischen den politischen Partnern steigert, dürft ihr eure Geschichte und eure Bestimmung für die Zukunft nicht vergessen! Wenn diese Geschichte einen wirklich verbindenden Charakter haben soll, müssten aus ihr – und das ist der eigentliche Härtetest Europas in Zeiten der Krise – auch positive Zeichen der Solidarisierung hervorgehen, die diesen Zusammenhalt bekräftigen und stärken.

Ritualisierung

Im Mittelpunkt der Kritik an der deutschen Holocaust-Erinnerung steht nicht nur die Absage an das Konzept einer nationalen Identität, sondern – aufs Engste damit verbunden – auch die Absage an jedwede Form politischer Symbolik und rituellen Handelns. Das Unbehagen dreht sich um «das verflachte, das stereotype Erinnern, um das permanente Wiederkäuen, um die Verkleisterung der Geschichte durch Pathos und Sentimentalität, um ein Übermaß an Sinn und Moral. Erschöpfung und Langeweile kennzeichnen eine Erinnerungskultur, die so ziemlich alles eingebüßt hat, was sie eigentlich auszeichnen sollte.»[36]

So prägnant die (inzwischen schon fast rituell) wiederholte Kritik an der Erinnerungskultur ist, so vage und offen bleibt meist die Frage, «was sie eigentlich auszeichnen sollte». Wenn vom Imperativ der Erinnerung an den Holocaust und seiner rituellen Wiederholung an den entsprechenden Gedenktagen die Rede ist, reagieren viele reflexartig mit Abwehrbegriffen wie «Obsession», «Epidemie des Gedenkens», «Diktat der Aufarbeitung» und «millionenschwerer Gedenkindustrie». Kritisiert werden vor allem drei Komponenten dieser Erinnerung: *Emotionalisierung* (Pathos der Betroffenheit), *Inszenierung* (leere rituelle Wiederholungen) und *Institutionalisierung* (Festschreibung der Erinnerung für die Zukunft). Just diese drei Dimensionen machen freilich die Qualität einer verbindlichen Kollektiverinnerung aus, die in anderen Ländern gang und gäbe ist, wenn Nationalfeiertage anstehen. Dass der Umgang mit solchen Daten in Deutschland schwierig ist, hängt natürlich mit der Geschichte dieses Landes zusammen. Er provoziert Widerspruch, der auf problematische Weise zwei sehr ungleiche Fraktionen miteinander verbündet: die Kritiker deutscher Identität mit ihrer ‹Normalisierungsphobie› und die Kritiker einer negativen deutschen Identität mit ihrer ‹Besonderheitsphobie›. Die (linken) Identitätsverweigerer wollen nicht werden wie die anderen, die (rechten) Holocaustverweigerer wollen an einer positiven nationalen Identität festhalten.

Der dialektische Gegenwert zu dieser Kritik von Riten und Zeremonial, der in Deutschland eine jahrhundertelange protestantische Tradition hat, ist ein Kult der Authentizität und Spontaneität. Diese eminent positiv konnotierten Begriffe haben den großen Vorteil, dass sie nicht eingeführt oder begründet werden müssen, sie stehen als absolute Werte für das Echte und Richtige und verstehen sich stets von selbst. Auf der Basis dieser Werte muss es zu einem anti-ritualistischen Affekt kommen, den die britische Ethnologin Mary Douglas in ihrem Buch *Ritual, Tabu und Körpersymbolik* genauer beschrieben hat.[37] Ähnlich wie das Wort ‹Tradition› ist das Wort ‹Ritual› in der Geschichte der Modernisierung systematisch abgewertet worden, während ‹Authentizität› aufgewertet wurde. Die Kritik an rituellen Formen des Gedenkens steht bis heute in der Tradition dieser «ritualisierten Ritualkritik». Bevor Bundespräsident Roman Herzog 1996 seinen neuen Erinnerungsimperativ verordnete, hatte zumindest der westliche Teil Deutschlands (ganz im Gegenteil etwa zu Israel oder Ländern mit einer langen demokratischen Tradition wie die Vereinigten Staaten oder Frankreich) wenig Erfahrung mit kulturellen Formen kollektiver Selbstinszenierung, die mit dieser neuen Aufgabe neu aufgebaut werden mussten.[38] Erschwerend kam noch der besondere Inhalt der Erinnerung an eigene Schuld und Verantwortung hinzu. Die ethische Forderung, eine negative Erinnerung ins nationale Selbstbild zu integrieren, ist in der Geschichte absolut neuartig. Keine Frage also, dass wir es hier – in einer postsäkularen Gesellschaft ohne verankerte Riten – mit einer in jeder Hinsicht schwierigen Aufgabe zu tun haben.

Das Unbehagen an Ritualen und die damit verbundene Abwehr standardisierter Gesten und Sprechweisen betreffen vor allem die Ebene der offiziellen, staatstragenden Symbolpolitik, mit der sich viele Deutsche weiterhin schwertun. Die Überbetonung dieser Dimension erweckt jedoch den Eindruck, als fände das Holocaust-Gedenken primär auf dieser Ebene statt. Das ist jedoch keineswegs der Fall, denn neben der offiziellen Ebene gibt es ein weites Spektrum anderer Formen des Gedenkens, gestützt auf zivilgesellschaftliche Initiativen, wissenschaftliche Forschungen, künstlerische Bearbeitungen, Erinnerungsbücher und Filme sowie persönliche Auseinandersetzungen. Das symbolpolitische Ritual verhält sich zu diesen Formen wie die Spitze zur Pyramide, die ohne ihren Unterbau gar nicht existieren könnte. Die offizielle Spitze der Erinnerungspyramide muss, um gesellschaftliche Legitimität zu genießen, getragen sein von vielfältigen Aktivitäten der Gesamtgesellschaft. Wenn diese ausfallen und auf allgemeines Desinteresse stoßen, muss von einer Entleerung der politischen Rituale gesprochen werden. Die besonderen Funktionen dieser obersten Ebene, die wiederum den Rahmen abgibt für die anderen Ebenen, betreffen nicht mehr die Einzelnen, sondern nur noch das Kollektiv des

Staatsvolks als einer ‹imaginierten Gemeinschaft› (Benedict Anderson), die sich in dieser Form ihrer selbst performativ vergewissert und ihre Identität mit der nationalen Erinnerungskultur konkretisiert. Politische Rituale erfüllen repräsentative Funktionen, die auf andere Weise nicht herstellbar sind und im Wesentlichen auf Akten der zeitlichen Problemverschiebung und politischen Stellvertretung beruhen. Zur Funktion politischer Rituale gehören die symbolische Integration und Gemeinschaftsbildung, die stellvertretende Übernahme von historischer Verantwortung, die Auslagerung und Delegation der Aufgabe an eine kleine Gruppe von Politikern sowie die Herstellung von Einigkeit ohne Konsens.[39] Die Entscheidung darüber, ob man sich in diese Rituale eingeschlossen oder von ihnen ausgeschlossen fühlt, bleibt in einer Demokratie freilich jedem Einzelnen überlassen.

In der Logik offizieller Symbolpolitik ist noch ein weiteres Problem enthalten, das Anlass für Unbehagen bietet. Neben Ritualisierung, negativer Erinnerung und Delegation möchte ich dieses Problem als ‹Enteignung› bezeichnen. Dieser Begriff soll an einem Beispiel näher erklärt werden. Ich komme dafür auf einen Satz von Harald Welzer zurück: «Zur Eröffnung des neuen Museums der Gedenkstätte Bergen-Belsen am 28. Oktober 2007 wurden sage und schreibe sechzehn Grußworte und Reden gehalten, und alle waren sie inhaltlich völlig deckungsgleich.»[40] Ähnlich vernichtend hat sich Volkhard Knigge über die «historisch entkernte Frömmigkeit» der deutschen Erinnerungskultur geäußert. Als Direktor der Gedenkstätte Buchenwald muss er täglich miterleben, wie Politiker ihre Pflicht tun und die von ihnen erwarteten passenden Worte an diesem Ort hervorbringen. Da er in seiner öffentlichen Funktion sowohl mit der Spitze der Erinnerungspyramide als auch mit ihrer Basis in Gestalt der Überlebenden dieses Ortes und den Angehörigen der Opfer zu tun hat, muss sein Blick auf die Erinnerungskultur ein extrem gespaltener sein. Die Grußworte der Politiker müssen für ihn in einem enormen Gegensatz stehen zu den Worten, die er von den Überlebenden selbst hört, die in großer Zahl an diesen Ort zurückkehren. Hier entsteht eine enorme Diskrepanz zwischen einer Sprache, die durch körperliche Erfahrung, eine konkrete Leidensgeschichte und persönliche Erinnerung beschwert und gedeckt ist, und einer Sprache, die all dieses *nicht* ist. Man wird den Politikern keinen Vorwurf machen können, dass sie ganz anders sprechen – was sollen sie auch sagen? Auch hier ist der Sieg zugleich die Niederlage: Die ‹Erinnerung› wird an die Spitze der Gesellschaft weitergereicht, sie wird verstetigt und geht in eine langfristige Form über, und gleichzeitig wird sie von den Betroffenen abgelöst, von der persönlichen Geschichte und Stimme abgetrennt und in eine Abstraktion übersetzt. Auf diesem Weg nach oben durch die Struktur der Pyramide wird die Erinnerung entkörpert; was übrig bleibt, ist ein «festcodiertes und streng bewachtes Zeichen-, Sprach- und Denksystem».[41] Ritualisierung ist somit das Ergebnis eines unvermeidlichen Prozesses der Umbettung, Enteignung und Umwidmung, den die Erinnerung durch Überführung ins politische und kulturelle Gedächtnis durchmacht. In diesem Prozess kommt es gleichzeitig zum ‹Erkalten› einer ehemals ‹heißen› Erinnerung.

Eine kalte Erinnerung, so Annette Wieviorka, sei eine unstrittige, eine kostenlose Erinnerung. Das bestätigte mir die Autorin eines wichtigen Buches über die Ära des Zeugen,[42] als ich mit ihr über politische Erinnerungsrituale sprach. Diese Erinnerung lebe nicht mehr, sie sei tot und werde nur noch in leeren Ritualen beschworen. Ihr Beispiel waren die jüngsten Kommemorations-Ereignisse in Frankreich. Präsident François Hollande hatte am 21. September 2012 in Drancy, dem Ort zehn Kilometer nordöstlich von Paris, von dem aus die meisten Franzosen deportiert worden sind, einen Gedenkort eingeweiht. An diesem Ort hatte er die französische Verantwortung für diese Deportationen übernommen, indem er sagte: «Die Wahrheit ist, dass dieses Verbrechen in Frankreich von Frankreich begangen wurde.» Dennoch meinte Wieviorka, seine Worte – sie sei selbst dabei gewesen – hätten niemanden mehr berührt. Das sei ganz anders gewesen, als Jacques Chirac am 21. Juli 1995 bei der jährlichen Shoah-Gedenkfeier in Paris seine Rede hielt, in der zum ersten Mal ein französischer Präsident Verantwortung für die Kollaboration mit den Nazis übernahm. Damals sei das ganze Land erfasst gewesen von der Bedeutung dieses Geschehens, alle hätten davon gesprochen und darüber gestritten. Die Veranstaltung

17 Jahre danach habe sie bereits als leere Wiederholung empfunden. Und noch dazu hatte sie zu kritisieren: Diese Gedenkveranstaltung sei von Politikern choreographiert und bestimmt gewesen, die, nach Rang und Würden sortiert, alle vorderen Reihen einnahmen, während die Überlebenden buchstäblich auf die Seite gedrängt worden seien. Ihnen sei die Erinnerung abgenommen worden, sie seien enteignet worden, der Staat habe sich dazwischen gedrängt und sich ihre Erinnerung angeeignet.

Daraus lässt sich die Forderung ableiten, dass politische Erinnerungsrituale sensibler choreographiert und weniger auf die Bedürfnisse der Selbstdarstellung ausgerichtet werden sollten. Es lässt sich aber auch der Schluss ziehen, dass man an politische Rituale keine zu großen Erwartungen stellen sollte. Ihr performativer Zweck besteht in erster Linie darin, dass gesagt wird, was gesagt werden muss. Das selbstkritische, problematisierende Durcharbeiten findet in anderen Kontexten statt. Nur in ganz seltenen Fällen und unter ganz besonderen Bedingungen wird das Ritual zu einer charismatischen Veranstaltung werden und einen mitreißenden Charakter annehmen. Wer mit dieser Grunderwartung an politischen Ritualen teilnimmt, wird mit Sicherheit enttäuscht werden und von ‹kalter› Erinnerung sprechen.

Political Correctness

Mit dem nächsten Stichwort steigen wir abwärts in der Pyramide von der Spitze performativer offizieller Verlautbarungen auf die breite Etage der gesellschaftlichen Kommunikation. Zwischen Ritualisierung und Political Correctness bestehen Ähnlichkeiten und Unterschiede. In beiden Fällen haben wir es mit einer starken Normierung von Sprache zu tun. Während wir jedoch von unseren Politikern in exponierten Situationen erwarten, dass sie die richtigen Worte finden, empfinden wir es als Zumutung, wenn uns selbst vorgefertigte Redeweisen aufgezwungen und Abweichungen von der Norm geahndet werden. Political Correctness ist der Begriff für ein Unbehagen, das sich dort einstellt, wo in der Gesellschaft die Vielfalt der Anschauungen und Ausdrucksmöglichkeiten durch politischen oder sozialen Druck spürbar eingeschränkt wird. Die derart normierte Sprache lässt immer weniger Spiel- und Denkräume zu. Während die Ritualisierung ein Aspekt politischer Performanz in bestimmten herausgehobenen Sprechakten ist, betrifft Political Correctness alle Sprechakte in der Gesellschaft, die in die Sphäre der Öffentlichkeit vorstoßen. Die Sprache in den Familien, auf Pausenhöfen oder an Stammtischen, die jenseits solcher Öffentlichkeit verbleibt, wird von dieser Regulierung nicht erfasst.

Political Correctness lässt sich definieren als eine Form der Selbstkontrolle der öffentlichen Meinung mit dem Mittel der Moralisierung.[43] Sie steht dem Tabu näher als der politischen Zensur; es geht dabei eher um soziale als um politische Kontrolle. «Gedanken sind frei, gewiss. Aber ihre öffentliche Äußerung als eigene Meinung ist es unumschränkt keineswegs. Über Taten und Unterlassungen hinaus sind eben auch Meinungen sozial kontrolliert, moralische Meinungen erst recht, und ohne solche sozialen Kontrollen könnte sich eine herrschende öffentliche Meinung gar nicht bilden und eine herrschende öffentliche Moral auch nicht.»[44] Tabus haben unterschiedliche Funktionen und Quellen. Sie schützen das Selbstverständliche ebenso wie das Heilige. Sie sind also nicht eo ipso schädlich, weil sich in ihnen ein moralisches Grundverständnis der Gesellschaft festigt, das nicht täglich neu begründet werden muss oder zum Gegenstand der Verhandlung und Aushandlung gemacht werden kann. In diesem Sinne gewährt die schweigend vollzogene Anerkennung moralischer Axiome den Schutz dieser Werte und bildet gleichzeitig die Voraussetzung gesellschaftlicher Diskurse auf der Basis dieser Selbstverständlichkeiten. Von Political Correctness sprechen wir deshalb erst dann, wenn sich diese normale soziale Kontrolle öffentlich geäußerter Meinungen immer weniger mit dem allgemeinen Moralempfinden deckt. Die Folge ist: «Der Common sense erkennt sich in vielen moralischen Anforderungen, denen er sich ausgesetzt findet, gar nicht wieder.»[45]

Die allgemeine Meinung ist kein starres System, sondern selbst lernbereit und anpassungsfähig. Es ist auch normal, dass sich im Laufe der Zeit die Standards der religiösen, historischen oder moralischen Sensibilität innerhalb einer Gesellschaft verschieben. Was zum einen Zeitpunkt als normal gilt und allgemein anerkannt ist oder zumindest toleriert wird, kann eine Generation später zum Stein des Anstoßes und Skandal werden.

«Historismus und überdies die Resultate empirischer Meinungsforschung belehren uns über dramatische Wandlungen gemeinhin herrschender öffentlicher Meinung.»[46] Hermann Lübbe, aus dessen Aufsatz über «Correctness» ich hier zitiere, hat das am eigenen Leibe erlebt. Seine These von den Vorteilen des kommunikativen Beschweigens der NS-Vergangenheit, mit der er lange Zeit im Gegenwind der öffentlichen Meinung navigierte, erfreut sich heute allgemeiner Zustimmung. Historische Sensibilität ist aber auch etwas, das die Generationen voneinander unterscheidet. So wird der Titel eines Buches von Andreas Hillgruber – *Zweierlei Untergang: Die Zerschlagung des Reiches und der Untergang des europäischen Judentums* (1986) – in Lübbes Generation weithin als eine neutrale Beschreibung empfunden. Für die nachfolgende Generation dagegen hat er den Charakter einer Zumutung: Schließlich – so würde ich paraphrasieren – wurde das ‹Dritte Reich› ja vorwiegend durch die eigene entfesselte Gewalt ‹zerschlagen›, während das europäische Judentum keineswegs lautlos ‹unterging›, sondern Mensch für Mensch gewaltsam vertrieben und ermordet wurde.

In diesem Zusammenhang interessieren uns vor allem die alltäglichen Berührungspunkte zur NS-Zeit, die hierzulande regelmäßig emotionalen Anlass für Empfindlichkeiten, Schocks und Erregung geben. Dem liegt eine spezifische Form der Unsicherheit zugrunde, die aus der Angst resultiert, man könnte mit faschistischem Gedankengut kontaminiert werden. Diejenigen, die diese Sorge haben, haben offensichtlich wenig Vertrauen in die stabilisierende Wirkung des moralischen Trennungsstrichs, der die grundsätzliche Differenz zwischen der BRD und dem NS-Staat in der Gesellschaft verankert. Sie befürchten im Gegenteil eine permanente Verwischung dieser Grenze und entwickeln deshalb eine besondere Vigilanz (um nicht zu sagen: Hysterie) in der Beobachtung abweichenden Verhaltens.

Die stilisierte, normative Sprachregelung, so artikuliert Ulrike Jureit ihr Unbehagen an den Mechanismen der Political Correctness, schließe in der Erinnerung alles aus, «was sich beim nachträglichen Ordnen von Geschichte nicht einfügen lässt». Anstelle von ritueller Stillstellung und normativer Beruhigung fragt sie nach einem «emotionalen Überschuss» und sucht das, «was sich nicht ordnen, nicht objektivieren, nicht klassifizieren lässt.» Sie wünscht sich mehr «Innovationspotential, das aufgrund der Vielfalt und Uneindeutigkeit historischer Erfahrungen unangenehme Fragen stellt», und spricht sich deshalb gegen eine rückwärtsgewandte moralisierende Erinnerung und für «eine irritierende Erinnerung nach vorn» aus.[47]

Wer würde hier nicht sofort *für* «Innovationspotential», «Uneindeutigkeit» und Irritation und *gegen* das «stahlharte Gehäuse» votieren, das ihrer Meinung nach die deutsche Öffentlichkeit paralysiert und offene Bewegungen des Denkens und Sprechens ausschließt? Leider bleiben aber die «unangenehmen Fragen», für die wir uns so gerne einsetzen würden, unausgesprochen, wie überhaupt die Rhetorik des Unbehagens immer wieder von der suggestiven Vagheit ihrer Aussagen profitiert. In dieser andeutungsvollen Vagheit spricht sich eine emotionale Haltung aus, die unmittelbar zustimmungsfähig ist und ganz unterschiedliche, ja gegensätzliche Bedürfnisse bedienen kann.

Um die Sprache der andeutungsreichen Vagheit zu verlassen, möchte ich im Folgenden ein paar konkrete Beispiele für solche Normverletzungen anführen und es den Leserinnen und Lesern überlassen, wo sie jeweils die Grenze zwischen dem Akzeptablen und dem Anstößigen ziehen wollen. Das erste Beispiel betrifft noch einmal Hermann Lübbe, der nicht nur über Political Correctness geschrieben, sondern auch die Maßregelung durch deren Wächter selbst erfahren hat. Er schreibt: «So fand ich mich selbst einmal zu meiner Verblüffung durch einen prominenten Kollegen, dessen Name hier nichts zur Sache tut, als philosophisches Relikt jenes Geistes identifiziert, von dem auch Adolf Eichmann schon bei seinen administrativen Verrichtungen geleitet gewesen sei. Ich hatte nämlich zur öffentlichen Kritik an eingerissenen schulischen Unordnungszuständen, die Lehrern und tüchtigen Schülern die Arbeits- und Lernfreude vergällen mussten, für die lebenserleichternden Vorzüge von Ordnung, Pünktlichkeit und Sauberkeit geworben. Das sei ein Plädoyer für KZ-Moral, so hieß es, und auch prominente Politiker äußerten sich ähnlich.»[48]

Dieser Anekdote möchte ich ein aktuelles Pendant gegenüberstellen. Am 1. Mai 2013 äußerte sich der österreichische Erfolgsautor Michael Köhlmeier im Deutschlandfunk in der beliebten Sonntagmorgen-Reihe, in der Künstler unter dem Stichwort ‹Denk ich an Deutschland› über ihr Verhältnis zu diesem Land sprechen. Köhlmeier nutzte diese Gelegenheit, um ein persönliches Bekenntnis zu eben diesen preußischen Tugenden abzulegen, für die man Lübbe gescholten hatte. Er, so Köhlmeier, habe gar nichts gegen Ordnung und Pünktlichkeit, im Gegenteil habe er in seinem Leben diese Formen der Selbstdisziplin bei anderen sehr zu schätzen gelernt. Sein Statement hat – soweit ich weiß – keinen Sturm der Entrüstung ausgelöst, was vielleicht dafür spricht, dass sich in diesem Fall die historische Sensibilität und das allgemeine Moralempfinden wieder einmal verschoben haben.

Ein zweites Beispiel. Im Oktober 2007 trat die Autorin und ehemalige Fernsehmoderatorin Eva Herman in der Talkshow von Johannes B. Kerner auf, um dort ihr Buch über ein neues weibliches Rollenbild vorzustellen. Die These ihres Buches, dass gegenüber der Karrierefrau die weibliche Rolle der Mutter wieder starkzumachen sei, hatte sie in den Verdacht eines antimodernen und NS-nahen Denkstils gebracht. Um sich gegen diese Kritik an ihrem Buch zu wehren, sprach sie ungeschickterweise von einer «Gleichschaltung der Medien». Die Spirale der Eskalation ging mit ihrer nächsten Selbstverteidigung weiter. Sie reagierte nämlich folgendermaßen: «Ich möchte nicht mehr Stellung nehmen. Es sind ja auch Autobahnen gebaut worden, und wir fahren heute drauf.» Mit dem letzten Reizwort ‹Autobahn› war in der Gesprächsrunde offenbar die Grenze der Toleranz endgültig überschritten, denn Frau Herman wurde von dem sichtlich nervösen Talkshow-Moderator vorzeitig aus der Show verabschiedet. Die Hilflosigkeit dieser Geste war unübersehbar. Hier stand ein Talkmaster und übte moralischen Druck aus, während auf ihn eine mediale Öffentlichkeit von 2,3 Millionen Zuschauern moralischen Druck ausübte. Correctness war in diesem Fall weniger eine souveräne moralische Entscheidung als ein Akt der Anpassung und des vorauseilenden Gehorsams mit dem Zweck, die eigene Orientierungsunsicherheit zu überwinden.

Dieser Vorfall wurde in seiner Trivialität und ausgestellten Unsicherheit zu einem Paradebeispiel politischer Korrektheit.

So schrieb Henryk M. Broder: «Es ist ein Antifaschismus, der sich von seinem eigentlichen Gegenstand längst verabschiedet hat und dort am besten gedeiht, wo es keinen Faschismus gibt: in einem virtuellen Raum des wohlfeilen Widerstands.»[49] Im selben Jahr gab Eva Herman ein Buch in Auftrag. Es heißt: *Der Fall Eva Herman. Hexenjagd in den Medien.*[50] Dieses Buch machte «Eva Herman zur Märtyrerin all jener (...), die überzeugt davon sind, dass es in diesem Land kein Recht auf freie Rede gebe.»[51]

Eine ganz andere Reaktion kam von Harald Schmidt, der im November 2007 in seine ARD-Show ein Gerät einführte, das den Sprachgebrauch der Deutschen objektiv auf ihren NS-Gehalt überprüfen sollte. Sein sogenannter ‹Nazometer› leuchtete bei inkriminierten Begriffen auf, so zum Beispiel bei dem Satz «Ich bin heute auf der Autobahn geblitzt worden.» Das Gerät war listigerweise so eingestellt, dass es bei anderen Begriffen mit belasteten Assoziationen nicht anschlug. Dafür reagierten aber die anwesenden Zuschauer, die bei Begriffen wie ‹Dusche› oder ‹Gasherd› reflexartig zu lachen begannen. In der Sendung wurde unter anderem ein «Anti-Fa Duschgel» empfohlen, das garantiert von jeglicher NS-Verunreinigung befreien sollte. Der Denkanstoß dieser Sendung, die die weichen Grenzen der kontaminierten Sprache und die Mechanismen der Political Correctness aufdecken und satirisch ins Bewusstsein heben sollte, wurde umgehend selbst zum Gegenstand der Erregung und Kritik. Nicht-jüdischen Deutschen ist eine satirische Behandlung von NS und Holocaust eindeutig untersagt. Der als geschmacklos und tabuverletzend bewertete ‹Nazometer› verschwand sofort wieder aus der Sendung – nicht aber aus dem Internet, wo man sich diese Episoden auf YouTube jederzeit ansehen kann. Denn über diesen global zugänglichen Erinnerungsspeicher, in dem auch das Verbotene, Vergessene und Abgelegte aufbewahrt wird, haben die Normierungen der Political Correctness offensichtlich keine Macht.

Mit einer «Ausrufung von Correctnessverboten über Correctnessverbote» (Hermann Lübbe) kommt man sicher nicht weiter. Vielmehr wird sich jeder im konkreten Fall sein eigenes Urteil bilden. Während ich persönlich den Autobahn-Ulk in der Rubrik ‹Trivialitäten› verbuchen würde, empfinde ich den aggressiven Ton meines dritten Beispiels als abstoßend und durchaus problematisch. Im Jahr 2007 veröffentliche Egon Flaig einen Aufsatz im *Merkur.* Der Titel machte ihn bereits als einen Frontalangriff auf die Normen der Political Correctness kenntlich: «Das Unvergleichliche, hier wird's Ereignis. Reflexion über die moralisch erzwungene Verdummung». Flaig nimmt darin Stellung zur Frage nach der ‹Singularität des Holocaust› und tut dies mit folgenden Worten: «Wer wird bestreiten, dass das Warschauer Ghetto ‹singulär› war? Aber jede einzelne Krankheit meines Großvaters war es ebenso. Sogar der Rotz in meinem Taschentuch ist singulär; denn in der Geschichte unseres Weltalls werden sich die chemische Zusammensetzung und die molekulare Konstellation dieser unappetitlichen Substanz nie mehr wiederholen.»[52]

Diese Sätze mögen als ein Befreiungsschlag gegen die Wächter der Political Correctness gemeint gewesen sein – empfinden wir sie deshalb aber schon als ‹Innovationspotential, Irritation und unangenehme Frage›? Mit Sicherheit drücken sie einen «emotionalen Überschuss» aus, der auf die Zerschlagung eines Tabus gerichtet ist. Denn das durchaus plausible Argument, um das es hier geht, hätte auch mit ganz anderen Worten formuliert werden können, die sofort Verständnis und Zustimmung gefunden hätten.

Hermann Lübbe führt die Unsicherheit im Umgang mit der deutschen NS-Vergangenheit auf den Historikerstreit zurück, von dem er sich wünscht, er «hätte besser nicht stattgefunden». Im Anschluss an jene Debatte im Jahre 1986 über die Singularität, Darstellungsform und den erinnerungskulturellen Status des Holocaust wurden strenge Normierungen für das öffentliche Reden und Verhalten eingeführt, die eine notorische «Ängstlichkeit vor Missfallensbekundungen geschichtspolitischer Correctnesswächter» mit hervorgebracht haben.[53] Seither gibt es nicht nur «die deutsche Ängstlichkeit, im Verhältnis zum Nationalsozialismus redend oder schweigend etwas falsch zu machen», sondern, wie das Beispiel Flaig zeigt, auch den Drang zur Tabuverletzung. Die Tabugrenzen sind dabei immer sehr ungleich verteilt. Die Pädagogin Gudrun Brockhaus weist zum Beispiel darauf hin, dass der Entertainer Harald Schmidt seinen ‹Nazometer› gleich wieder abbauen musste, aber in seiner Sendung ungeniert «die übelsten rassistischen Polenwitze machen» konnte.[54]

Weil es sich bei Political Correctness um die *impliziten* Werte der Gesellschaft handelt, wird das, was jeweils als falsch oder richtig anzusehen ist, nicht argumentativ begründet, sondern der sprachlichen Kommunikation durch ein Klima der Tabuisierung entzogen. Die Verletzung solcher Tabus produziert allgemeine Erregung, Empörung und Skandalisierung, die in persönliche Diffamierungskampagnen münden. In Fragen der Political Correctness geht es deshalb selten um konkrete Argumente. Das entscheidende Moment dabei sieht Lübbe zu Recht in der «strategischen Nutzung der Moral als Medium politischer Disqualifikation». Moral, so fährt er fort, «ist eine scharfe Waffe, wie wir aus der jakobinischen Frühgeschichte totalitärer Herrschaft wissen können. Eben deswegen setzt die Erhaltung freier Lebensordnungen voraus, dass eine unmittelbare Exekution moralischer Aburteilssprüche nicht stattfinden kann.» Skandale der Political Correctness kulminieren jedoch regelmäßig in einem «öffentlichen Angriff auf die moralische Integrität missliebiger Personen».[55] Die Wächter der Political Correctness lassen sich nicht auf einen Austausch rationaler Argumente ein, sondern konzentrieren sich auf die moralische Disqualifizierung des Trägers einer ‹falschen› Meinung. Die Sanktion für diejenigen, die von den Normen der Political Correctness abweichen, ist ihre umgehende öffentliche Ächtung in den Medien. Ein herausragendes Beispiel für einen solchen medienwirksamen Skandal war Martin Walsers Rede über das deutsche Holocaust-Gedenken in der Paulskirche in Frankfurt im Oktober 1998, in der er – «vor Kühnheit zitternd» – als ein Opfer moralischer Gesinnungswächter zurückschlug. Debatten, in denen prominente Personen mit dem Vorwurf falscher Formulierungen oder Gedanken im Zusammenhang mit der NS-Vergangenheit konfrontiert werden, erhalten aufgrund ihres Skandalwerts in den Medien allerhöchste Aufmerksamkeit. «Sehr häufig reagieren die wegen Entschuldung oder Verharmlosung Angegriffenen (...) mit Verteidigungen, die den Angreifern Recht geben und weit unter ihrem üblichen Argumentationsniveau liegen. Darin zeigt sich, wie viel an Gefühl man meinte nicht zeigen zu können.»[56]

Nicht alle Tabus bestehen dauerhaft, manche haben kürzere Halbwertszeiten als andere. Während Martin Walsers Medienschelte in Sachen Holocaust-Präsentation inzwischen viel Anerkennung verbuchen kann, ist es nach einem Antisemitismus-Vorwurf wesentlich schwieriger, die persönliche Reputation zurückzugewinnen. Das musste Walsers Kollege Günter Grass erfahren, als er im April 2012 ein Gedicht mit dem Titel ‹Was gesagt werden muss› veröffentlichte, in dem er seine Sorge vor einem Präventivschlag Israels gegen Iran zum Ausdruck brachte. Die Kritik an israelischer Politik ist derzeit ein Tabuthema, das regelmäßig mit dem Vorwurf des Antisemitismus geahndet wird; im selben Jahr traf dieser Vorwurf nach Grass noch so unterschiedliche Intellektuelle wie Judith Butler und Jakob Augstein. Ich selbst kann mich hier nur dem Urteil des Theologen Rolf Schieder anschließen: «Es wäre an der Zeit, den Begriff des Antisemitismus einfach nicht mehr zu verwenden. Nicht nur, weil er sachlich irreführend ist, sondern vor allem deshalb, weil sich der Inkriminierte wie ein Ketzer, aber auch die Inkriminierenden wie die mittelalterliche Inquisition vorkommen müssen.»[57]

Anders als bei politischen Ritualen, wo Konsens und Einheit öffentlich aufgeführt und symbolisch ausgestellt werden, ohne jeweils durch Abstimmung unterfüttert zu sein, gilt in der Gesellschaft die Heterogenität unterschiedlicher Perspektiven, Überzeugungen und Werte als der Normalfall. Deshalb bleibt auch die moralische Bewertung der NS-Geschichte in diesem Lande grundsätzlich ungleich. Lübbes Analyse des kommunikativen Beschweigens in der unmittelbaren Nachkriegszeit beschrieb ja im Grunde auch nichts anderes als die Selbstunterwerfung der Kriegsgeneration unter das Reglement einer neuen politischen Korrektheit, deren Grundsätze von nun an als «öffentlich unwidersprechlich» respektiert wurden. Der Deal war einfach und hat in den ersten Jahren funktioniert: Die Altnazis unterwarfen sich dem neuen Wertekonsens, im Gegenzug dafür mussten sie nicht mehr befürchten, auf ihre braunen Biographien angesprochen zu werden. In der schweigenden Mehrheit, die dadurch entstand, gab es aber auch viele, die positive Einstellungen zur NS-Zeit bewahrt und sich von ihren ehemaligen

Werten und Idealen nie wirklich verabschiedet haben. Das zeigt das oben zitierte Gespräch, das Nico Hofmann mit seiner Mutter führte. Während er, wie viele andere seiner Generation, die Identifikation mit der «BDM-Sache» seiner Mutter verweigerte, gibt es alt- und neonazistische Gruppierungen, die sich genau diese Sache zu eigen machen, indem sie die geächteten Traditionen ihrer Elterngeneration bewusst aufnehmen und sich damit vom demokratischen Grundkonsens der Gesellschaft distanzieren. Verfolgt werden diese Gruppierungen aber erst, wenn sie kriminell werden und sich ihr Handeln auf den Umsturz der Werte und Institutionen dieser Gesellschaft richtet. Denn auch der rechte oder linke Dissens zu diesem Staat genießt in einer Demokratie zwar keine Anerkennung, aber doch rechtlichen Schutz.

Ein anderes Motiv für Political Correctness geht von der Tabuisierung des Heiligen aus. Der Holocaust hat in den letzten Jahrzehnten durch seine Verankerung als politisches Gründungsereignis eine zivilreligiöse Bedeutung angenommen. Diese Norm-Entscheidung schränkt zugleich auch Denk- und Handlungsspielräume ein. Anders als in den USA, wo das Christentum zur Staatsreligion geworden ist – der Eid «One Nation under God, with liberty and justice for all» wird täglich in den Schulen des Landes von allen Schülern gemeinsam gesprochen –, hat sich im Nachkriegsdeutschland kein verbindliches zivilreligiöses Narrativ entwickelt. «Allerdings scheinen die Erinnerung an die Shoah und die daraus abgeleiteten Verpflichtungen für das Selbstverständnis Deutschlands schlechterdings fundamental zu sein», schreibt Rolf Schieder.[58] Dieser zivilreligiöse Konsens ist inzwischen auch Teil unseres Rechtssystems geworden, das die Leugnung des Holocaust unter Strafe stellt. Im Umgang mit dem Heiligen gibt es Festlegungen, Unsicherheiten, Transgressionen. Wie man im Ritual nichts falsch machen darf, weil das seine symbolische Kraft zerstören würde, so muss man sich auch bei den Formen der Erinnerung an den Holocaust an genaue Vorgaben halten, was nicht nur allgemeine Unsicherheiten in Stil, Ausdruck und Verhalten zur Folge hat, sondern auch – zum Schaden für die Erinnerungskultur – die Sichtweisen nachwachsender Generationen stark einschränkt und ihre Imagination reglementiert.[59] An diesem Punkt sieht Schieder dringenden Handlungsbedarf:

> Die Shoah ist – in Luhmanns Terminologie – mit so viel Transzendenz aufgeladen worden, dass es uns schwer fällt, mit ihr als einem weltimmanenten Geschehen umzugehen und ihr so etwas von ihrer sakralen Aura zu nehmen. In den Kirchen steht für solche religionskritischen Operationen die Theologie bereit. Die Theologie besitzt das Privileg zu historischer Kritik. Dogmen werden konsequent in ihre historischen Kontexte eingeordnet, heilige Texte mit allen verfügbaren Methoden der Literarkritik dekonstruiert. Eine Zivilreligion, die sich nicht zum unkontrollierbaren Dampfkessel entwickeln soll, benötigt Zivilreligionskritik. Es scheint mir eine Aufgabe einflussreicher öffentlicher Intellektueller zu sein, in die Rolle von Ziviltheologen zu schlüpfen und die anstrengenden und peinlichen Auseinandersetzungen neu zu rahmen.[60]

Tabus sind nicht grundsätzlich etwas Skandalöses, sondern können eine wichtige Ressource für die Stabilisierung der Werte einer Gesellschaft und der öffentlichen Meinung sein. Die Erregungswellen um politische Korrektheit sind deutliche Symptome dafür, dass es permanenter Verhandlungen und Rückversicherungen über jeweils aktuelle Grenzsicherungen und Grenzverschiebungen des normativen Zusammenhalts bedarf. Dieses Unbehagen, das analysiert und Kritik übt, ist eine ganz wichtige Voraussetzung für die permanente Selbstbeobachtung, Selbstkorrektur und moralische Selbststeuerung des Gemeinwesens. Ein Unbehagen dagegen, das sich nicht deutlich ausdrücken darf, will oder kann und nicht die Form eines Arguments annimmt, kann schwerlich in kritische Debatten münden, die etwas aufgreifen, erhellen, bewegen oder verändern. Im populistischen Milieu kann sich dieses unausgesprochene Unbehagen leicht zu einem Ressentiment der schweigenden Mehrheit gegen die Diktatur einer tonangebenden Minderheit verdichten. Dass dies ein Thema von großer Breitenwirkung ist, zeigt sich nicht zuletzt an der gegenwärtigen Inflation des Wortes ‹Deutungshoheit›, ein Begriff, mit dem sich das Unbehagen jedweder Couleur spontan mobilisieren lässt. In Gestalt populistischer Ressentiments nährt solch diffuses Unbehagen den inneren Vorbehalt gegen die eigene Gesellschaft und kann damit den sozialen Wertekonsens aushöhlen.

Moralisierung und Historisierung

Man ist sich schnell einig über die problematischen Wirkungen der Moralisierung im Umgang mit der NS-Zeit. Dazu gehört eine klare Schwarz-Weiß-Zeichnung der Geschichte. Die pauschale Verurteilung dieser Zeit und insbesondere die Dämonisierung der Täter verhindert ernsthafte Auseinandersetzungen, denn sie schafft einen Sicherheitsabstand von diesem Geschehen, der den Nachgeborenen suggeriert: Diese Menschen waren ganz und gar anders, mit ihnen haben wir nichts zu tun! Erziehung zur Mündigkeit kann auch nicht, wie Harald Welzer zu Recht betont, auf einer Einschüchterung durch Geschichte aufbauen. Die pädagogische Aufgabe besteht nicht in einer formelhaft wiederholten Verurteilung der NS-Geschichte, sondern umgekehrt in immer neuen Versuchen, Verbindungen zwischen der Vergangenheit und der Gegenwart herzustellen. Das kann über einen biographischen Brückenschlag geschehen, der über das Familiengedächtnis hergestellt wird, es kann aber auch der historische Ort sein, an dem man wohnt und dessen Zeitschichten man ausfaltet. Bezüge zur Vergangenheit lassen sich für Migranten auch über Parallelen mit der eigenen Herkunftsgeschichte herstellen. ‹Was hat das noch mit mir zu tun?› ist die Schlüsselfrage für die Einbeziehung nachwachsender Generationen.

Manches an der NS-Geschichte ist, wie Welzer und Giesecke zu Recht betonen, noch gar nicht angemessen berücksichtigt, wie zum Beispiel eine systematische Beschäftigung mit Helfergeschichten. Die Menschen, die den Verfolgten des NS-Regimes geholfen haben, sind eine kleine Minderheit gewesen; aber umso wichtiger ist, dass sie nicht ganz vergessen werden. Sie haben sich um ihr eigenes Erinnertwerden nicht gekümmert, weshalb hier gezielte Archivarbeiten nötig sind. Die Helfer haben Vorbildcharakter und sind ein Hinweis darauf, dass es auch noch in einer ‹genozidalen Gesellschaft› Möglichkeiten der persönlichen Entscheidung und Handlungsspielräume gegeben hat.

Ein breiter Konsens im Spektrum des Unbehagens bezieht sich auf den Widerstand gegen jegliche Form des Moralisierens. Das historisch-moralische Pathos, so kann man immer wieder lesen, «das im Kampf um die Erinnerung seine Berechtigung hatte», sei nun «abgestanden und muffig» geworden.[61] «Weitgehend ohne Moral» ist deshalb auch ein Interview überschrieben, in dem Harald Welzer erläutert, wie er sich eine zukünftige Erinnerungskultur vorstellt.[62] Moral ist mega out und uncool, vor allem aber kontraproduktiv. Vor allem jüngere Menschen, so wird immer wieder betont, reagieren allergisch auf diesen Wirkstoff der Holocaust-Pädagogik: «Menschen, besonders junge, möchten selber denken und nicht gesagt bekommen, was sie denken sollen.»[63] Die Träger dieser Moralisierung, die endlich ad acta zu legen ist, seien die Vertreter der 68er-Generation gewesen, die alles daran gesetzt hätten, ihre «eigene vergangenheitsbezogene Sinnstiftung auf Dauer zu stellen und sie auch für die jüngeren Jahrgänge, denen es (ihrer) Meinung nach offenbar an der richtigen Moralität und Empathie mangelt, als verbindlich festzuschreiben».[64]

Paradoxerweise finden sich solche Sätze immer wieder in unmittelbarer Nachbarschaft mit hoch moralischen Urteilen. Welzer zum Beispiel empfiehlt der nachwachsenden Jugend die Zeitzeugenberichte der Verfolgten des NS-Regimes, hält aber nichts von Zeitzeugenerzählungen der nicht Verfolgten. «Mit ihrer Wirklichkeitsverzerrung haben vermeintlich authentische ‹Zeitzeugen-Berichte› sehr viel Schaden angerichtet. Ich kann es nicht als Verlust betrachten, wenn solche Stimmen jetzt nach und nach verstummen.»[65] Mit seiner klaren moralischen Unterscheidung von richtigem und falschem Erinnern greift Welzer hier der Neugier, dem Fragen und dem eigenen Urteilen vor. Wenn wir gegen Moralisierung polemisieren, sollten wir also nicht ganz vergessen, dass wir selbst nicht ohne Moral auskommen. Uneingestanden moralisiert wird auch dort, wo von falschen Gefühlen, Verschleierungstaktiken und Formen der Inauthentizität in Erinnerungspraktiken die Rede ist. Diejenigen, die solche Verfehlungen und Fehlentwicklungen ‹entlarven›, wissen jeweils genau, was richtig und was falsch ist, ohne dies eigens begründen zu müssen. Statt anderen Moralisierung vorzuwerfen wäre es deshalb sinnvoll, mit den Grundlagen der eigenen Moral zu beginnen und sich auch positiv dazu zu bekennen.

Viele der moralischen Sicherheiten und Selbstverständlichkeiten, auf die wir uns bis vor Kurzem im Schutze globaler

Ideologien verlassen konnten, stehen heute nicht mehr zur Verfügung. Das moralische Fundament des Kommunismus ist 1989/90 mit dem Fall der Mauer und dem Zusammenbruch der Sowjetunion kollabiert. Das moralische Fundament des Kapitalismus überdauerte noch eine Weile, erlebte aber mit dem Kollabieren von Großbanken, die den ökonomischen Zusammenbruch ganzer Staaten nach sich ziehen, eine schwere Krise. Die Globalisierung, die zunächst noch selbstsicher als eine Fortsetzung der westlichen Fortschritts- und Modernisierungsgeschichte erfahren wurde, nahm nach dem islamistischen Anschlag auf das World Trade Center eine neue, bedrohliche Wendung, die auch weltweite Folgen hatte für die Erinnerungskultur.

Das moralische Wertgefüge, das die politischen Ideologien abgelöst hat, ist universalistischer Natur. Es ist der Wert der Menschenrechte, der seit den 1980er Jahren als Grundüberzeugung westlicher Kulturen über die politischen und nationalen Grenzen hinweg konsensfähig geworden ist. Mit dem Wert der Menschenrechte änderte sich zugleich das politische Weltbild, das sich nun immer weniger auf kämpfende Helden und immer mehr auf zivile Opfer konzentrierte. Im Mittelpunkt stehen nicht mehr die ideologischen Zukunftsverheißungen eines ‹neuen Menschen›, sondern der verletzliche menschliche Körper als Zielscheibe politischer, rassistischer und sexistischer Gewalt. Alain Badiou hat das politische Projekt der ersten Hälfte des 20. Jahrhunderts auf eine einfache Formel gebracht: «Im Grunde ist das Jahrhundert von einem bestimmten Moment an von der Idee besessen gewesen, den Menschen zu verändern, einen neuen Menschen zu schaffen». Dieses Projekt sei «so radikal, dass bei seiner Verwirklichung die Singularität menschlicher Leben nicht zählt – das ist bloßes Material». Dieses revolutionäre, ganz auf die Zukunft ausgerichtete Projekt habe sich selbst als «grandios, episch, gewaltsam» verstanden.[66] Die Unterzeichnung der Deklaration der Menschenrechte im Jahre 1948 in Paris war eine unmittelbare Antwort auf diese europäische Gewalterfahrung. Diese Erklärung formulierte einen moralischen Anspruch an die Weltgesellschaft, sah aber keinen Mechanismus zur Umsetzung dieses Anspruchs vor. «Hätte die Deklaration einen solchen Mechnismus der Umsetzung enthalten, wäre sie nie unterschrieben worden.»[67] Deshalb dauerte es weitere Jahrzehnte, bis diese Idee auch durch neue Formen einer politischen Praxis gestützt wurde. Weil sich die Nationen nicht zu Anwälten der Umsetzung der Menschenrechte machten, entstanden in den 1960er und 1970er Jahren einflussreiche Nicht-Regierungs-Organisationen (NGOs), die sich dieser Aufgabe verschrieben. Ein weiteres Beispiel sind die Mütter und Großmütter, die auf der Plaza de Mayo in Buenos Aires für ihre von der Diktatur verschleppten und ermordeten ‹verschwundenen› Kinder und Enkel demonstrierten und damit neue Formen politischer Aktion entwickelten. Im Lichte des Paradigmas der Menschenrechte tauchten auch andere Opfer der Geschichte aus dem Vergessen wieder auf und erfuhren mit ihren Geschichten eine neue Anerkennung. Der paradigmatische Fall solcher Umperspektivierung von einer Geschichte der Helden auf die der Opfer politischer Gewalt sind die Zeugnisse der Holocaustüberlebenden, die seit den 1980er Jahren weltweit anerkannt, systematisch aufgezeichnet und gesammelt wurden.

Badiou, der weiterhin in der Tradition eines gewaltverherrlichenden heroischen Kommunismus steht, blickt angewidert auf unsere Gegenwart, die von bourgeoisen Werten wie Familienglück und Menschenrechten dominiert wird, und beurteilt sie als verweichlicht (verweiblicht), politisch erschöpft und erledigt. Im Gegensatz dazu beruht die Moral derjenigen, die im post-ideologischen Zeitalter angekommen sind, auf dem Wert des individuellen menschlichen Lebens jenseits von nationalen, kulturellen und religiösen Zugehörigkeiten. Die neue Erinnerungskultur hat sich mit dieser Menschenrechtspolitik verbündet, die zugleich ihr Wertfundament geworden ist und ihre Zukunftsorientierung bestimmt.

Moralisierung ist in unsere Erinnerungsrahmen immer schon eingebaut. Wir wissen aber auch, dass sich diese Rahmen ändern und mit ihnen unsere Wertprämissen. Moralisierung bedeutet letztlich: Worüber reden wir, worüber schweigen wir? Was passt nicht ins Bild, was lassen wir weg? Diese Frage lässt sich zum Beispiel anhand der ZDF-Serie *Unsere Mütter, unsere Väter* ganz genau beantworten. Die Eltern, das war der Anspruch, sollten hier ohne Schonung realistisch mit ihren positiven und negativen Zügen dargestellt werden. Nicht ins Bild passte aber der Antisemitismus, der in diesem Film auf einen polnischen Partisanen verschoben wurde. Diese Darstellung, die inzwischen scharfen polnischen Protest hervorgerufen hat, zeigt, wohin die Selbstschonung führen kann: Sie verschiebt den Problemmüll der Vergangenheit über die Landesgrenze hinweg und vertieft damit in Europa alte Feindbilder. Gewiss wird Antisemitismus im Film auch in einer winzigen Nebenrolle deutlich, der Karikatur einer extrem unsympathischen deutschen Mutter. Diese unbedeutende Figur ist aber gerade keine Sympathieträgerin. Deshalb suggeriert der Film: Wie *diese* Mutter waren unsere Mütter und unsere Väter natürlich nicht! In deren Elternhäusern pflegte man – so erfahren die Jugendlichen aus dem Film – bis 1941 unbeschwerte Freundschaften mit jüdischen Nachbarskindern. Charlottes Denunziation der jüdischen Krankenschwester gefährdet nicht einmal die Sympathielenkung gegenüber dieser Figur, denn dieses plötzliche und völlig unmotivierte Ereignis hat den moralisch korrekten Effekt, dass sie anschließend permanent an Schuldgefühlen leidet. So stellen wir uns heute gerne unsere Mütter und Väter vor! Die ganze Innenwelt und die anhaltende Begeisterung für das NS-Regime kommen in dem Film nicht vor. Der Grund ist einfach: Damit können wir Heutigen nichts mehr anfangen, damit hätte man keine packende Story bauen können. Weil es so schmerzhaft gegen unsere moralische Orientierung verstößt, ersetzen wir dieses Kapitel lieber durch die Kriegshandlung mit ihren spannenden Actionszenen und überlassen den Antisemitismus den polnischen Partisanen.

Moralisierung dürfen wir uns nicht zu einfach als säuerliche Predigt oder erhobenen Zeigefinger vorstellen, denn auch diese Verengung des Bildes von der Vergangenheit, diese Anpassung des damaligen Geschehens an unsere heutigen Maßstäbe ist eine Form der Moralisierung. Moralisierung als normative Ausschlussregel umgeht die Fremdheit, Vielfalt und Uneindeutigkeit historischer Erfahrung. In der Tat hat sich unser Bild von der Geschichte der NS-Diktatur über die Jahre erheblich verändert. Ulrike Jureit hat am Beispiel von Günter Grass gezeigt, wie sich die Erinnerungsrahmen im Nachkriegsdeutschland verschoben haben. In den 1960er Jahren habe Grass (nicht-öffentlich) noch mit Freunden über seine Mitgliedschaft in der SS gesprochen, während er anschließend dieses Thema vier Jahrzehnte lang konsequent aus der privaten und öffentlichen Kommunikation ausschloss. Wie im Falle des internationalen Hypes um die erfundenen Kindheitserinnerungen des Binjamin Wilkormirski besteht eine direkte Beziehung zwischen dem, was zu einem bestimmten Zeitpunkt gesagt werden kann bzw. verschwiegen werden muss, und dem, was die Gesellschaft hören möchte oder eben nicht. In dem Maße, wie die Anteilnahme der Gesellschaft an den Leiden der Opfer wuchs, wurden die Täter dämonisiert. Je deutlicher und detailreicher das historische Wissen von der umfassenden Vernichtung des europäischen Judentums wurde und je stärker ein moralischer Diskurs aus der Opferperspektive dieses Wissen begleitete, der dieses Ereignis in moralisch-metaphysischer Sprache als eine negative Offenbarung des absoluten Bösen bewertete, desto schwieriger wurde es für die Zeitzeugen, ihre eigene Geschichte in diesem Erinnerungsrahmen unterzubringen. Das Schweigen, das in den ersten Jahrzehnten noch ein ‹kommunikatives Beschweigen› war, vertiefte sich in Folge einer selbstverordneten Tabuisierung der eigenen Biographie unter dem Druck des neuen normativen Erinnerungsrahmens. Auch an diesem Beispiel zeigt sich noch einmal, dass die Moralisierung dieser Geschichte, zusammen mit dem zeitlichen Abstand zu ihr, zugenommen hat. Solange die Erfahrungsgeneration noch lebte, war im Land der Täter, wie Jureit schreibt, noch sehr gut bekannt, «dass damals tatsächlich Menschen den Nationalsozialismus befürworteten, ihn aktiv unterstützten und für diese Überzeugung zu kämpfen und gegebenenfalls auch zu töten bereit waren».[68] Der moralische Erinnerungsrahmen des Holocaust führte dann dazu, dass man diese Wahrheit weder mitteilen noch hören wollte – und zwar, wenn wir an den ZDF-Dreiteiler denken, bis heute noch nicht. Es war die moralische Parteinahme für das richtige Denken der verfolgten Juden und gegen das falsche Denken der nicht verfolgten Deutschen, das weiterhin thematische Verengungen und Ausschlusseffekte gegenüber der historischen Wirklichkeit produzierte. Diese moralisch bedingte Verengung hat eine Form von Selbstzensur ausgeübt, die nicht nur das ‹kommunikative

Gedächtnis› der Nachkriegszeit, in das Grass noch selbstverständlich eingebunden war, ins Schweigen versenkt hat, sondern auch rückwirkend dazu beitrug, dass die dritte Generation ihre eigene kontaminierte Familiengeschichte in eine öffentlich vorzeigbare Heldengeschichte (‹Opa war kein Nazi›) umwandelte.

Ein weiteres Beispiel für die moralisierende Anpassung der NS-Geschichte an unseren Erinnerungsrahmen ist das Prinzip der *damnatio memoriae*, das gegenwärtig eine neue Aktualität gewinnt. In den letzten Jahren begann in deutschen Städten eine Bewegung, die aus dem öffentlichen Raum durch Umbenennung von Straßennamen, Plätzen oder Schulen die letzten störenden Hinweise auf eine Zeit entfernt, die in eklatanter Weise unseren heutigen Wertmaßstäben widerspricht. Das Resultat dieser gut gemeinten Reinigungsbewegung ist allerdings nicht unproblematisch: Nach vollständiger Beseitigung aller Spuren werden nachfolgende Generationen immer weniger Anschauung von der tatsächlichen Realität dieser historischen Epoche haben. Anstatt solche historischen Spuren einer anderen Wirklichkeit und der persönlichen Verstrickungen kurzerhand zu tilgen wäre es informativer, sie – gerahmt durch entsprechende Informationen – in das Bewusstsein der Gegenwart einzubetten. ‹Dementieren statt demolieren› möchte ich diese historisierende Praxis einer kritisch distanzierenden Erinnerung nennen, die nicht gleich alles aus dem Weg räumt, was uns heute als moralisch verwerflich erscheint, sondern es erlaubt, auch materielle Spuren der noch sichtbaren Geschichte zu ertragen, die im Widerspruch zum geltenden Werterahmen der Gegenwart stehen. In einem Aufsatz über den Sturz von Denkmälern und die Umbenennung von Straßen in Osteuropa nach dem Sturz des Kommunismus verweist Rudolf Jaworski auf «ein grundsätzliches Problem im Umgang mit den Überresten unbequemer, in diesem Fall kommunistischer Vergangenheiten»:

> Ist also eine tabula rasa wirklich der einzig denkbare und auf die Dauer gesehen auch der einzig wünschenswerte Befreiungsschlag? Oder anders ausgedrückt: Sind Praktiken, missliebige Gedächtnisorte einfach gewaltsam zu tilgen, tatsächlich immer geeignet, die wünschenswerte Auseinandersetzung mit überwundenen Geschichtsepochen zu fördern, oder dienen sie nicht vielmehr als symbolische Ersatzhandlung, die eine solche Auseinan-

> dersetzung eher überflüssig erscheinen lässt? Das sind berechtigte Fragen, die sich bekanntlich keinesfalls nur in den postkommunistischen Ländern Ost- und Südeuropas stellen.[69]

Während Gedächtnisrahmen immer zur Verengung auf einen genormten oder akzeptablen Ausschnitt tendieren, kann Geschichtsschreibung, die keine Identitätsbezüge herstellt, auch Platz für das Fremde und Andere schaffen. Aus der Perspektive der Geschichtsschreibung ist die Vergangenheit nicht nur ein Rückspiegel, in dem sich die Gegenwart wiedererkennt, sondern auch eine Quelle der Fremderfahrung, die gerade nicht voll bewältigt und abschließend beurteilt werden kann. Vergangenheit dient deshalb nicht nur der Identitätsvergewisserung durch Aneignung oder Abstoßung, sondern gerade auch der Ermöglichung von Fremderfahrung und Fremdverstehen. Denn, wie es Arno Borst so treffend zusammengefasst hat, ist das historische Bewusstsein nichts anderes als «die Anerkennung der Fremdheit anderer Zeiten und Epochen».[70] Diese Anerkennung historischer Fremdheit ist etwas grundlegend anderes als die moralische Verurteilung der Vergangenheit als dämonisch fremd. In Auseinandersetzung mit der Geschichtsschreibung kann solche Historisierung zu einer Erweiterung des Erinnerungsrahmens führen, die es erlaubt, nicht nur eine, sondern unterschiedliche Perspektiven zuzulassen und auszuhalten. Sie macht damit die moralische Grundierung der Erinnerung vielstimmiger und komplexer.

«So oder so», schreibt Lübbe, «wird der Nationalsozialismus in seiner vollständigen Historisierung enden.»[71] Was heißt das genau? Der Begriff ‹Historisierung› ist eine Lieblingsvokabel im Diskurs des Unbehagens, doch er wird selten genauer definiert. Das Stichwort ‹Historisierung› tauchte zum ersten Mal als Kampfbegriff im Historikerstreit auf, in dem die kritische Grenze zwischen Geschichte und Gedächtnis des Holocaust in Deutschland neu vermessen wurde. Um zu verstehen, was Historisierung heute bedeutet, müssen wir noch einmal an diesem Punkt ansetzen.

Unter dem Titel ‹Vergangenheit, die nicht vergeht› erschien am 8. Juni 1986 in der *FAZ* ein Essay des anerkannten Faschismushistorikers Ernst Nolte. Dieser Text löste eine erregte Debatte zwischen Historikern und Intellektuellen aus. Nolte hatte in seinem Text nicht nur festgestellt, dass das historische Ereignis des Holocaust, anstatt nach vier Jahrzehnten allmählich zu verblassen, sich hartnäckig einer Historisierung verweigerte, was er als Anomalie und Ärgernis bewertete. Außerdem legte er in seinem Artikel eine Deutung des Holocaust vor, die dieses Ereignis in ein eskalierendes Stimulus- und Response-Narrativ von stalinistischen und faschistischen Gewalttaten einordnete. Die entsetzte Antwort jüdischer und anderer Kollegen auf seinen Vorstoß in Richtung Historisierung war ein Plädoyer für die Sakralisierung des Holocaust. Dieses Ereignis rage aus dem Strom der Geschichte heraus, es sei weit mehr als nur ein historisches Geschehen, nämlich ein Schlüsselereignis der Menschheitsgeschichte. Aufgrund seiner metaphysischen Qualität sei es nicht dazu bestimmt, zu vergehen, sondern müsse als ‹Zivilisationsbruch› auf Dauer in Erinnerung behalten werden. Damit wurde diese ‹Vergangenheit, die nicht vergeht› – nebenbei auch eine passende Formel für eine anhaltende traumatische Erfahrung – zum Grundstein einer neuen Erinnerungskultur umgedeutet als eine ‹Vergangenheit, die nicht vergessen werden darf›.

Lübbe wünscht sich, es hätte den Historikerstreit nie gegeben, in dem er nur eine Machtausübung politischer Correctnesswächter und den Auslöser für immer neue Unsicherheiten im Umgang mit dieser Geschichte sah. Jürgen Habermas dagegen unterstützte die jüdische Perspektive und plädierte dafür, diese Vergangenheit als einen moralischen Bezugspunkt dauerhaft im Bewusstsein der Deutschen zu verankern. In diesen beiden Namen haben wir die Positionen der Historisierung und der Moralisierung dieser Geschichte idealtypisch vor uns.

Historisieren kann sehr Unterschiedliches bedeuten. Es wäre für eine Diskussion dieses Problems deshalb hilfreich, wenn diejenigen, die für ein Historisieren plädieren, jeweils genauer sagen würden, was jeweils mit diesem Wort gemeint ist. Historisieren kann *erstens* bedeuten, dass den Historikern eine freie Verfügung über ihren Gegenstand gewährt werden muss, die weder durch politische Gesetzgebung noch durch andere Formen der sozialen Reglementierung wie Tabus oder Rücksichten der Political Correctness eingeschränkt werden darf. Seit den 1990er Jahren gab es in etlichen Staaten Versuche, die Geschichtsdarstellung und -deutung bestimmter Schlüsselereignisse des 20. Jahrhunderts unter politische Kontrolle zu bringen und per Gesetz verbindlich festzulegen.[72] Diese Erinnerungsgesetze bauten auf dem deutschen Gesetz auf, das die Leugnung des Holocaust unter Strafe stellte. In Frankreich wurde dieses Gesetz durch weitere ergänzt: das Verbot, Verbrechen gegen die Menschlichkeit zu leugnen, das Verbot, den armenischen Genozid zu leugnen, und das Gebot, die Kolonialgeschichte in einem positiven Lichte darzustellen. Diese staatliche Moraloffensive hat in Frankreich die Historiker auf den Plan gerufen, die sich erfolgreich gegen einige dieser Maßnahmen zu wehren wussten. Anders sieht das in Russland aus, wo die Historiker per Gesetz unter den Zwang gestellt wurden, Geschichte in einer ausschließlich affirmativ patriotischen Weise zu schreiben.[73]

Solche geschichtspolitischen Eingriffe in die historische Forschung erinnern an Verhältnisse in Diktaturen oder die nationale Geschichtsschreibung des 19. Jahrhunderts, die sich freiwillig in den patriotischen Dienst der Nationsbildung stellte. Mit dem Prinzip der Gewaltenteilung im modernen Rechtsstaat sind solche Formen staatlicher Bevormundung von Wissenschaft schwerlich vereinbar, weil Freiheit und Gewissen der Wissenschaft darauf beruhen, dass sich die Suche nach historischer Wahrheit in einem offenen Prozess vollzieht, der ausschließlich den Regeln der Zunft und der in den Diskurs eingebauten Selbstkorrektur unterliegt.

Im demokratischen Rechtsstaat besteht das Prinzip der Gewaltenteilung, das den wissenschaftlichen Diskurs vor den Eingriffen offizieller Verordnungen, Zensur und anderen Einschränkungen wie Sprachregelungen oder Vergleichsverboten schützt. Das schließt andererseits nicht aus, dass die Wissenschaft selbst Teil einer kulturellen Tradition und eines politischen Gemeinwesens ist, das sich auf bestimmte Werte verpflichtet, die nicht Gegenstand permanenten Aushandelns sind. Die Kultur ist eine übergeordnete Klammer, die auch die Wissenschaft umfasst, ohne dadurch ihre Forschungen direkt zu beeinflussen. Grundsätzliche Fragen wie die, welche Geschichte für eine Gesellschaft besondere Relevanz beansprucht oder wohin die Forschungsgelder fließen, erfordern Entscheidungen, die nicht aus der Wissenschaft selbst abzuleiten sind, sondern auch etwas mit der moralischen Konstitution des Gemeinwesens und dem kulturellen Selbstverständnis der Wissenschaftler zu tun haben.

Historisierung kann sich *zweitens* auf einen demographischen Vorgang beziehen. Dieser besteht darin, dass ein ehemals heißes Ereignis dadurch automatisch erkaltet, dass die Träger dieses lebendigen Erfahrungsgedächtnisses nach und nach aussterben. In diesem Fall ist es die Zeit selbst, die den vitalen Bezug zur Vergangenheit abschneidet. Damit wird die Macht der Vergangenheit über die Gegenwart und Zukunft irreversibel aufgelöst.

Harald Welzer vertritt dieses zeitliche Konzept von Historisierung. Es sind für ihn vor allem die Zeitzeugen, die die Geschichte moralisieren und ihren emotionalen Druck in die Gegenwart hinein verlängern.

> Mit dem Verschwinden der Zeitzeugen wird die Geschichte auch wieder frei, zu einer lebendigen Betrachtung nämlich, zum Gebrauch. Sie wird zukunftsfähig. Die Geschichte von Nationalsozialismus und Holocaust wird kalt. Heiß war sie, solange der lebendige generationelle Zusammenhang in ihre Zeit zurückreichte, als es noch Opas gab, die Wehrmachtssoldaten, SS-Männer, Parteimitglieder oder aber Gegner, Verfolgte oder Opfer waren.[74]

Da eine vierte und fünfte Generation keine solchen Opas mehr hat, ist Historisierung ein rein biologischer Vorgang. Von längerfristigen Wirkungen einer transgenerationellen Traumatisierung oder der Erneuerung von Faszination durch mediale Präsentationen ist bei Welzer nicht die Rede. Die Entmystifizierung der NS-Zeit glaubt er den nachwachsenden Generationen deshalb ganz einfach vorschreiben zu können. Hitler sei eine lächerliche Figur, er dürfe jetzt vergessen werden.[75] Diese Entmystifizierung vollziehe sich – endlich – als «Ergebnis des Fortrückens der generationellen Aufmerksamkeit von jenem historischen Kristallisationspunkt, der durch den Nationalsozialismus, den ‹Führer› und den Holocaust markiert ist».[76] (Dieses Vertrauen auf eine automatische Historisierung durch «Fortrücken» steht übrigens in markantem Gegensatz zu vielen Aussagen der jüngeren Generation. Hitler, so lesen wir bei Christian Schüle, «funktioniert immer. (…) Hitler ist eine popkulturelle Marke und als solche eine Ware der Konsumkultur.»[77])

Mit anderen Worten: In Welzers Konzept der Historisierung ist die Zeit selbst der Agent des Wandels, der das Zurücksinken dieser Ereignisse in die Vergessenheit besorgt. So reibungslos funktioniert das Zeitregime der Modernisierung: Sie bringt wie auf Bestellung die Zukunft und lässt dafür die Vergangenheit automatisch vergehen. Zukunft und Vergangenheit schließen sich dabei gegenseitig aus: Um Zukunft zu gewinnen, davon war man im Zeitalter der Modernisierung bis in die 1980er Jahre hinein überzeugt, müssen wir die Vergangenheit loslassen. Diese Zwangsalternative wird auch von Welzer noch einmal wiederholt. Mit der Aufgabe des Projekts Erinnerungskultur wären wir alle Probleme los: «Damit würde die rein normative Privilegierung der Vergangenheit gegenüber der Gegenwart und der Zukunft in der Erinnerungs- und Gedächtnisforschung ebenso Geschichte sein wie die Höherbewertung des Erinnerns gegenüber dem Vergessen.»[78] Diejenigen, die diesen Überdruss gegenüber der Erinnerungskultur verkörpern, plädieren für eine radikale Umperspektivierung: Wir haben uns nun lange genug mit der Vergangenheit beschäftigt und darüber die Zukunft aus den Augen verloren. Irgendwann muss einmal Schluss sein. Die Fokussierung auf katastrophische Episoden der Geschichte und die damit einhergehende Flutwelle der Konzepte «‹Gedächtnis›, ‹historisches Bewusstsein› und ‹Aufarbeitung der Vergangenheit›» hätten, so John Torpey, das Selbstbild der «euro-atlantischen Gesellschaft» stark beschädigt.[79] Über dieser Vergangenheitsbesessenheit seien Zukunftsprojekte und utopische Orientierungen gänzlich ins Hintertreffen geraten.[80] Der westliche Fortschrittsimpuls, der die moderne Geschichte angetrieben habe, sei dadurch zum Erliegen gekommen.[81] Historisieren als Aufforderung zum Vergessen – das ist offenbar sehr viel leichter gesagt als getan. Denn wann und wie ein Geschichtsereignis seine traumatische Nachwirkung, emotionale Anziehung und normative Bindungskraft für ein Gemeinwesen verliert, liegt kaum in der ‹Deutungsmacht› einzelner Intellektueller.[82]

Historisierung kann sich *drittens* auf den Akt einer kulturellen Willensentscheidung der Nachgeborenen beziehen, die eine normative Bindung an ein bestimmtes Ereignis in der Vergangenheit auflösen. In diesem Sinne wurde zum Beispiel die Bindung an den 17. Juni 1953, den ‹Tag der deutschen Einheit›, aufgelöst, nachdem diese Einheit politisch vollzogen war. Nach einem politischen Systemwechsel verlieren automatisch alle Gedenkdaten ihren normativen Charakter und fallen zurück in den Status ‹gleich-gültiger› Geschichtsdaten. Dieses Plädoyer für eine Historisierung geht insbesondere von Historikern aus, die nie eingesehen haben, wie sich jenseits ihres Kompetenzfelds überhaupt das Unkraut namens ‹Erinnerungskultur› ausbreiten konnte. Reinhart Koselleck schrieb den Erinnerungen der Zeitzeugen eine vorübergehende Bedeutung zu; erst wenn deren Mitsprache durch ihr Ableben wieder erlischt, sei die Vergangenheit von gegenwärtigen Bewältigungsstrategien befreit und könne als ‹reine Vergangenheit› zum Gegenstand der objektiven historischen Forschung werden. Dieser Wandel von einer unreinen zur reinen Vergangenheit setzt eine Entwicklungslogik voraus, die einst Jacob Burckhardt auf eine einprägsame Formel gebracht hat: «Was einst Jubel und Jammer war, muss nun Erkenntnis werden.»[83] Dieser Satz kann auch in Anlehnung an Freud paraphrasiert werden: Wo einst Gedächtnis war, soll nun Geschichtswissenschaft werden. Aber auch von dieser geschichtsphilosophischen Prämisse eines stetigen ‹Fortschritts in der Geistigkeit›, an die viele Autoren des 19. und 20. Jahrhunderts glaubten, haben wir uns inzwischen deutlich entfernt und damit auch von der starren Opposition zwischen irrationalem und emotionalem Gedächtnis einerseits und reflexiver und kritischer Geschichtswissenschaft andererseits. Obendrein gibt es neben Gedächtnis und Geschichtswissenschaft längst ein Drittes, in dem sich diese beiden Felder überschneiden, nämlich den Gedächtnisdiskurs, der die Bewegungen des Gedächtnisses kritisch beobachtet und begleitet. In diesem Sinne sind Jubel und Jammer inzwischen selbst zum Gegenstand der Reflexion und Erkenntnis geworden.

In postsouveränen Gesellschaften, so lesen wir immer wieder, haben kollektive Identitäten, Moralisierung und absolut gesetzte

Glaubensformeln keinen Platz mehr. In allen Kulturen gibt es jedoch ein Verhältnis zwischen dem Wertbeständigen und dem, was in permanenter Bewegung ist. Solche Zonen normativer Wertbeständigkeit gibt es in der Religion und in der Kunst. «Klassisch ist, was seine Historisierung aushält», hat der Gräzist Karl Reinhardt einmal gesagt.[84] Seine wissenschaftliche Disziplin, der auch Nietzsche angehörte, wird sowohl ‹Altphilologie› als auch ‹Klassische Philologie› genannt. Das zeigt bereits, dass es auch noch im Zeitalter der Modernisierung und Historisierung historische Epochen gibt, die nicht einfach vergehen, sondern aufgrund einer transhistorischen Identifikation, die mit erheblicher Aufmerksamkeit, Wissens-Spezialisierung und forschender Zuwendung einhergeht, als Orientierungsmarken am Horizont stehenbleiben. Auch für den Holocaust gilt mittlerweile, dass er seine Historisierung aushält. Denn unabhängig davon, wie sich der Wissensstand in der historischen Forschung hin und her verlagert, gibt es inzwischen eine politisch breit verankerte und gesellschaftlich gestützte Selbstverpflichtung, dieses Ereignis nicht wie beliebige andere vergehen zu lassen, sondern mit ins kulturelle Selbstbild aufzunehmen. Wie immer man dazu stehen mag – der Prozess der Konsolidierung dieses Ereignisses als transhistorische und inzwischen auch transnationale Erinnerungsfigur ist nicht zu leugnen. Nach dem Historikerstreit war es eine transnationale Holocaust-Konferenz im Jahre 2000 in Stockholm, auf der die Selbstverpflichtung der Erinnerung an den Holocaust auch politisch als gemeinsames europäisches Projekt bekräftigt und vollzogen wurde. Deshalb wäre es eher unrealistisch, wenn gerade jetzt die Deutschen den Entschluss fassen werden, aus dieser Erinnerungskultur auszusteigen.

Grundsätzlich ist zu sagen, dass sich Erinnerungskultur und Historisierung, Zukunft und Vergangenheit nicht gegenseitig ausschließen, sondern zwei legitime und komplementäre Formen des Vergangenheitsbezugs sind. Die Vorstellung, dass ein Ereignis der Vergangenheit nicht vergeht, sondern ‹zurückkehrt› und in der Gegenwart die Form eines verbindlichen Erinnerungsimperativs für die Zukunft annehmen kann, ist jedoch allen Anhängern der Modernisierungstheorie fremd, deren kulturelle Orientierung ausschließlich auf Zukunft und Erneuerung ausgerichtet ist und für die es deshalb keine Bindungen an die Vergangenheit durch Traditionen, Zugehörigkeiten oder historische Verantwortung geben darf, die die Freiheit des Individuums einschränken.[85] Die Geschichtszäsur des Holocaust, die nicht unmittelbar nach dem Zweiten Weltkrieg, sondern erst mit der erheblichen Verspätung eines halben Jahrhunderts ins Menschheitsbewusstsein eingedrungen ist, steht jedoch für eine andere Erfahrung. Es ist die Einsicht in eine ‹Passionsgeschichte› von so ungeheuren Ausmaßen, dass sie nicht nur die Historiker etwas angeht, sondern auch einen bleibenden Identitätsbezug zu den Opfern, Tätern und anderweitig mit dieser Geschichte Verbundenen herstellt. Der historische Identitätsbezug hat sich inzwischen zu einer transnationalen Erinnerung ausgeweitet, die dabei auch andere Tore zur Vergangenheit aufgestoßen hat und es ermöglichte, dass bislang zum Schweigen verurteilte Gewaltgeschichten ebenfalls artikuliert wurden und Gehör finden konnten. Diese neuartige Rückwendung zu vergessenen, verdrängten oder ignorierten Gewaltgeschichten hat inzwischen auch das Selbstverständnis und soziale Gefüge vieler post-autokratischer und post-kolonialer Gesellschaften nachhaltig verändert.

PRAXISFELDER DER DEUTSCHEN ERINNERUNGSKULTUR

Ich dachte wie ein Kind: Die Vergangenheit brauche ich nicht.
Mir fiel nie ein, dass die Vergangenheit mich brauchen könnte.
Jonathan Safran Foer[1]

Vieles an der geschichts- und erinnerungskulturellen Praxis ist schal geworden, petrifiziert, inhaltsleer – und zwar exakt wegen ihrer Vergangenheitsfixierung. (…) Immer noch hält man es für eine gedenktafelrelevante Erkenntnis, wenn man dabei feststellt, dass auch an Ort X oder Y nationalsozialistische Verbrechen begangen worden sind. Das war überall in Deutschland und in den besetzten Gebieten der Fall, weshalb der Erkenntniswert des einzelnen Falles inzwischen gegen null geht. Aber die Beschilderung der Republik mit Tafeln, die an die Untaten des nationalsozialistischen Regimes erinnern, verleiht diesem auf paradoxe Weise noch Jahrzehnte danach eine historische Überhöhung ex negativo.[2]

Harald Welzer sieht in der lokalen Praxis der Markierung von Orten eine besorgniserregende «Diktatur der Vergangenheit» und Verstellung von Zukunft. Tatsächlich sind die lokalen Gedächtnisorte, die aus zivilgesellschaftlichen Initiativen hervorgegangen sind und weiter hervorgehen, die wichtigsten und zugleich auch unscheinbarsten Praxisfelder der deutschen Erinnerungskultur. In aktuellen Unbehagens-Diskursen wird diese Erinnerungskultur meistens gleichsetzt mit der Spitze der Pyramide, d. h. der offiziellen Ebene einer staatstragenden Geschichtspolitik. Es sind immer wieder die Formeln der rituellen Liturgie, die an Gedenktagen und an den zentralen Gedenkstätten wiederholt werden, die als hohl, sinnentleert und in der Sache als grundsätzlich verfehlt angesehen werden. Durch diese Reduktion des Begriffs auf die offizielle Ebene entsteht der Eindruck, als handele es sich bei der Erinnerungskultur ausschließlich um ein ‹Gedächtnistheater›, das der Staat für seine Bürger veranstaltet. Das vermittelt jedoch ein sehr einseitiges und fremdbestimmtes Bild von den Praktiken, die unter dem

Sammelbegriff ‹Erinnerungskultur› zusammengefasst werden. Um diese Verengung des Blicks aufzubrechen, müsste hier ausführlich von den Gedächtnisorten ‹von unten› und lokalen Initiativen die Rede sein. Dieses Kapitel ist leider der notwendigen Kürzung zum Opfer gefallen. Deshalb soll hier auf diese Dimension zumindest hingewiesen werden. Es ist ohnehin nicht leicht, anhand ausgewählter Beispiele den großen Anteil von persönlichen Initiativen an der Erinnerungskultur zu Bewusstsein zu bringen, die eben nicht nur ein Anliegen der offiziellen Politik, sondern gerade auch ein Projekt der Zivilgesellschaft ist. Erinnerungskultur steht, was in den meisten Diskursen keine Erwähnung findet, auch für die mittleren und unteren Etagen der Pyramide – für eine Vielzahl von inoffiziellen, informellen zivilgesellschaftlichen Aktivitäten und Initiativen, die lokal und *bottom up* in deutschen Städten und Regionen von den Bürgerinnen und Bürgern selbstbestimmt, ehrenamtlich und ohne große Medienöffentlichkeit praktiziert werden. Hier weiß die eine Stadt nicht, was in der anderen Stadt vor sich geht, weil es dazu keine überlokale Berichterstattung gibt. Durch diese Schieflage der Kommunikation ist der Eindruck entstanden, als handele es sich bei der Erinnerungskultur um Akte historisch entkernter Pietät und ein fremdbestimmtes Pflichtprogramm, das an den Interessen und Bedürfnissen und vor allem auch dem Engagement der Bevölkerung vollständig vorbeigeht.

Wer sich für dieses unscheinbare, lokale Erinnerungsengagement interessiert, findet inzwischen im Internet ein breites Angebot für einen ‹HisTourismus› zu deutschen Gedenkorten und Gedenkstätten seiner jeweils nächsten Umgebung. Manches von dem, was von oben in Gang gesetzt wurde, hatte, was ebenfalls kaum bedacht wird, einen langen Vorlauf in umstrittenen lokalen Projekten. Es gibt in Deutschland ja nicht nur das zentrale Berliner Holocaust-Mahnmal zur Erinnerung an die ermordeten Juden Europas, sondern längst auch eine reiche und sich immer noch weiter ausdifferenzierende dezentrale Gedenklandschaft, die das Diktum der Historikerin Marianne Averbuch bestätigt: «Das ganze Land ist ein Mahnmal.» Der Begriff Erinnerungskultur umfasst also weit mehr als die offiziellen Gedenkstätten und Auftritte einiger Funktionäre und Politiker: Sie ist eine vitale Stütze der Zivilgesellschaft mit unzähligen lokalen Geschichtsprojekten, in die auch jüngere Generationen einbezogen werden, die auf diese Weise der deutschen Geschichte vor ihrer Haustür begegnen. In Deutschland geht der Impuls zu diesen lokalen Initiativen unmittelbar von konkreten Orten aus, deren historische Schichten von den Bewohnern nach und nach wiederentdeckt und freigelegt wurden.

Welzer hält die Markierung historischer Orte für ebenso inhaltsleer wie die rhetorischen Floskeln. Sie sind für ihn genauso unbrauchbar und überflüssig wie die Stimmen der Zeitzeugen. Die Aussage, dass der Erkenntniswert des einzelnen Falles gegen null geht, lässt sich geradezu umdrehen. Das Gegenteil ist richtig: Der Erkenntniswert der abstrakten Wahrheit des Holocaust als allgemeiner Formel geht gegen null, während die lokalen Geschichten, die mit der Aufdeckung historischer Schichten zutage treten, für die Anwohner ausgesprochen konkret, anschaulich und räumlich beziehungsvoll sind. Diejenigen, die diese Geschichten rekonstruieren und weitererzählen, tun dies als Nachkommen einer Gewaltgeschichte, an der sie empathisch teilhaben und aus deren Komplizität durch Indifferenz und Vergessen sie sich durch kritische Aufklärung befreien.

4. Die Erinnerung an zwei deutsche Diktaturen

Die Erinnerung an die DDR – ein deutscher Sonderweg?

Es gibt Ereignisse in der Vergangenheit jeder Nation, die nicht einfach vorbei und nur noch von historischem Interesse sind. Das sind solche, die aufgrund ihrer herausragenden positiven oder negativen Bedeutung für das nationale Selbstverständnis und Selbstbild über Generationen hinweg Gegenstand gesellschaftlicher Auseinandersetzung bleiben und einen Platz im nationalen Gedächtnis beanspruchen. Ein wichtiger Grund für die anhaltende Bedeutung historischer Epochen im deutschen Kommunikations- und Erinnerungshaushalt ist ihr Gewaltcharakter, mit dem Unrechtsstaaten ihre eigene Bevölkerung sowie andere Staaten und Minderheiten terrorisiert haben. Die Erinnerung ist in diesem Falle ein Zeichen dafür, dass diese Geschichte noch Ansprüche an die Gegenwart stellt und einer nachträglichen Bewertung und Bearbeitung harrt. Denn nach Überwindung eines Unrechtsstaats kann eine wahrhafte Demokratie nur dann entstehen und gefestigt werden, wenn die Täter identifiziert sind, das Leid der Opfer anerkannt wird und die entsprechenden Lehren und Konsequenzen aus dieser Erfahrung gezogen werden.

Von den 27 Mitgliedstaaten der EU haben 17 Erfahrungen mit Diktaturen gemacht, Deutschland gleich zweimal. Das erklärt vielleicht, warum die Erinnerung an das SED-Regime, wie sie im wiedervereinigten Deutschland in den 1990er Jahren aufgebaut wurde, aus dem Rahmen des europäischen Musters herausfällt. Nach dem Zusammenbruch des Sowjetblocks waren viele ehemalige Ostblockstaaten in derselben Situation, diese Diktatur-Erfahrung im Rahmen eines neuen Geschichtsverständnisses zu bearbeiten. Die anderen Staaten des Ostblocks wählten übereinstimmend ein Opfer-Narrativ für die Verarbeitung dieser Vergangenheit. Die Nation als Ganze sieht sich dabei in der Rolle des passiven Opfers einer repressiven bis traumatischen Besatzungsmacht, eine Deutung, die die offizielle Propaganda von der internationalen Völkerverbundenheit im kommunistischen Geiste abrupt durch ihr Gegenteil ersetzte. Diese Geschichte des Leidenswegs eines ganzen Volkes wird heute in den Ausstellungen der historischen Museen in Budapest, Riga, Tallinn oder Vilnius sinnfällig zur Schau gestellt und bestimmt das Geschichtsbild nachwachsender Generationen.

Deutschland schert auf spezifische Weise aus diesem osteuropäischen Mainstream aus. Unser Land unterscheidet sich grundlegend in der Art und Weise, wie die Erfahrung des Kalten Krieges und der kommunistischen Diktatur verarbeitet wird. Anders als die anderen Nationen machte die DDR nach 1989 eine doppelte Identitäts-Wende durch: im *Ausgang* aus der Sowjetunion und im *Eingang* in das wiedervereinigte Deutschland. Innerhalb der gesamtdeutschen Erinnerung der neuen Bundesrepublik wird die historische Phase von 40 Jahren DDR-Geschichte im Muster der ‹zweiten Diktatur› verarbeitet. Deutschland versteht sich damit als das Land, das gleich zweimal schuldig geworden ist, weil es den beiden großen ideologischen Versuchungen des

20. Jahrhunderts, dem Faschismus und dem Kommunismus, nicht widerstanden hat. Die Deutschen, so die Geschichtsverarbeitung im heutigen Selbstbild der Nation, haben sich für extreme Ideologien als besonders anfällig erwiesen und in vollem Umfang selbst die Verantwortung für die damit verbundene Gewalt und Repression zu tragen. Während wir bei den anderen osteuropäischen Nationen eine kollektive Identifikation mit den Opfern dieser Regime feststellen können, ist das deutsche Narrativ von der ‹DDR als Unrechtsstaat› durch eine ‹Identifikation mit den Tätern› gekennzeichnet – im Sinne der Übernahme einer historischen Verantwortung für Kollaboration und Repressalien.

Auch diese beiden Positionen der historischen Verarbeitung der totalitären Vergangenheit können wir mit M. Rainer Lepsius auf die Begriffe der ‹Externalisierung› und ‹Internalisierung› bringen.[1] Wer sich ausschließlich als *Opfer* von Gewalt identifiziert, weist eine Mitschuld an den historischen Verbrechen durch ‹Externalisierung› von Schuld und Verantwortung kategorisch von sich ab; im anderen Fall wird das Böse ‹internalisiert›, indem man eine eigene Mitschuld anerkennt und selbst Verantwortung für diese Verbrechen übernimmt. Lepsius hat diese beiden Begriffe ursprünglich für die unterschiedliche Geschichtsverarbeitung des NS-Regimes in den beiden deutschen Teilstaaten geprägt. Er bezog sich einerseits auf die DDR, die sich sicher auf der Seite der Opfer und Widerstandskämpfer des Faschismus wusste und damit diese Phase der deutschen Geschichte ‹externalisierte›, und andererseits auf die BRD, die als Nachfolgestaat die Schuld und Verantwortung für die Menschheitsverbrechen der NS-Diktatur in ihr Selbstbild aufnahm, sie also ‹internalisierte› und damit entsprechende politische Konsequenzen aus der ‹Aneignung› dieser Geschichte zog.

So, wie die BRD nach 1949 die Geschichte des Nationalsozialismus internalisierte, internalisierte nach 1989 die wiedervereinigte Nation die Geschichte der DDR. Die deutsche Verarbeitung der DDR-Geschichte als ‹zweite Diktatur› entspricht damit einem psychohistorischen Grundmuster. Man erlebt das Neue im Lichte dessen, was man bereits erlebt hat, und man beurteilt es in bewusstem oder unbewusstem Rekurs auf bereits etablierte

Deutungsschemata. In Deutschland deutet man die zweite Diktatur vor dem Hintergrund der ersten, empfindet sie zugleich aber auch als einen problematischen Konkurrenten der ersten. Wenn wir über die DDR reden, sind oft (ausgesprochen oder unausgesprochen) gewisse Vorannahmen über die NS-Zeit mit im Spiel. Obwohl diese historischen Epochen in der Geschichte klar genug getrennt sind und ganz entscheidende Unterschiede aufweisen, rutschen sie im nationalen Gedächtnis immer wieder zusammen, wo das eine Ereignis als Schatten, Schema und vor allem: Konkurrent des anderen wahrgenommen wird.

Die Rede von den beiden deutschen Diktaturen

Die Unterschiede zwischen den beiden deutschen Diktaturen sind offensichtlich durch die nach außen und innen gerichtete mörderische Gewalt, die der NS-Staat gegen seine Nachbarstaaten und ‹rassischen› Minderheiten, allen voran das europäische Judentum, entfesselt hat. Auch strukturell ist der Unterschied unübersehbar. Von der NS-Diktatur, die die Deutschen selbst gewählt haben, haben sie sich nicht selbst befreien können. Nur mit Hilfe der Alliierten war in Ost und West ein Neubeginn möglich. Die DDR war im Gegensatz dazu eine aufgezwungene Diktatur, die das Volk nicht gewählt, von der es sich aber selbst befreit hat.

Dennoch gab es in den letzten 20 Jahren wiederholt Anlässe, die zeigten, dass NS-Diktatur und SED-Diktatur im Gedächtnis der Deutschen miteinander kollidieren. Einer davon war die Diskussion über die Speziallager für Kriegsgefangene und politische Häftlinge, die von 1945 bis 1950 auf Teilen der ehemaligen Konzentrationslager Buchenwald und Sachsenhausen von der sowjetischen Geheimpolizei errichtet und betrieben worden waren. Die heterogenen Erinnerungen an diese beiden Phasen machten den Ort zu einem komplex geschichteten und umstrittenen Gedenkort.[2] «Den doppelten Schmerz aushalten» lautete eine Überschrift über den Skandal, den im Jahre 2006 eine Gedenkrede des brandenburgischen Innenministers Jörg Schönbohm zum Auschwitz-Befreiungstag in Buchenwald auslöste, als er bei diesem Anlass auch an die politischen Häftlinge an diesem Ort *nach* dem Kriege erinnerte.[3]

So eindeutig die Unterschiede der beiden deutschen Diktaturen in historischer Perspektive sind, so schwierig ist es offensichtlich, sie im Gedächtnis angemessen zu sortieren und zu repräsentieren. Das zeigte sich noch einmal an geschichtspolitischen Diskussionen im Vorfeld des 20-jährigen Jubiläums des Mauerfalls. Ende 2008 hatte die Bundesregierung unter Kulturstaatsminister Bernd Neumann einen Entwurf zur ‹Fortschreibung der Gedenkstättenkonzeption› vorgelegt. Die Kritiker erkannten darin allerdings keine Fortschreibung, sondern eine Abweichung vom rot-grünen Gedenkstätten-Konzept und eine inhaltliche Verschiebung zugunsten der ‹zweiten Diktatur›. Die Rede von den «beiden totalitären Systemen in Deutschland» wurde damals von Salomon Korn mit dem Hinweis kritisiert, man versuche, «das SED-Unrecht möglichst nah an das des Nationalsozialismus heranzurücken».[4] Auch die Abgeordnete der Grünen, Katrin Göring-Eckardt, monierte in ihrem Diskussionspapier ‹Kritisch Erinnern – Grüne Positionen zur Aufarbeitung der Vergangenheit› eine problematische Schwerpunktverlagerung von der NS-Diktatur auf die SED-Diktatur und damit eine «nivellierende Rede von den ‹beiden deutschen Diktaturen›».[5] Sie wehrte sich gegen einen erinnerungskulturellen Paradigmenwechsel, bei dem die Verstärkung der DDR-Aufarbeitung mit einer Rückstufung des NS-Gedenkens verbunden werde. (Dieser Eindruck entstand nicht zuletzt dadurch, dass Neumanns Entwurf auf siebeneinhalb Seiten auf die DDR-Aufarbeitung einging, während nur zwei Seiten dem NS-Gedenken gewidmet waren.) Göring-Eckardt kritisierte, dass hier «die Weichen falsch gestellt» würden, und formulierte ihrerseits zehn Grundsätze für ein kritisches Geschichtsbewusstsein, die eine klare Grenze zwischen den beiden Erinnerungen wiederherstellten.

Es war der Historiker Bernd Faulenbach, der eine ähnliche Konkurrenz-Diskussion um die beiden deutschen Diktaturen in den beiden Enquête-Kommissionen beendete, die in den 1990er Jahren vom deutschen Bundestag mit der Aufarbeitung der SED-Diktatur beauftragt worden waren. Auch in diesen Kommissionen kam es wiederholt zu Dissens und Konfrontationen bei der historischen Einordnung und Bewertung der beiden deutschen Diktaturen im wiedervereinigten Deutschland. Wie sollte man mit den Ähnlichkeiten und Unähnlichkeiten umgehen? Bereits der Vergleich war ja tabuisiert, weil man fürchtete, dass sich die zweite Diktatur als Erinnerungsschicht über die erste legen und diese zur Geschichte machen würde. Faulenbach erfand eine diplomatische Formel, die es ermöglichte, beiden Diktaturen im Geschichts- und Selbstbild der Nation einen Platz zuzuweisen und auf dieser Basis die Arbeit in der Kommission fortzusetzen. Seine Formel besteht aus zwei kurzen Sätzen. Sie lauten:

1. Die Erinnerung an den Stalinismus darf die Erinnerung an den Holocaust nicht *relativieren.*
2. Die Erinnerung an den Holocaust darf die Erinnerung an den Stalinismus nicht *trivialisieren.*[6]

Vergangenheitsbewahrung und Vergangenheitsbewältigung

Im Streit um die Gewichtung und Deutung der NS-Diktatur und der SED-Diktatur sind einige Gemeinsamkeiten und wichtige Unterschiede in Erinnerung zu rufen. Die Parallelen betreffen einen «anti-totalitären Grundkonsens» und schließen das Wissen sowohl über die Zwangsmechanismen in einem Unrechtsstaat wie über die Bereitschaft der Bevölkerung ein, ihren Individualismus zurückzustellen, kollektivistische Identitätsangebote zu übernehmen und sich autoritären Strukturen unterzuordnen.[7] Gewichtiger sind allerdings die Unterschiede: Die DDR hat kein Pendant zum Holocaust, der in der NS-Diktatur verwurzelt war und zugleich weit über sie hinausgriff. Die Planung und Durchführung dieses historisch einmaligen Genozids stellt auch die Erinnerung vor eine neuartige Herausforderung. Der Erinnerung an die DDR fehlt dieses ‹Alleinstellungsmerkmal›. Sie ist vielmehr Teil einer gemeinsamen europäischen Erinnerung der ehemaligen Ostblockstaaten, die freilich auch starke nationale Unterschiede aufweist. Hinzu kommt, dass sich die überlebenden Opfer des Holocaust und ihre Angehörigen weitgehend außerhalb Deutschlands befinden und überall auf der Welt zerstreut sind. Das gibt dieser Erinnerung eine globale Dimension. Die überlebenden Opfer des SED-Regimes dagegen befinden sich weitgehend innerhalb des eigenen Landes. Das gibt dieser Erinnerung eher den Charakter einer internen Auseinandersetzung; hier sitzen Deutsche über Deutsche zu Gericht, hier sind ehemalige Opfer und Täter in einer Gesellschaft zu integrieren. Nach 1945 hatten sich die Deutschen, die die Folgen des Vernichtungskriegs zu spüren bekamen, zunächst weitgehend selbst als Opfer identifiziert, bevor sie – Jahrzehnte später – damit begannen, auch Empathie mit den Opfern des NS-Regimes aufzubringen. Nach 1989 haben sich die ehemaligen DDR-Bürger sowohl als Nutznießer (Nostalgie) wie als Opfer des SED-Regimes gefühlt; eine tiefergehende Identifikation mit den Opfern dieses Regimes seitens der bundesdeutschen Gesellschaft steht dagegen immer noch aus.

Der anhaltende Streit um die nivellierende Rede von den ‹beiden Diktaturen› kann auch dadurch beendet werden, dass wir uns klar machen, dass im wiedervereinigten Deutschland zwei unterschiedliche Erinnerungsformen für die beiden deutschen Diktaturen entwickelt worden sind. Ich nenne sie ‹Vergangenheitsbewahrung› und ‹Vergangenheitsbewältigung›. Die für den Nationalsozialismus und den Holocaust entwickelte Form der Erinnerung ist die *Vergangenheitsbewahrung*. Sie ist eine unmittelbare Antwort auf das präzedenzlose Verbrechen und beruht auf Prämissen, die ich prägnant mit Zitaten aus Katrin Göring-Eckardts ‹Zehn Grundsätzen› beschreiben kann:

> Die Aufarbeitung der Shoah ist unabschließbar und nie vollendet. Die Verbrechen des Nationalsozialismus prägen die deutsche Identität und bedeuten eine Verantwortung, die niemals ‹loszuwerden› ist. Sie werden und sollen immer in die deutsche Gegenwart hineinragen. Sie sind ‹das Unverjährbare› in dem Sinne, dass Deutschland dauerhaft die Verantwortung trägt, den ‹Staffelstab der Erinnerung› an nachfolgende Generationen weiterzugeben.[8]

Im Gegensatz dazu beruht die für die DDR entwickelte Erinnerungskultur auf dem Prinzip der *Vergangenheitsbewältigung*. Diese Erinnerungspolitik folgt ebenfalls historisch neuartigen Prämissen, die aber erst in den 1980er Jahren erfunden wurden und heute überall auf der Welt umgesetzt werden, wo sich ehemalige Unrechtsregime in Demokratien verwandeln. Dabei unterziehen sich diese Staaten einem tiefgreifenden Wandel ihrer Konstitution, ihrer Institutionen, ihrer Werte und – nicht zuletzt – ihres Geschichtsbilds. Begleitet werden solche politischen ‹Transitionsprozesse› von Wahrheitskommissionen, in denen Historiker die Fakten einer verdrängten Gewaltgeschichte aufarbeiten und der Gesellschaft genau das in Erinnerung rufen, was sie gerade am liebsten vergessen würde. Die grundlegende Überzeugung ist dabei die, dass erst die Konfrontation mit den Verbrechen der Vergangenheit und die Anerkennung der Opfer eine rechtsstaatliche Grundlage und die Voraussetzung für eine neue soziale Integration schaffen können. Dabei geht es nicht um die dauerhafte und unabschließbare Memorialisierung einer ‹normativen› Vergangenheit, die zu einem festen Bestandteil der politischen und kulturellen Identität werden soll, sondern um die Bewältigung einer Gewaltgeschichte mit dem Ziel der Eröffnung einer gemeinsamen Zukunft.

Mit Blick auf die Unterscheidung zwischen Vergangenheitsbewahrung und Vergangenheitsbewältigung erscheint mir ein Hinweis auf die Sprachregelung innerhalb dieser Erinnerungsrahmen angebracht. Der religiöse Begriff der ‹Erlösung›, der durch die Rede Richard von Weizsäckers in den politischen Diskurs geraten ist, hat – darin ist Ulrike Jureit unbedingt Recht zu geben – grundsätzlich keinen Ort im Vokabular der Erinnerungskultur, ruft er doch eine göttliche Instanz auf, die in diesem säkularen Sprachraum keine Referenz hat. Im Kontext der Holocaust-Erinnerung ist deshalb das Wort ‹Erlösung› durch ‹gemeinsame bzw. empathische Erinnerung› zu ersetzen, wohl wissend, dass die Erinnerung auf Seiten der Nachkommen der Täter und der Opfer eine ganz andere Gestalt annimmt. Im Kontext der Erinnerung an die DDR sollte man das Wort ‹Versöhnung› besser durch das Wort ‹Vertrauen› ersetzen. Dieser Vorschlag der Spracherneuerung geht nicht nur in die Richtung einer Entchristlichung des politischen Vokabulars, sondern auch in Richtung einer Dämpfung der hochgeschraubten Erwartungen im säkularen Rahmen solch rituellen Sprechens.

Lübbes ‹Kommunikatives Beschweigen› war das genaue Gegenteil eines solchen Transitionsprozesses, wie er mit der Öffnung der Archive und der Identifizierung von Tätern verbunden war. Die vom Bundestag eingesetzte Enquête-Kommission zur Aufarbeitung der SED-Diktatur war eine Form der ‹Wahrheitskommission›, von denen heute weltweit mehr als 30 im Einsatz sind. Diese hat das Ziel, die Täter zur Verantwortung zu ziehen, sowie die Opfer anzuerkennen und ihnen eine Stimme zu geben. Der Wandel von der Diktatur zur Demokratie führt in heutiger Sicht also gerade nicht über das gemeinsame Vergessen, sondern durch das Nadelöhr einer gemeinsamen Erinnerung an Schuld und Leid, die zugleich die Perspektive auf eine gemeinsame Zukunft eröffnet. Auf dieser Grundlage soll sich die Integration der Gesellschaft vollziehen und der Weg in eine neue gemeinsame Zukunft öffnen.

Auf diesen Transitionsprozess, der niemals vollständig, sondern immer mehr oder weniger durchgreifend gelingt, gibt es unterschiedliche Perspektiven. Ein positives Urteil hat Eckard Jesse formuliert, der die kritische Aufarbeitung der DDR rühmte und feststellte, dass sie in diesem Punkt aus dem europäischen Muster ausgeschert:

> Andere osteuropäische Demokratien haben solche Enquête-Kommissionen nicht zuwege gebracht. Mit der viel gescholtenen Vergangenheitsbewältigung ist es in Deutschland eben nicht so schlecht bestellt, wie mitunter gemutmaßt. Und die Materialien belegen nachdrücklich: Hier rechnet nicht ‹der Westen› mit ‹dem Osten› ab. Wer dies behauptet, strickt an einer Legende.[9]

Die Meinung der damaligen PDS (heute Die Linke) klang allerdings ganz anders:

> Von der Mehrheit der Enquête-Kommission des Bundestags wird ein ebenso anachronistischer wie militanter Antikommunismus fortgeschrieben, dessen Vorurteile, Klischees und antiliberale Folgerungen weder historisch gerechte Urteile noch gegenseitiges Verstehen fördern. Mit der pauschalen These vom ‹Unrechtsstaat DDR›, mit der Verabsolutierung von Diktatorischem und Verbrechen in der Geschichte der DDR und vor allem mit der inzwischen verbreiteten, vorsätzlichen oder fahrlässigen Gleichsetzung von DDR und NS-Regime werden Mauern neu errichtet und Geschichte gefälscht. Die Kommission unterstützte die mit der Kriminalisierung des vergangenen ostdeutschen Staates einhergehende extensive politische Verfolgung, darunter die Verlängerung von Verjährungsfristen und Verstöße gegen das Rückwirkungsverbot. Erneut gab sie Vorwände zur

> beruflichen Diskriminierung und Deklassierung großer Personengruppen. Gleichzeitig wurde wiederum versäumt, nunmehr endlich auch die Opfer politischer Verfolgung in der Bundesrepublik zu rehabilitieren und notwendige Wiedergutmachung zu leisten.[10]

Während einerseits die «fahrlässige Gleichsetzung von DDR und NS Regime» beklagt wird, wird andererseits die Vergangenheitsbewältigung der DDR mit der Vergangenheitsbewältigung der NS-Zeit politisch verknüpft. Dabei kontert man reflexartig auf die strafrechtliche Verfolgung der SED-Funktionäre mit dem Vorwurf der mangelhaften Aufarbeitung des Nationalsozialismus. In diesem Lichte erscheint es plausibel, dass Die Linke für die Wahl des Bundespräsidenten im März 2012 Beate Klarsfeld als Gegenkandidatin für Joachim Gauck aufgestellt hat.

Die Erinnerung an die Opfer der DDR

Die Formung der DDR-Erinnerung im Gedächtnis der Deutschen gestaltet sich äußerst kontrovers und steckt auch nach mehr als zwei Jahrzehnten noch in den Anfängen. Ganz im Gegensatz zum Wendejahr 1989, das von Anfang an als erste erfolgreiche demokratische Revolution in der deutschen Geschichte gefeiert wurde und deshalb auch gern mit dem Jahr der bürgerlichen Revolution 1848 verbunden wird. 1989 ist für die Deutschen, die sich 1945 nicht selbst vom Nationalsozialismus befreien wollten oder konnten, ein wichtiges Datum geworden. Neben die negative Erinnerung an das Trauma von 1945 tritt die positive Erinnerung des historischen Triumphs von 1989.

So einig man sich über dieses euphorische europäische Wende-Ereignis und seine Bewertung ist, so unklar bleibt vorerst noch, wie die 40-jährige Geschichte der DDR im gesamtdeutschen Gedächtnis zu bewerten und zu verankern ist. Diese Erinnerung kam erst allmählich in Gang und ist noch immer in der Entwicklung begriffen. Die Orte, an denen der Grund für diese Erinnerung gelegt wurde, sind die Gedenkstätten, die die Topographie des Staatsterrors der DDR dokumentieren. Das Ministerium für Staatssicherheit war als Geheimdienst und Geheimpolizei unmittelbar nach Gründung der DDR 1949 gebildet worden. Es war somit ein essentieller Teil des Regimes, das durch Terror seine Macht zementierte, indem es die eigene Bevölkerung unter einen Dauerverdacht stellte, kriminalisierte, überwachte, ohne Gerichtsverfahren einsperrte und folterte. Dieses flächendeckende Misstrauen des Staates gegenüber seinen Bürgern war eine unmittelbare Folge des Legitimationsdefizits einer Macht, die nur durch Gewalt von oben in Form von Bespitzelung und Denunziation erhalten werden konnte.

Das ehemalige Gefängnis der Staatssicherheit in Hohenschönhausen oder die Gedenkstätte Moritzplatz in Magdeburg sind Orte der Erinnerung geworden, die zugleich Horte von Dokumenten und Beweismaterialien sind. Es war die große Leistung des Bürgerkomitees zur Kontrolle und Beendigung der Aktivitäten der Stasi, die in Magdeburg die drohende Vernichtung dieses Akten- und Beweismaterials zu verhindern wusste. Denn genau das geschieht an den Umbruchstellen von politischen Systemwechseln: Das zusammenbrechende Gewaltregime macht sich umgehend an die Spurenvernichtung, um eine Aufarbeitung dieser Geschichte zu verhindern. Ein Beispiel dafür ist Südafrika, wo die scheidende Apartheid-Regierung vor ihrem Sturz noch Tonnen von Aktenmaterial vernichtet hat, weshalb es dann die Stimmen der Opfer waren, die mündlich Zeugnis ablegten von der ihnen zugefügten Gewalt. Auch in Ägypten ist das Innenministerium, wo die belastenden Materialien des Staates aufbewahrt wurden, nach dem Sturz der Regierung im Frühjahr 2011 (gewiss nicht von Demonstranten) in Brand gesteckt worden. In Magdeburg ist der Moment der Wende – der Transition – gleichzusetzen mit diesem Akt der Veröffentlichung der geheimen Stasiunterlagen. Bereits im Jahre 1990 konnten sich 23 000 Besucher sechs Wochen lang im Rahmen einer Ausstellung an diesem Ort über die Behandlung und Schicksale der politischen Häftlinge informieren. Aus solchen im Wortsinne revolutionären Akten sind viele Gedenkstätten von unten entstanden, in denen Opfer des SED-Regimes energisch dafür sorgten, dass die Orte ihrer Pein nicht in Unscheinbarkeit und Vergessen versanken.

Bei der Etablierung von Denkmälern und Gedenkstätten der DDR kam es zu gewissen Asymmetrien. Positive Erinnerungsorte gewannen große Sichtbarkeit und wurden touristisch produktiv vermarktet, während die Orte des Terrors – mit Ausnahme der zentralen Untersuchungshaftanstalt des Ministeriums für Staatssicherheit in Berlin-Hohenschönhausen – verblassten. Für diese Topographie des DDR-Terrors gibt es kein nationales Konzept; es obliegt den Opfern selbst, diese Orte in die allgemeine Erinnerung zurückzuholen. Was in Magdeburg mit der Einrichtung der Gedenkstätte Moritzplatz exemplarisch gelungen ist – ein Ort, der umgehend nach der Wende erhalten wurde und als Gedenkstätte für Begleitung und Unterstützung der ehemaligen Häftlinge sowie für Bildungsarbeit, Forschung und als Archiv genutzt wird –, ist in anderen Städten weiterhin umkämpft und Gegenstand zäher Auseinandersetzungen mit den Behörden vor Ort. Leipzig erhielt mit der Nikolaisäule, dem Denkmal für den 9. Oktober 1989, und dem Bundesmuseum ‹Zeitgeschichtliches Forum› zwei weithin sichtbare Erinnerungsorte, die zunächst das von einem Bürgerkomitee getragene Stasi-Museum in der ‹Runden Ecke› in den Schatten zu stellen drohten. Inzwischen wird die Arbeit dieses Komitees durch Mittel des Bundes, des Landes und der Stadt mit unterstützt. Dass das ehemalige Erfurter Stasi-Gefängnis erhalten und nun zu einem Denk- und Lernort ausgebaut werden soll, ist ebenfalls nur der Beharrlichkeit der dort ehemals Inhaftierten zu verdanken. Am Neujahrstag 2010 besetzten einige von ihnen freiwillig ihre ehemalige Zelle, um sich ein Mitspracherecht an der Gestaltung dieses Ortes zu erstreiten.[11] Diese authentischen Orte der Topographie des DDR-Terrors, die im Gesamtbild der DDR-Erinnerung zu verblassen drohen, sind deshalb so wichtig, weil hier die Verfolgten des Regimes im Mittelpunkt stehen und Gehör für ihre Geschichten und Anerkennung für das erlittene Unrecht finden können.

Diese Gedenkstätten verwandeln das kommunikative Gedächtnis der Zeitzeugen in ein langfristiges kulturelles Gedächtnis, das die heutigen und zukünftigen Bewohner dieses Landes über ihre eigene Geschichte aufklärt. Sie haben im Wandlungsprozess des Systemwechsels unterschiedliche Funktionen. Die erste ist die Sicherung historischer Evidenz von Verbrechen, die zweite ist die Anerkennung der Opfer und die dritte ist der Aufbau einer überregionalen Erinnerungskultur. Überall, wo heute ehemalige Diktaturen in Demokratien verwandelt werden, steht am Beginn dieses Prozesses die Veröffentlichung geheimer Archivmaterialien, die die Mechanismen des Staatsterrors bloßlegen und zur Strafverfolgung der Täter und zur Anerkennung und Entschädigung der Opfer führen. Bereits in den Kategorien ‹Täter› und ‹Opfer›, die mit dem Umsturz gebildet werden, manifestiert sich ein radikaler Wertewandel. Da die rechtliche Aburteilung sich aber nie flächendeckend auf die ganze Gesellschaft erstrecken kann, sondern immer nur Einzelne trifft, die das Unrechtsregime symbolisch repräsentieren, bedarf es für den gesellschaftlichen Wandel weiterer flankierender Maßnahmen. Dazu gehört das Recht der Opfer auf gesellschaftliche Anerkennung, Information und Beratung. Die Gedenkstätten haben die wichtige Aufgabe, Zeitzeugenberichte festzuhalten und ein Archiv dieser Bevölkerungsgruppe aufzubauen. Die Akten allein können diese historische Erfahrung nicht spiegeln, sie müssen durch andere Dokumente ergänzt werden. Deshalb spielen hier Ausstellungen, Vortragsreihen und öffentliche Diskussionsforen eine wichtige Rolle, denn sie holen die Verfolgung der DDR-Opfer aus ihrer Privatheit heraus, stellen sie in neue Kontexte und legen sie damit der Gesellschaft als Stoff zur Wahrnehmung und Auseinandersetzung vor. Hier sind auch die Medien Literatur und Film zu nennen, die die Innensichten der Verfolgten darstellen und damit das Wissen der Historiker um die wichtige Dimension der Erfahrungsperspektive ergänzen. All das kann zu einer Verbreiterung dieser Geschichtserfahrung im allgemeinen gesellschaftlichen Bewusstsein beitragen und dazu führen, dass die DDR-Diktatur aus dem Erfahrungsgedächtnis übernommen und Teil des nationalen Gedächtnisses wird.

Die Europäisierung der DDR-Erinnerung

Die DDR-Geschichte wird im nationalen Gedächtnis als eine Diktatur abgespeichert, wobei mit Blick auf die Institutionen die Täterperspektive weitgehend anonym bleibt und die Opferperspektive privatisiert wird. Keine Frage, dass einige Opfer öffentliche Anerkennung gefunden und an Bedeutung gewonnen haben. Das gilt insbesondere für die prominenten Mauer-Opfer. Aber es bleibt eine Crux, wie man die flächendeckende Breite und Alltäglichkeit des Staatsterrors anschaulich machen und in eine historische Erinnerung überführen kann. Es gibt in Bezug auf diese Opfer nach wie vor einen Mainstream bundesdeutscher Indifferenz. Dabei war es eben diese Opfergruppe, die auf die eine oder andere Weise Widerstand geleistet und damit jenen Prozess begonnen hat, der schließlich mit den Demonstrationen und Befreiungsbewegungen zum historischen Erfolg der friedlichen Revolution geführt hat. Unter der Überschrift «Erst Unrecht, dann Undank» meinte der Historiker Wolfgang Schuller: «Zu diesen Widerständigen gehören auch die politischen Häftlinge, auch und gerade dann, wenn die Taten, derentwegen sie verurteilt wurden, von ihnen gar nicht begangen oder in zivilisierten Staaten nicht strafwürdig sind.» Die Tatsache, dass das Wesen der Staatsform der DDR «in Repression bestand, macht die Verurteilen auch dann zu Widerständigen, wenn sie selbst Widerstand gar nicht beabsichtigten».[12]

Es ist obendrein an der Zeit, dass die Erinnerung der kommunistischen Opfer, die in Deutschland weitgehend fragmentiert und privatisiert ist, auch einen europäischen Stellenwert erhält. Die nationale Erinnerung an die SED-Opfer ist einzubetten in eine gesamteuropäische Erinnerung. Dieser millionenfachen Erfahrung, die über Jahrzehnte des 20. Jahrhunderts und auch noch lange nach dem Zweiten Weltkrieg die Menschen terrorisiert und traumatisiert hat, gebührt ein Platz im europäischen Gedächtnis neben der Holocaust-Erinnerung. Es geht keineswegs um eine Gleichstellung dieser Erfahrungen, und entsprechend unterschiedlich fallen ja auch die Formen dieser Erinnerung aus, wie ich anhand der Stichworte ‹Vergangenheitsbewahrung› und ‹Vergangenheitsbewältigung› betont habe. Zwischen der Erfahrung von Staatsterror und Genozid besteht eine eklatante erinnerungspolitische Asymmetrie. Im Gegensatz zum Holocaust ist das Trauma des Stalinismus und Kommunismus zu keiner transnationalen Erinnerung geworden, weil sie noch immer von Trennungen und Konkurrenzen durchzogen ist. Teilweise ist sie (wie in vielen ehemaligen Ostblockstaaten) als nationale Opfer-Erinnerung symbolisch besetzt worden, teilweise steht sie (wie in Deutschland) im Schatten einer nationalen Tätererinnerung, und teilweise ist sie (wie in Russland) eine inoffizielle Familien-Erinnerung geblieben. Eine gesamteuropäische Erinnerung an diese transnationale europäische Erfahrung des Kommunismus dagegen könnte eine andere Dimension der traumatischen Gewaltgeschichte des 20. Jahrhunderts aufzeigen und sie zum Gegenstand der selbstreflexiven Prävention machen. Antisemitismus und Rassismus sind eine europäische Gefahr, gegen die die Holocaust-Erinnerung als Immunisierungsstrategie aufgeboten wird. Wir können aber ebenso wenig sicher sein, dass die Verführungen des linken Totalitarismus passé sind. Die Erinnerung an die Gewaltgeschichte des Kommunismus muss dabei vom Feindbild-Stereotyp aus Zeiten des Kalten Krieges gelöst und auf die Grundlage der konkreten Erfahrungsgeschichte ihrer Opfer gestellt werden. Eine Erinnerungskultur, die die stalinistische/kommunistische Opfererfahrung mit der Holocaust-Erinnerung verbindet, könnte das europäische Credo für Menschenrechte stärken und die Europäer vor Rückfällen in Gewaltverherrlichung und autokratische Strukturen schützen.

5. Erinnern in der Migrationsgesellschaft

Die Integration von Einwanderern in die Gesellschaft hat unmittelbare Folgen für die Erinnerungskultur. Manche sehen die Existenz einer nationalen Erinnerungskultur als Integrationsblockade und Hemmnis auf dem Weg in eine kosmopolitische multikulturelle Einwanderungsgesellschaft. Sie plädieren für eine postnationale Identität oder sprechen von «postsouveränen Gesellschaften», die sich «nicht mehr als homogene Erinnerungsgemeinschaften mit gemeinsamer Sprache und gemeinsamer Geschichte» konstituieren. Diese Gesellschaften stünden heute «vor der Herausforderung, angesichts enormer Komplexitäts- und Pluralitätssteigerungen nach neuen Integrations- und Gemeinschaftsformen zu suchen, die bei maximaler Freiheitsgarantie noch so viel Bindung wie nötig zu erzeugen vermögen».[1] Diese Analyse läuft auf die These hinaus, dass unter der Bedingung der Globalisierungs-Dynamik ein minimalistischer Gesellschaftsvertrag praktikabler ist als ein nationales Narrativ, in dem sich die Immigranten ohnedies nicht wiederfinden können. Die

Festschreibung eines normativen Vergangenheitsentwurfs wie der Holocaust-Erinnerung erscheint in einer solchen Welt deshalb als obsolet und dysfunktional.

Die Zukunft wird zeigen, ob sich in Zeiten von Globalisierung, Kulturtransfer und Migration die deutsche Erinnerungskultur als ein Fortschrittshindernis erweisen wird, von dem sich die deutsche Gesellschaft wieder zu lösen hat. Mit Sicherheit gilt aber, dass sich die deutsche Erinnerungskultur unter diesen Bedingungen verändert. Aus der Perspektive der Politiker gesehen, steht die Holocaust-Erinnerung in Deutschland jedenfalls noch nicht vor dem Aus, sondern ist vorerst noch Gegenstand zuversichtlicher Zukunftsprognosen. Als die nordrhein-westfälische Ministerpräsidentin Hannelore Kraft Anfang März 2011 auf einer Israel-Reise zum Thema ‹Zukunft der Erinnerung› von Journalisten befragt wurde, gab sie dazu folgende Erklärung ab:

> Ich gehöre der Generation an, die lange nach dem Kriegsende aufgewachsen ist und mit dem Nazi-System nichts mehr zu tun hatte. Trotzdem bleibt die Verpflichtung, die besonderen Beziehungen zu Israel zu pflegen. Das wird auch die jetzige junge Generation tun, selbst wenn sie Serap und Murat mit Vornamen heißt.[2]

Was Hannelore Kraft hier in die Form eines Versprechens gebracht hat, nämlich die Frage nach der Involvierung junger Migrantengenerationen in die deutsche Erinnerungskultur, ist inzwischen Thema eines eigenen Diskurses geworden. Involvierung kann dabei zweierlei heißen: Wie kann man zum einen diese neue Bevölkerungsgruppe, die in Deutschland aufwächst und hier sozialisiert wird, in die Holocaust-Erinnerung einbinden? Und wie muss sich zum anderen diese Erinnerung verändern, um neue Zugänge zu ihr zu öffnen? Mit anderen Worten: Wie wird sich die Erinnerung an den Holocaust mit der Verwandlung Deutschlands in eine Einwanderungsgesellschaft verändern? Bevor wir auf diese aktuelle Frage zurückkommen, sollen hier zunächst einige allgemeinere Voraussetzungen zum Thema Erinnerung und Migration angesprochen werden.

Negative Erinnerung als Bürgerrecht?

Lange Zeit war man in einem traditionellen Einwanderungsland wie den USA davon ausgegangen, dass Vergessen die beste Grundlage für eine erfolgreiche Immigrationspolitik ist. Um sich auf die neue Gesellschaft und Kultur radikal umstellen zu können, mussten die Einwanderer ihre Herkunftswelt innerlich von sich abkoppeln und zurücklassen. Natürlich war eine komplette Tabula rasa für den Neubeginn nicht möglich, aber das Ziel bestand doch in einem allmählichen Ausbleichen der kulturellen Herkunft im Zuge der Übernahme einer neuen Identität. Aus dieser Einstellung heraus betrachtete man die Erinnerungen, die die Migranten mit sich brachten, als problematisches Hemmnis des Einbürgerungsprozesses. An die Stelle trennender Erinnerungen sollte die Orientierung auf eine gemeinsame Zukunft treten. Wer bereit war, seine Geschichte hinter sich zu lassen – und dazu waren viele verfolgte und leidgeprüfte Einwanderer bereit –, erhielt hier die große Chance, sein Leben noch einmal von vorn zu beginnen. In diesem Sinne hat der amerikanische Literaturkritiker Leslie Fiedler betont, dass die Amerikaner nicht wie die Europäer durch eine gemeinsame Geschichte zusammengehalten werden, sondern durch einen gemeinsamen Traum.[3] Ihre Erinnerungen konnte man den Einwanderern zwar nicht so einfach abnehmen wie ein Gepäckstück, in dem illegale Güter versteckt sind, aber man konnte in einer Assimilationspolitik des Schmelztiegels (*melting pot*) auf die Abfeilung und Einschmelzung von Unterschieden hinarbeiten.

Seit den 1980er Jahren haben sich auch auf diesem Gebiet die Gewichte radikal verschoben. Mit der neuen Bedeutung kollektiver Identitäten kamen auch hier die so sorgfältig abgeschliffenen Differenzen und Konturen wieder zum Vorschein. Von nun an war es für das kulturelle Selbstbild absolut zentral, dass man an seinen Erinnerungen festhielt, die die Grundlage der Zugehörigkeit zu distinktiven Identitäten bildeten. In Kanada gewährte der ‹Multiculturalism Act› von 1982 den Immigranten das Recht, ihre kulturelle Identität zu wahren und ihr Erbe zu pflegen.[4] Aber auch der Staat Kanada ist im Begriff, sein Selbstbild zu ändern. Die Regierung hat damit begonnen, sich auf eine ‹Politik der Reue› einzulassen und eine Wahrheitskommission einzusetzen, die die Verbrechen der Kolonialgeschichte untersucht. Mit dieser Wende kehrt eine vergessene Geschichte kolonialer Unterdrückung und Entrechtung ins Bewusstsein der Bewohner dieses Landes zurück. Diese derart modifizierte nationale Geschichte – und das ist das Entscheidende – soll in Zukunft auch von den Einwanderern mit übernommen und getragen werden. Damit steigen die Einwanderer nicht mehr nur in die offene Zukunft des Landes ein, sondern übernehmen mit ihrer Staatsbürgerschaft auch die Last der Vergangenheit. Immigration findet heute in Kanada vor dem Hintergrund dieses neuen selbstkritischen Geschichtsbildes statt. «Staatsbürgerschaft», so hieß es in einer Rede, die anlässlich einer Einbürgerungszeremonie für neue Bürger in Vancouver gehalten wurde,

> ist kein Selbstbedienungsbuffet. Niemand von uns kann sich die angenehmen Stücke heraussuchen und den Rest verweigern. Natürlich sind mit der kanadischen Staatsbürgerschaft gute und schlechte Dinge verbunden. Wenn Ihr den Eid auf die kanadische Staatsbürgerschaft geschworen habt, erbt Ihr das ganze Paket kanadischer Geschichte und Bürgerrechte. Ab jetzt seid Ihr mitverantwortlich, nicht nur für die guten Dinge, sondern auch für alle Fehler und alles Schlimme, das wir gemacht haben. (...) Es ist Teil des Pakets. Vielleicht findet Ihr das nicht fair, aber wer sagt denn, dass es fair ist? Es ist ein Teil des Bürgerrechts.[5]

Die Frage, ob das Bürgerrecht der Einwanderer auch negative Episoden der Kolonialgeschichte einschließen soll oder nicht, wird derzeit auch in Australien heiß diskutiert. Statt wie ehemals in ein Land ohne Vergangenheit mit einer unbegrenzten Zukunft einzutreten, werden die Neuankömmlinge heute mit ihrem Anteil an der schlimmen Vergangenheit des Landes konfrontiert. Immigration ist damit, wie sich der australische Anthropologe Ghassan Hage ausdrückt, zu einem «Schuld induzierenden Vorgang» (*a guilt-inducing process*) geworden.[6]

Diese Praxis hat unmittelbar mit dem Wandel der nationalen Selbstbilder in Folge des Holocaust und der Kolonialgeschichte zu tun. Im Rahmen eines neuen Menschenrechts-Paradigmas war es nicht mehr möglich, historische Gräuel und Verbrechen gegen die Menschlichkeit automatisch durch Vergessen zu entsorgen. Sie wurden Gegenstand neuer Aufmerksamkeit, neuer Zeugenberichte, neuer Debatten, neuer Erinnerung. Diese Politik der Reue bezieht sich auf die Traumata jener indigenen Opfer, deren Geschichte bislang noch keine Chance hatte, gehört zu werden. Inzwischen hat sich ein Bewusstsein dafür gebildet, dass diese von den Kolonisatoren ignorierte und für die Kolonisierten traumatische Vergangenheit nicht einfach vergeht, sondern in Form von Heimsuchungen nachwirkt. Mit der Erinnerung an historische Schuld öffnet sich das nationale Gedächtnis nun zum ersten mal für die Anerkennung dieser Geschichte der Opfer, für Akte der Restitution und für Erinnerungspraktiken, die ihre Integration in die Gesellschaft befördern sollen.

Das ethnische Paradox und die Pluralisierung des nationalen Gedächtnisses

Die Erinnerung an Deutschlands NS-Vergangenheit ist seit den 1990er Jahren zu einem obligatorischen Bestandteil des nationalen Gedächtnisses geworden. Als um das Jahr 2000 die Diskussion um Deutschlands Status als Einwanderungsland begann, geriet das soeben aufgebaute negative nationale Gedächtnis in die Kritik. Bis in die 1990er Jahre hinein war man davon ausgegangen, dass die sogenannten Gastarbeiter nach Auslaufen ihrer Arbeitsverträge wieder in ihre Herkunftsländer zurückkehren würden. Das änderte sich, als 1998 die Regierungskoalition von SPD und Grünen Deutschlands Status als Einwanderungsland bestätigte und das Einbürgerungsrecht reformierte. Damit stellten sich neue Fragen an das nationale Selbstbild und seine Geschichte: Sollte das Land mit dieser Umstellung sein nationales Narrativ zugunsten eines neuen pluralistischen Selbstbildes umbauen oder ging es darum, die neuen Immigranten auf das negative nationale Gedächtnis einzustellen?

Diese Fragen wurden zum Gegenstand einer anhaltenden Kontroverse. Hanno Loewy zum Beispiel, Direktor des Jüdischen Museums in Hohenems, wehrte sich gegen die Alternative, den Migranten entweder ein Schuldgedächtnis aufzudrängen oder sie aus der Erinnerungsgemeinschaft auszuschließen. Erinnerungsfragen, so Loewy, dürften nicht die Form einer Grenzkontrolle annehmen, die Migranten von einer vollen Mitgliedschaft in der deutschen Gesellschaft ausschließen.[7] Der Historiker Raul Hilberg hat einmal gesagt: In Deutschland ist der Holocaust Familiengeschichte. Es hat lange gedauert, bis diese Einsicht unter den Deutschen angekommen und der Holocaust ‹internalisiert› worden ist. Nachdem diese Einsicht anerkannt ist, führt sie zum neuen Problem der Ethnisierung der eigenen Geschichte. Auch Dan Diner hat auf die Problematik des ethnischen Charakters des nationalen Gedächtnisses der Deutschen hingewiesen:

> Als deutsch gilt, wer seine Zugehörigkeit zur Nation durch eine Abkehr von der Nazi-Vergangenheit definiert. Ein deutscher Bürger türkischer Herkunft hat es da schwer, eine volle Mitgliedschaft zu einem solchen Kollektiv zu erwerben. Er kann in das gemeinsame ‹Wir› mit Verweis auf die kontaminierte Vergangenheit nicht einsteigen. (Trotz Einführung des *ius solis*) bleibt damit das *ius sanguinis* das bestimmende Identitätsmerkmal, das (unterschwellig) durch Rituale des Erinnerns und Gedenkens verlängert wird.[8]

Dieses Problem ist von verschiedenen Kritikern als ‹ethnisches Paradox› bezeichnet worden: Die Betonung der historischen Schuld als Identitätsmerkmal der Deutschen ethnisiere die deutsche Nation in einer problematischen Weise, weil sie die Kinder und Kindeskinder mit ihren Vorfahren verbindet und damit diejenigen, die andere Familiengeschichten haben, von einem relevanten Bezug zu dieser Geschichte ausschließt.[9]

Das ‹ethnische Paradox› in der deutschen Erinnerungskultur stellt auch ein Problem für die Medien und den Schulunterricht dar. Das hat das ZDF-Epos *Unsere Mütter, unsere Väter* noch einmal gezeigt, das deutsche Geschichte als Familiengeschichte inszenierte. In bundesdeutschen Wohnzimmern sollte man sich noch einmal «über die Generationen hinweg über die eigene Familiengeschichte» austauschen und angeregt werden, «über das Verschüttete, Verdrängte und Unaussprechliche zu sprechen».[10] Von solcher Partizipation waren Familien mit Migrationshintergrund automatisch ausgeschlossen. Entsprechend geben Kritiker zu bedenken, dass eine auf Schuld ausgerichtete Pädagogik für Schüler anderer Herkunft eine Zumutung darstellt. Harald Welzer betont ebenfalls, dass für Schüler mit Migrationshintergrund

> Nationalsozialismus und Judenvernichtung – schon von ihrer familiären oder nationalen Herkunft her – überhaupt keine Rolle spielt. Diese Jugend-

lichen geraten dann in die merkwürdige Situation, sich betroffen und bußfertig geben zu sollen, obwohl sie nicht so empfinden.[11]

War es schon schwierig genug, die deutschen Nachgeborenen der zweiten und dritten Generation noch auf ein nationales Schuldgedächtnis zu verpflichten, so erscheint es als vollends unmöglich, die Einwanderer ganz anderer Weltregionen auf dieses negative deutsche Gedächtnis einzuschwören. Im Gegenteil hänge, so Welzer, die Integrationsfähigkeit einer Gesellschaft von der Ent-Nationalisierung bzw. Ent-Ethnisierung ihres Gedächtnisses ab.

Die Aufregung über das ethnische Paradox scheint mir etwas hochgespielt zu sein zu einem Zeitpunkt, da sich die dritte und vierte Generation in diesem Land gerade nicht mehr mit der deutschen Geschichte über ein Schuldnarrativ identifiziert. An die Stelle von Bußfertigkeit und Sündenstolz ist längst ein Wissen um Verbrechen in ihrem historischen Zusammenhang und die Verantwortung in einer opferorientierten und menschenrechtsbasierten Erinnerungskultur getreten. Diese Erinnerungspädagogik, die mit keinem persönlichen Schuldaffekt mehr verbunden ist, lässt sich gleichermaßen an nachfolgende Generationen deutscher und anderer Herkunft richten. Migranten können ohnehin ihre eigenen Wege zur Holocaust-Erinnerung finden. Sie könnten zum Beispiel stolz darauf sein, dass die Türkei den aus Deutschland fliehenden Juden Asyl gewährt hat, oder sie könnten sich mit den diskriminierten und ausgegrenzten Juden identifizieren.

Empirische Studien bestätigen, dass Schüler mit Migrationshintergrund oft ihre eigenen Wege zur Erinnerung an den Holocaust finden. Viola Georgis Untersuchung junger Menschen aus Einwandererfamilien hat gezeigt, dass deren Einstellungen zur deutschen Geschichte ein breites Spektrum abdecken, das von der Abwehr einer fremden Vergangenheit bis zum Eintritt in die ethische Erinnerungsgemeinschaft derer reicht, die sich darauf verpflichten, dass sich diese Geschichte nicht wiederholt.[12] Besonders verbreitet ist allerdings eine dritte Position, und das ist die Identifikation mit den jüdischen Opfern. Die jungen Menschen aus Einwandererfamilien haben oft genug selbst alltägliche Erfahrungen mit Rassismus, Zurücksetzung und Diskriminierung gemacht, was ihnen eine Identifikation mit den jüdischen Opfern ermöglicht. Sie entwickeln damit eine stärker ‹opferidentifizierte› neben der bereits bestehenden ‹opferorientierten› Erinnerung. (Spätestens an diesem Punkt wird deutlich, wie notwendig im Diskurs über die Erinnerungskultur begriffliche Differenzierungen sind!) Im Zeichen einer opferidentifizierten Erinnerung können, wie wir noch genauer feststellen werden, durchaus unterschiedliche historische Leiderfahrungen miteinander ‹verknüpft› werden, ohne die Differenz dieser Geschichten zu löschen; sie kann aber auch durch den Kurzschluss einer Analogie zur politischen Waffe werden und in die einfache These münden: ‹Die Türken sind die neuen Juden!› An diesem Beispiel wird deutlich, wie der nationale Erinnerungsrahmen durch diejenigen, die in ihn einsteigen, auch nach deren Bedürfnissen umgestellt wird.

Im Lichte dieser neuen Positionen und Optionen in der Erinnerungskultur scheint es an der Zeit zu sein, das Verhältnis zwischen Nationalstaat und Erinnerung offener, vielfältiger und weniger genealogisch zu bestimmen. Wichtig ist dabei vor allem eine Öffnung für Erinnerungspraktiken, die der zunehmenden kulturellen Diversität der Bevölkerung in diesem Land stärker Rechnung tragen.[13] Gleichzeitig kann es bei dieser Umstellung der Erinnerungskultur auf die Situation eines Einwanderungslands nicht nur darum gehen, die Zuwanderer einseitig zum Objekt nationaler Pädagogik zu machen, sondern auch darum, deren Erfahrungen in der Gesellschaft stärker zu kommunizieren und sie in einem gemeinsamen Gedächtnis zu verankern. Dieser wichtige Punkt wurde auch bei der kanadischen Einwanderungszeremonie angesprochen, aus der bereits zitiert wurde:

> Das Gute dabei ist, dass die meisten von Euch Neuankömmlinge sind. Deshalb habt gerade Ihr die Möglichkeit, diesem Land dabei zu helfen, seinen Weg durch die schwierige Vergangenheit zu finden. Die Tatsache, dass Ihr damals nicht dabei wart, kann bedeuten, dass Ihr neue Ideen mitbringt, wie wir das Leben mit den eingeborenen Einwohnern verbessern können. Tatsächlich verdanken wir viele Lösungen für die Probleme der Vergangenheit unseren neueren Einwanderern.[14]

Der Schock des 4. November 2011

Am 4. November 2011 erlebte die deutsche Gesellschaft ein böses Erwachen. An diesem Tag, den ich als einen Meilenstein in der deutschen Erinnerungsgeschichte bewerte, fand eine elfjährige Mordserie mit dem Selbstmord zweier rechtsradikaler Täter ihr Ende, die zehn Menschen gezielt erschossen und mit zwei Nagelbomben-Anschlägen viele Menschen verletzt hatten.[15] Mit der Aufhellung der NSU-Morde musste die Gesellschaft, die sich für aufgeklärt und zivil gehalten hatte, einsehen, dass in ihrer Mitte ungehindert ein Jahrzehnt lang systematisch und gezielt gemordet worden war, ohne dass die Alarmglocken zu läuten begannen. Die Verschleppung und Inkompetenz der Behörden stand dabei in einem eklatanten Gegensatz zum wöchentlichen Tatort-Krimi am Sonntagabend. Die Deutschen lieben ja nichts mehr als die sympathischen Kommissare und Kommissarinnen, die Woche für Woche ihre ausgezeichnete Arbeit machen. Was immer auch passieren mag in diesen Folgen: Nach 90 Minuten Sendezeit ist jedesmal ein klares und korrektes Ergebnis garantiert. Vielleicht sollte man das Know-how der Fernsehkommissare auch mal im wirklichen Leben einsetzen! In der deutschen Realität wurde nämlich nicht ein Krimi-Rätsel nach dem anderen gelöst, sondern ein kumulatives Problem angehäuft, das das zivilisierte Selbstbild unserer Gesellschaft schwer lädiert hat. Am Rande sei hier vermerkt, dass sich die Wege der Realität und der Fiktion sogar einmal ein paar Sekunden lang gekreuzt haben, wie sich inzwischen herausgestellt hat. Im Jahr 2001 wurde im ARD-Tatort eine Folge mit dem Titel *Bestien* ausgestrahlt, die in Köln spielte und in der ein Fahndungsfoto des rechtsextremen NSU-Terroristen Uwe Mundlos zu sehen war. Das Bild war von einer Praktikantin ausgeschnitten und auf die Pseudo-BKA-Akte eines fiktiven Sexualverbrechers geklebt worden.

Die Mordserie begann am 9. September 2000 am Rande einer Ausfallstraße im Osten Nürnbergs mit acht Schüssen auf den Blumenhändler Enver Simsek.[16] Sie wurde durch eine unfassbare Verschleppung der Aufklärung begünstigt. Dabei spielten drei Voraussetzungen eine Rolle, die sich gegenseitig verstärkten. Erstens: Nachlässigkeit und mangelnde Wachsamkeit, zweitens: der Generalverdacht, die Opfer selbst für ihr Schicksal verantwortlich zu machen, und schließlich drittens: eine mögliche Komplizenschaft der Sicherheitsbehörden mit den Mördern und ihrem Helfernetzwerk. Das Ergebnis dieser Gemengelage war, dass die Polizei die Täter, einem massiv rassistischen Vorurteil folgend, unbedingt in der als ‹fremd› definierten Gruppe der Migranten suchen wollte und sich die deutsche Gesellschaft durch die Mordserie an diesen ‹Fremden› nicht wirklich betroffen fühlte. Was da geschehen war und weiterhin geschah, betraf in den Augen vieler die mafiose Szene einer sogenannten Parallelgesellschaft, in der die Ausländer sich nach ihren chaotischen Normen verhielten und dafür selbst zu bezahlen hatten. Dieses Bild wurde wesentlich durch die Medien verbreitet. Diese Situationsdeutung ging mit einer unterschwelligen Botschaft an die Bevölkerung einher: Das geht uns nichts an, das betrifft die Anderen, wir halten uns da raus. Um ein Geschehen in ein Ereignis zu verwandeln, muss es zuvor sprachlich geformt und mit einem Narrativ versehen werden, das zugleich eine Deutung und Bewertung einschließt. In diesem Fall trug das Wort ‹Dönermorde› umgehend zur Distanzierung dieses Ereignisses von der deutschen Bevölkerung bei. Das Wort «verkleinerte», wie sich die Tochter eines Opfers ausdrückte, den brutalen Mord aus heiterem Himmel an einem unschuldigen Opfer. Es besagte für die deutsche Mehrheitsgesellschaft: Das ist kein gesamtgesellschaftliches Problem, hier geht es nicht um mich, sondern um Andere, die nun mal anders sind und ihre eigenen Probleme haben. Nach Offenlegung der Hintergründe der Taten wurde schockartig deutlich, dass man sich damit die Sprache der Täter angeeignet hatte, die ihre Anschläge mit dem Codewort «Aktion Dönerspieß» etikettiert hatten. Dennoch hielt sich das Kürzel ‹Dönermorde› mit und ohne Anführungszeichen noch wochenlang in der Berichterstattung der Medien.[17]

Mit der Aufklärung der Verbrechen im November 2011 wurde zum ersten Mal öffentlich anerkannt, dass Terror in Deutschland nicht nur von links, wie im Falle der RAF oder von islamistischen Vereinigungen droht, sondern auch von rechts. Am 13. November 2011 sprach Innenminister Friedrich zum ersten Mal von «einer neuen Form des rechtsextremistischen

Terrorismus».[18] Im Zuge der neu einsetzenden Untersuchungen stellte man mit Entsetzen fest, dass der Verfassungsschutz und die Strafverfolgungsbehörden Teil des Problems und nicht Teil seiner Lösung waren. Der NSU-Skandal war ein Stresstest, den die demokratischen Institutionen offenbar nicht bestanden haben, weshalb nun in aller Eile nachgebessert werden muss. Mit Entlassungen und Neugründungen allein ist das Problem aber nicht aus der Welt zu schaffen, weil es die ganze Gesellschaft betrifft.

Gruppenbezogene Menschenfeindlichkeit

Die Frage nach dem Verhältnis zwischen Erinnerungskultur und politischer Bildung wird inzwischen mit immer größerer Dringlichkeit gestellt. Wie lassen sich diese beiden Themen miteinander verbinden? Auf keinen Fall können wir einfach so tun, «als stehe Erinnern bereits für gelingende Demokratie- und Menschenrechtserziehung». Volkhard Knigge, der diese Warnung ausgesprochen hat, hat auch die wichtigen Themen für eine ‹Zivilgeschichte der Zukunft› klar umrissen. Es geht dabei um «politische und soziokulturelle Formen der Stabilisierung bzw. Destabilisierung der Grundsolidarität mit dem Menschen als Mensch; die gesellschaftliche Verursachung von Angst, deren Folgen und Überwindung; Würde, Selbstachtung und Partizipation; Strukturen und Dynamik sozialer und kultureller Exklusion und Inklusion; Vertrauen und Gewalt».[19]

Am Beispiel der NSU-Morde lässt sich konkret zeigen, wie Erinnerungskultur und historische Bildung ineinandergreifen können. Was sie miteinander verbindet, ist eine Menschenrechtserziehung im Sinne der von Knigge formulierten Prämissen. Es ist ein verbreitetes und hartnäckiges Missverständnis, Erinnern sei eine rückwärtsgerichtete Haltung, die an der Vergangenheit klebt und die Zukunft verstellt. Denn zu den aktuellen Zukunftsfragen in unserer Gesellschaft gehören heute die Migrationsthematik sowie die schwelende Fremdenfeindlichkeit und ihre historische Erbschaft.[20] Erinnerungskultur, politische Bildung und Zivilgesellschaft gehören deshalb eng zusammen.

In diesem Lande haben wir eine besonders dramatische Anschauung davon, wie schnell die Grundsolidarität zwischen den

Menschen aufgehoben werden kann und die Gesellschaft sich spaltet in eine Gruppe, die zählt – das sind ‹wir› –, und eine Gruppe, die nicht zählt – das sind die ‹anderen›. Wir haben es in Deutschland mit einer Neuauflage von Rassismus zu tun, die sich als eine Variante älterer Muster darstellt, die noch immer latent wirksam sind. Der ‹Nationalsozialistische Untergrund›, wie sich die rechte Terrorzelle nannte, verstand sich ja ganz explizit als eine Fortführung der NS-Überzeugungen, der mit seinen «wortlosen Taten» explosiv in unsere Gegenwart hineinbrach. NSU – bis vor Kurzem standen diese Buchstaben für Zweiräder und Autos, die in Neckarsulm produziert wurden. Seit der rechtsradikalen Mordserie hat diese Abkürzung ihre Unschuld verloren und ist zum Signal einer Wiederkehr des Verdrängten oder überwunden Geglaubten geworden.

Die Terrorzelle hat eindeutig etwas mit der NS-Vergangenheit zu tun, aber was hat diese Vergangenheit noch mit uns zu tun? Die Pädagogin Astrid Messerschmidt sieht einen engen Zusammenhang zwischen historischer und politischer Bildungsarbeit, weil sie von langfristigen negativen Prägungen in Gesellschaften ausgeht, die Erfahrungen mit einer Kolonialgeschichte oder nationalsozialistischen Ideologie gemacht haben. Diese rassistischen Ideologien, so Messerschmidt, beeinflussen bis heute latent die Selbst- und Fremdbilder dieser Gesellschaften. Aus ihrer sozialpsychologischen und pädagogischen Perspektive gibt es also keine absolute Sicherheit, dass wir in der ‹postnationalsozialistischen Gesellschaft› angekommen sind und diese Vergangenheit endgültig hinter uns haben. Messerschmidt spricht in diesem Zusammenhang von «involvierten Bildungsprozessen», die die Lernenden in den historischen Prozess einschließen.[21] Diese Haltung erfordert das Wachhalten des historischen Bewusstseins und die selbstkritische Offenheit, «nach dem zu fragen, was nicht zu integrieren ist und deshalb nachwirkt.»[22]

Eine weitere sozialpsychologische These besagt, dass sich Vorurteilsmuster sehr lange halten, weil sie flexibel auf neue Situationen reagieren und sich dabei auf neue Angriffsziele umstellen. Das rassistische Grundmuster, das die Abwertung der Anderen diktiert, dient dabei unmittelbar der Selbstaufwertung und eigenen Statussicherung. Der neue Terminus dafür stammt von dem Bielefelder Politologen Wilhelm Heitmeyer und heißt ‹gruppenbezogene Menschenfeindlichkeit›. Dieser Begriff schließt neben ethnischen Differenzen auch soziale Abweichungen wie Homosexualität, extreme Armut und physische Behinderungen mit ein. Unter neuen historischen Bedingungen kann ein Signalmuster wieder aufleben, das sich nun von Juden auf andere ethnische und soziale Minderheiten verlagert.[23]

Zwischen dem alten und dem neuen Rassismus lassen sich einige Parallelen aufzeigen. Die Einteilung der Welt in zwei Menschentypen hat gewichtige Konsequenzen. Bei gewaltbereiten Tätern wie den NSU-Mördern führt sie zu einer Auflösung zwischenmenschlicher Handlungsschranken; bestimmte emotionale und kulturelle Blockaden werden überwunden, wenn der Andere nicht mehr als ein Wesen derselben Spezies anerkannt wird. In der breiteren Gesellschaft manifestiert sich diese durch Abwertung erzeugte Spaltung als eine *selektive Empathie*, die diejenigen von prosozialer Aufmerksamkeit, Achtung und Gefühlen ausnimmt, die nicht als gleichwertig eingestuft werden.

Es gibt aber auch deutliche Unterschiede zwischen damals und heute. Die gruppenbezogene Menschenfeindlichkeit geht heute nicht mehr automatisch mit einer starken gruppenbezogenen Eigenliebe einher. Mit der gruppenbezogenen Eigenliebe – Stichwort nationale Identität – tun sich die Deutschen nach wie vor schwer. Zumal in Zeiten der Zukunftslosigkeit und der Finanzkrise haben wir es eher mit einer selbstbezogenen Eigenliebe zu tun. Heitmeyer spricht von ‹roher Bürgerlichkeit› und meint damit eine Form der Existenz, die mit rabiaten Mitteln die eigenen Interessen verfolgt. Diese Haltung ist mit einem Rückzug aus der Solidargemeinschaft der Gesellschaft verbunden. Sie schlägt sich nieder im Typus eines unzivilisierten und ungebildeten Bürgers, der ein dankbarer Konsument populistischer Rhetorik ist, sowie in der verrohten Form des unternehmerischen Individuums, das ausschließlich die Sicherung der eigenen Privilegien in den Mittelpunkt seines Handelns stellt.

Diese Tendenz zur Ent-Solidarisierung und Spaltung zeigt sich zur Zeit nicht nur innerhalb der Nationen, sondern auch auf europäischer Ebene. Es ist dieselbe zentrifugale Kraft, die die

Nationen Europas immer weiter auseinander treibt. Der Rechtspopulismus, schreibt Navid Kermani, «als eine anti-europäische, fremdenfeindliche, anti-egalitäre politische Bewegung vertritt in wesentlichen Zügen nichts anderes als den Nationalismus des 19. und frühen 20. Jahrhunderts».[24] An die Stelle der Vision des europäischen Projekts und des solidarischen Vertrauens in seine Zukunft ist eine ‹Euro-Skepsis› getreten, die sich zunehmend auch in nationalem Stolz und Fremdenphobie übt.

Der demokratische Werte-Konsens und die damit verbundene politische und historische Sensibilität sind Dinge, die immer wieder in Frage gestellt und mehr oder weniger explizit aufgekündigt werden können. Wie das geschieht, dafür haben wir derzeit vielfältige Anschauung. Soziologische Studien, die die Gesetzmäßigkeit öffentlicher Debatten um Wertfragen der Gesellschaft untersucht haben, gehen von einem dreistufigen Prozess aus, der den Werte-Konsens einer demokratischen Gesellschaft untergräbt.[25] Die erste Stufe ist die *Diagnostik*. Auf dieser Ebene werden Themenfelder aufgebaut, in denen detailliert ein Schaden beschrieben wird, der der Gesellschaft derzeit zugefügt wird oder sie in absehbarer Zeit bedroht. Die Effektivität dieser kritischen Gesellschaftsdiagnose wird durch zwei emotionalisierende Strategien erhöht: Zum einen werden die Probleme als tabuisiert und zensiert dargestellt, d. h. als das, was jeder einfache Mann und jede einfache Frau ebenso sieht, was aber aufgrund eines von der Diskursmacht aufgezwungenen Verschleierungsdiskurses der politischen Korrektheit nicht offen angesprochen werden darf. Zum anderen werden Bedrohungsszenarien aufgebaut, die weit über die Beschreibung der aktuellen Realität hinausgehen und dabei langfristig aufgebaute unbewusste Angstmuster und Vorurteilsstrukturen in der Bevölkerung reaktivieren. Die zweite Stufe ist die *Prognose*, in der geeignete Lösungsvorschläge für das festgestellte Problem vorgebracht werden; die dritte Stufe betrifft dann die *Mobilisierung*, in der offene Aufrufe zur Umsetzung der Lösungsvorschläge an Regierung und Bevölkerung ergehen. Zwischen diesen drei Stufen besteht ein deutliches Ungleichgewicht: Während die erste Stufe der Diagnostik stark elaboriert und durch prominente Meinungsmacher in den Medien im Mainstream breit und tief verankert ist (man denke nur an Thilo Sarrazins Buch *Deutschland schafft sich ab*), gibt es keine entsprechend markanten Ansätze auf der Ebene der Prognostik und Mobilisation, weil diese offen mit der Verfassung und dem demokratischen Konsens in Konflikt geraten würden. Die Freiheit der Meinung ist ein hohes Gut der Demokratie, das glücklicherweise nicht automatisch zu ihrer Selbstabschaffung führt. Die Frage der Umsetzung bleibt dem rechten Terrorismus vorbehalten. Das Zwickauer NSU-Trio hat seine Programme, seine Projekte und seine Anschläge auf DVDs präsentiert, die es als Drohgebärde an muslimische Institutionen und öffentliche Personen schickte. Dieses Video enthält eine Texttafel mit folgender Selbstdarstellung: «ein Netzwerk von Kameraden mit dem Grundsatz – Taten statt Worte – Solange sich keine grundlegenden Änderungen in der Politik, Presse und Meinungsfreiheit vollziehen, werden die Aktivitäten weitergeführt.» Aus diskursivem Protest kann, wie man hier sieht, handfester Terror werden.

Empathie zwischen Differenz und Ähnlichkeit

Am 4. November 2012, ein Jahr nach der Aufdeckung der Mordserie, gab es in 30 deutschen Städten Kundgebungen gegen Rassismus. Ein ‹Bündnis gegen das Schweigen› hat sich gebildet, das sich der ‹Probleme eines strukturellen Rassismus› annimmt und einen energischen Willen zur Selbstdurchleuchtung der damit verbundenen Behörden fordert. Es geht in diesem Fall nicht nur um individuelles Fehlverhalten, das durch Rücktritte zu beseitigen wäre, sondern auch um ein Problem, das die ganze Gesellschaft mit einschließt. Was können wir aus diesem Fall – gerade im Lichte einer bewussten und kritischen Erinnerungsarbeit – lernen?

Eine Zivilgesellschaft, das ist die erste Erkenntnis, die wir festhalten müssen, ist eine prekäre Institution und kein stabiler Besitz; sie ist nie ein für allemal gegeben, sondern muss sich als solche immer wieder bewähren, bestätigen und argumentativ durchsetzen. Im Kern der Zivilgesellschaft geht es, wie Volkhard Knigge betont hat, um die Stabilisierung der Grundsolidarität zwischen ihren Mitgliedern. Durch rassistische Affekte, aber auch durch wachsende Egoismen und gesellschaftliche Indifferenz im Zuge der Finanzkrise ist diese Grundsolidarität in Frage gestellt worden. Das zurückliegende Jahrzehnt des rechtsradikalen Terrors war ein bestürzender Lackmustest für die deutsche Gesellschaft. Die so wichtigen Zeichen der Solidarisierung mit den Opfern kamen spät und spärlich. Während das letzte Opfer der NSU-Mörder, die Polizistin Michèle Kiesewetter, im April 2007 mit großem Aufgebot zu Grabe getragen wurde (mehr als 1000 Menschen waren zu ihrer Beerdigung gekommen), nahm die Gesellschaft von den anderen Toten und Verletzten kaum Notiz. In Kassel gab es im Dezember 2011 einen Gedenkmarsch mit einer Kundgebung der Angehörigen der Opfer. «Schade, dass so wenig Deutsche mit uns gehen!», war damals der Ausspruch einer Teilnehmerin mit Blick auf die Passanten, die sich eifrig um ihre Weihnachtseinkäufe kümmerten.[26]

Die über Jahre anhaltende Mordserie hat einen zentralen Schwachpunkt unserer Gesellschaft aufgedeckt: Selbstbezüglichkeit und Indifferenz gegenüber Anderen, die von vornherein aus der Gruppe der relevanten und gleichwertigen Anderen ausgeschlossen sind. Es geht dabei um einen Mangel an Empathie, die über alle kulturellen Unterschiede und sozialen Differenzen hinweg einen Sinn für die basale Ähnlichkeit zwischen Mensch und Mensch aufrechthält, der immer wieder durch zivile Akte der Würdigung und Anerkennung bestätigt werden muss. Empathie artikuliert sich in Formen der sozialen Anerkennung, emotionalen Anteilnahme und politischen Solidarisierung. Wo Achtung und Vertrauen entzogen sind, entsteht unter den Abgewerteten ein Milieu der Verunsicherung, der Zerstörung ihrer Selbstachtung und Würde, der Isolierung und der Angst.

Empathie ist keine sentimentale Gefühlsäußerung, sondern beginnt mit Aufklärung, Information und der Aneignung von konkretem Wissen. Im Zentrum steht dabei die Konkretion, die aus abstrakten und anonymen Zahlen Menschen mit Namen, Gesichtern und einer Geschichte macht. Es ist auffällig, wie stark die Medien auf die Täter und ihre Helfershelfer fokussiert waren und wie knapp die Berichterstattung zu den Opfern ausfiel, die meist in der kompakten Zahl der ‹zehn Toten› verschwinden. Je mehr man über eine Person weiß, desto eher sind Menschen geneigt, vorgegebene Klassifikationsschranken zu überwinden und Andere als sich selbst ähnlich zu erkennen. Den Hinterbliebenen der NSU Opfer sagte Bundespräsident Gauck am 18. Februar 2013 in Schloss Bellevue: «Sie alle haben erlebt, wie sich von einem Tag auf den anderen das ganze Leben verändert. Sie hätten Trost und Unterstützung gebraucht. Stattdessen sind Sie verdächtigt, gedemütigt und allein gelassen worden.»[27]

Filme und Bücher können einen wichtigen Beitrag zur allgemeinen Bewusstwerdung und Empathie-Steigerung der Bürger leisten. Ich möchte hier auf die künstlerische Auseinandersetzung mit dem Thema der NSU-Morde hinweisen, die drei Frauen in Kassel angestoßen haben: die Photographin Helena Schätzle, die Soziologin Lisa Kellermann und die Aktivistin Antonia Heyn. Sie nahmen die Ermordung des letzten ausländischen NSU-Mordopfers Halit Yozgat in Kassel zum Anstoß für ihr Ausstellungsprojekt ‹Augenzu›, das sie im Rahmen der Documenta 13 in Kassel zeigten.[28] Ihr Thema war nicht direkt das 9. Opfer des Terrors, sondern der Versuch, «den latenten und alltäglichen Rassismus sichtbar und diskutierbar zu machen und Menschen zu Wort kommen zu lassen, die in der Berichterstattung der Medien nicht bzw. kaum gezeigt werden.»[29] Die Ausstellung montiert Stadtansichten als potentielle Schauplätze und Tatorte des alltäglichen Rassismus mit Aussagen über Diskriminierungserfahrungen, die in Interviews gesammelt und in einer Audio-Collage zusammengestellt sind. Erzählen und Zuhören, so die Ausstellungsmacherinnen, stehen im Mittelpunkt dieses Projekts, «denn das Erzählen kann als eine Form der Reflexion und Verarbeitung für die erzählende Person betrachtet werden, während das Zuhören als ein Ort von Empathie und Solidarität fungieren kann.» Ihr Ziel war es dabei, nicht *über* Menschen mit Diskriminierungserfahrung zu berichten, sondern sich *mit* diesen Menschen auszutauschen. Neben der physischen Gewalt, so wird aus den Stellungnahmen der Betroffenen deutlich, ist es die symbolische Ausgrenzung der Opfer, die der ganzen türkischen Community einen tiefen Schmerz zufügt. In einer Stellungnahme heißt es: «Und sie werden Halit Yozgat immer als Türken begreifen und nicht als Kasseler. Und das läge mir am Herzen – da ist ein Kasseler ermordet worden und nicht ein Türke.»[30] In der Verweigerung von Ähnlichkeit aufgrund einer Überbetonung von Differenz erkennen wir sie wieder, die gruppenbezogene Menschenfeindlichkeit.

Ich mache an dieser Stelle einen Sprung von Kassel nach Istanbul. Dort fiel am 19. Januar 2007 der türkisch-armenische Schriftsteller und Redakteur Hrant Dink einem rassistisch motivierten Mord zum Opfer. Am Tag seiner Beerdigung reihten sich Tausende von Türken in den Trauerzug. Sie trugen dabei Plakate mit der Aufschrift: «Wir sind alle Hrant Dink!» bzw. «Wir sind alle Armenier!» Mit dieser Aktion haben sie ganz anders reagiert als die Kasseler Bevölkerung. Sie haben die grundsätzliche Ähnlichkeit affirmiert, die Menschen unterschiedlicher Kulturen und Religionen miteinander verbindet.

Drei Wochen nach diesem Anschlag nahm ich an einer Tagung der Böll-Stiftung zum Thema «Von der Last der Vergangenheit zu sozialem Frieden und Demokratie» teil. Dink hatte diese Konferenz noch mit organisiert, an der er dann selbst nicht mehr teilnehmen konnte. Diese Lücke verunsicherte die Teilnehmerinnen und war auf der Veranstaltung schmerzlich spürbar. Damals sagte ich in meinem Vortrag: «Man stelle sich doch einmal vor, nach dem November-Pogrom 1938 in deutschen Städten wären Tausende nicht-jüdischer Deutscher auf die Straße gegangen mit Schildern, auf denen steht: ‹Wir sind alle Juden!›. Nach einer solchen Unruhe und Warnung hätte Hitlers Obsession der sogenannten ‹Endlösung› kaum in die Tat umgesetzt werden können.» Stattdessen herrschte in ganz Deutschland damals das erschreckte, das betretene, vor allem aber das gleichgültige Schweigen. Heute bedarf es keiner großen Zivilcourage mehr zu einem solchen Akt der Solidarisierung, wohl aber der Empathie. Denn nicht nur der Islam gehört zu Deutschland, auch die Menschen anderer Herkunft und Religion gehören zu unserer Gesellschaft und haben damit einen gleichen Anspruch auf Schutz, Fürsorge und unsere uneingeschränkte Mitmenschlichkeit.

Erinnerungskultur und politische Bildung haben also mehr miteinander zu tun, als es auf den ersten Blick den Anschein hat. Vieles von dem, was wir heute erleben, weist aus der Gegenwart explizit auf die Vergangenheit zurück: die Selbstbeschreibung der Terroristen als ‹Nationalsozialistischer Untergrund›, aber auch die gesellschaftlichen Muster der Ausgrenzung, die auf immer wieder aktivierbaren Vorurteilsstrukturen und Verhaltensmustern der Indifferenz beruhen. Solche Déjà-vu-Effekte zwingen uns zu einer Zusammenschau von Vergangenheit und Gegenwart. Nach 1945 hat es vier Jahrzehnte gedauert, bis sich die deutsche Gesellschaft in ‹anamnetischer Solidarität› an die jüdischen Opfer erinnert hat, aber der Weg zu einer ‹empathischen Gesellschaft› (Jeremy Rifkin) ist noch weit. Auf diesem Weg gehören Erinnerungskultur und politische Bildung, Vergangenheit und Zukunft eng zusammen, denn wie Paul Rusesabagina, Zeuge des Völkermords in Ruanda, betont hat: «Wir können die Vergangenheit nicht ändern, aber wir können die Zukunft verbessern.»[31]

TRANSNATIONALE PERSPEKTIVEN

Obwohl niemand gerne ein Opfer in der Gegenwart ist,
wären viele gerne ein Opfer in der Vergangenheit gewesen.
Tzvetan Todorov[1]

6. Opferkonkurrenzen

Unbehagen an der Erinnerungskultur ist nicht nur ein deutsches, sondern auch ein transnationales Phänomen. Der amerikanische Historiker Charles Maier sprach bereits 1993 von einer «memory industry» und machte sich Gedanken über das Übergewicht, das der Gedächtnisbegriff in den USA gewann. Dabei dachte er weniger an den akademischen Gedächtnisdiskurs als an Stimmen, Stimmungen, Bewegungen und Initiativen in der amerikanischen Gesellschaft und Politik. Den Anstoß für seine Kritik bildete die Errichtung des Holocaust Memorial Museums an der nationalen Gedächtnismeile in der Hauptstadt Washington. Mit diesem Museum schufen sich nicht nur die in unterschiedliche Traditionen und Gruppen zersplitterten amerikanischen Juden eine gemeinsame Identität, es gab auch den Amerikanern in ihrer Gesamtheit eine allgemein verbindende und verbindliche nationale Erinnerung. Mit dieser Vereinigung der Nation in einer Opfererinnerung war Maier jedoch nicht einverstanden und spekulierte, ob dieser zentrale Erinnerungsort nicht eine Deckerinnerung sein könnte für andere historische Ereignisse, in denen sich die Amerikaner nicht auf der Seite der Opfer, sondern der Täter befanden. Maier stellte in diesem Zusammenhang folgende «heuristische Fragen»: «Warum nicht ein Museum der amerikanischen Sklaverei? Wäre es nicht ein angemessenerer Einsatz von nationalem Grund und Boden und Finanzen, an Verbrechen zu erinnern und zu veranschaulichen, wofür unser eigenes Land Verantwortung übernehmen muss (...)? Warum nicht ein Museum über indianisches Leiden, von den Pocken und der Schlacht am Wounded Knee bis zum Alkoholismus in den Reservaten? (...) Warum erinnert man sich auf dieser Mall gerade an diese Katastrophe und nicht an den Block der Sklaven-Auktionen oder an Andrew Jacksons ethnische Säuberungen der Cherokee?»[2]

Zwei Merkmale der politischen Erinnerungspraxis haben sich in den letzten beiden Jahrzehnten deutlich herauskristallisiert:

1. Es gibt ein deutliches Übergewicht der negativen Ereignisse gegenüber den positiven.
2. Es gibt ein deutliches Übergewicht der Opfererinnerungen gegenüber den Tätererinnerungen.

Die einseitige Konzentration auf negative Bezugspunkte in der Vergangenheit geht meist mit einer Privilegierung der Opfererfahrung einher, die Leiden als einen kostbaren Besitz und wichtiges symbolisches Kapital verteidigt. In der Opferfixierung sah Maier nicht nur eine Strategie des Überlebens von Minoritäten und des Schutzes ihrer bedrohten Identität, sondern auch einen Zug zu melancholischer Erstarrung und kollektiver Selbstgefälligkeit. Gedächtnis, so stellte er fest, sei unter diesen Umständen zu einer Droge geworden, die neue Suchtphänomene hervorgebracht hat. Mit der verbreiteten Einnahme der begehrten Opferrolle sei es zu einem Wettbewerb um die Anerkennung dieses Opferstatus gekommen sowie zu Opferhierarchien, in denen unterschiedliche Opfergruppen um wirtschaftliche Ressourcen und politische Macht konkurrieren. Maiers Fazit lautete deshalb: Die Gedächtnisindustrie ist schuld, denn sie führt zur Vervielfältigung von Gruppengedächtnissen und Identitätspolitiken. Damit verschärft sie ethnische Differenzen, was unmittelbare politischen Folgen für den nationalen Konsens hat.[3]

Maiers Unbehagen an der Erinnerungskultur bezieht sich in erster Linie auf den identitätspolitischen Gebrauch von Erinnerungen seitens minoritärer und benachteiligter Gruppen, die separatistische Tendenzen stärken und damit den nationalen Zusammenhalt der USA gefährden. Aus der Perspektive der Opfer stellt sich das Verhältnis jedoch anders da. Denjenigen, die sich für die Rechte von Minderheiten und nicht-privilegierten Gruppen einsetzen, sehen sich «dazu gezwungen, sich zu organisieren, um sich Gehör zu verschaffen.»[4] Ohne Sichtbarkeit und einen gewissen politischen Lobbyismus, das haben die letzten beiden Jahrzehnte anschaulich gezeigt, gibt es keinerlei Verhandlung, Öffnung und Veränderung festgefügter Gedächtnis- und Machtformationen.

Maiers Beobachtung von der Fixierung des Gedächtnisses auf Leidenserfahrungen lässt sich vielfach bestätigen. In der Tat prägen sich Leiden und Katastrophen am tiefsten ins Gedächtnis ein. So sensibel und zuverlässig das Opfergedächtnis ist, so unempfindlich und unzuverlässig ist das Tätergedächtnis, das keine nachhaltigen Prägungen produziert. Je nachdem, ob es um die Erinnerung von Opfern oder Tätern geht, schwankt das Gedächtnis zwischen einer Tendenz zur Sucht oder zur Abstinenz. Diese Asymmetrie hat Nietzsche bereits griffig auf den Punkt gebracht:

«Das habe ich gethan, sagt mein Gedächtnis.

Das kann ich nicht getan haben, sagt mein Stolz und bleibt unerbittlich.

Endlich gibt das Gedächtnis nach.»[5]

Exklusive und inklusive Opferdiskurse

Der Zeithistoriker Martin Sabrow vertritt die These von einem radikalen Wandel unserer politischen Gegenwartskultur, «die innerhalb weniger Jahrzehnte das zukunftsorientierte Leitbild des Fortschritts durch das vergangenheitsorientierte Leitbild des Gedächtnisses ausgetauscht hat». Mit diesem Umschlag seien auch andere gesellschaftliche Leitbilder ausgetauscht worden: «Nicht der Held steht mehr im Mittelpunkt unserer heutigen Geschichtskultur, sondern das Opfer.»[6] Diesen Wandel von einem Diskurs der Heroisierung zu einem Diskurs der Viktimisierung hält Sabrow nicht nur für ein deutsches oder europäisches, sondern für ein westliches Phänomen. Wie Charles Maier, der mit der Konjunktur des Opfers Differenz, Distanz und eine Pluralisierung kollektiver Identitäten assoziierte, verknüpft Sabrow die Hinwendung vom Helden zum Opfer mit dem «Abschied von der Nation und dem Volk als historischem Kollektivsubjekt».[7]

Sabrow zeichnet diesen Wandel vom Helden zum Opfer anhand der deutschen Geschichte des 20. Jahrhunderts genauer nach. Während der Held selbstbestimmt nach seinen eigenen Werten handelt, ist das Opfer von der Sinnlosigkeit des Leidens gezeichnet. Die entscheidenden Merkmale sind Subjektstatus, Selbstbestimmung und Aktivität auf der einen Seite und Objektstatus, Fremdbestimmung und Passivität auf der anderen.

So griffig und überzeugend diese Gegenüberstellung vom motivierten (meist bewaffneten) Kämpfer auf der einen Seite und dem Zivilisten als Zielscheibe der Gewalt auf der anderen Seite ist, so komplex ist freilich der Opferbegriff selbst, wird er doch quellensprachlich gerade auch für die erste Phase der Geschichte des 20. Jahrhunderts eingesetzt. Denn die Toten des Ersten und Zweiten Weltkriegs wurden ja auch als Opfer bezeichnet und diese Opfer wiederum als Helden. Sabrow spricht deshalb auch vom «tragischen Opfer-Held». Jegliche semantische Überhöhung des Sterbens in Krieg und Kampf macht aus dem Opfer einen aktiven Helden bzw. einen Märtyrer, der ein selbstbestimmtes Opfer (*sacrificium*) bringt. Diese affirmative Rhetorik, die nicht nur die Soldaten, sondern auch die kollektive Opferbereitschaft der gesamten Nation mit einschloss, versagte nach 1945, dem Jahr, das nach Sabrow den «Durchbruch der Opferperspektive» (genauer: den Wechsel der Opfersemantik) brachte. Diesen Rahmenwechsel von ‹sacrifice› zu ‹victim›, in dem der Opferbegriff die neue Bedeutung eines passiven, nicht selbst verschuldeten Leidens annimmt, datiert Sabrow in einem anderen Aufsatz zurück auf Stalingrad: «Stalingrad steht somit für ein Transitionsphänomen, das den Heldendiskurs der ersten Hälfte des 20. Jahrhunderts in den Opferdiskurs der zweiten Hälfte überführte. Mit dem als Katastrophe erfahrenen Untergang des ‹Dritten Reiches› löste sich das Leidensopfer vom Heldenopfer, und so konnte sich die Bonner Republik als eine ‹Gemeinschaft von Opfern› konstituieren.»[8]

Diese semantische Umkodierung bezeichnet Sabrow als ‹Selbstviktimisierung› der Deutschen, eine Haltung, die das eigene Leiden in den Mittelpunkt stellt und dabei gleichzeitig von der eigenen Verstrickung in die Unrechtsgeschichte ablenkt. Dieser passive Opferbegriff hat sich als enorm dehnbar erwiesen; er umfasst alles vom Leid der Flucht und Vertreibung über Bombenkrieg und Vergewaltigung bis hin zu Hitler selbst, der im Film *Der Untergang* als Opfer seines eigenen Wahns dargestellt wird.

Sabrows historischer Überblick rekonstruiert damit eine kontinuierliche Opfergeschichte der Deutschen im 20. Jahrhundert, die von Langemarck bis zur ‹opferidentifizierten Erinnerungskultur› der Gegenwart reicht. Seine These dabei ist, dass «Heroisierung und Viktimisierung enger miteinander verwoben sind, als es zunächst den Anschein haben mag».[9] Dieses Beispiel macht noch einmal deutlich, dass der Opferbegriff schillert und zwischen gegensätzlichen Haltungen wie Aktivität und Passivität, Stolz und Apathie, Sinngebung und Verzweiflung oszilliert. Die von Sabrow aufgezeigte Dialektik von deutscher Selbstheroisierung und Selbstviktimisierung als zwei Seiten derselben Opfermedaille unterschlägt jedoch eine weitere wichtige Wende der Opfersemantik, die mit der Erinnerung an den Holocaust verbunden ist. Dieses geschichtliche Ereignis wird heute ja nicht nur von den Überlebenden und Angehörigen der jüdischen Opfer im Modus einer (opferidentifizierten) Selbstviktimisierung erinnert, sondern längst auch von einer wachsenden transnationalen nicht-jüdischen Erinnerungsgemeinschaft im Modus einer Opfer-Empathie. Diese Umorientierung von deutscher Selbstviktimisierung hin zur Empathie mit den jüdischen und anderen Opfern deutscher Gewaltpolitik einfach zu unterschlagen, ist eine unzulässige Verkürzung des Themas. Denn hier stoßen wir ganz offensichtlich auf eine neue dritte, nicht weniger wichtige Opferkategorie neben *Heldenopfer* und *Leidensopfer*, nämlich die *Opfer der eigenen Verbrechen* bzw. die *empathisch anerkannten Opfer*. Angesichts dieser enormen Dehnbarkeit des Opferbegriffs ist es dringend notwendig, ihn jeweils genauer zu bestimmen, anstatt ihn als frei flottierenden Signifikanten in seiner suggestiven Widersprüchlichkeit und Vagheit zu belassen. Schlagworte wie die von der ‹opferzentrierten Erinnerungskultur› bedürfen deshalb unbedingt einer Spezifizierung, bevor man überhaupt verstehen kann, wovon jeweils die Rede ist.

Im Rahmen einer Politik der Reue und der Anerkennung historischer Wunden ist in vielfältigen Kontexten eine neue Erinnerung an die Opfer der eigenen Gewalt entstanden. Neben dieser Opfer-Empathie hat die Privilegierung der Opferrolle seit den 1990er Jahren aber auch neue Formen der Selbstviktimisierung und politischen Identitätspolitik hervorgebracht. Polen und Irland sind Nationen, die eine lange Tradition der Opfergeschichte haben; Österreich hat sich nach 1945 als «erstes Opfer Hitlers» definiert. Die Staaten, die nach dem Zusammenbruch des Ostblocks in die Unabhängigkeit entlassen wurden, haben bis auf die DDR ihre Identität vornehmlich auf eine Opferidentität gegründet, die die traumatische Gewaltgeschichte stalinistischer Repression und sowjetischer Besatzung zum kollektiven Bezugspunkt der Vergangenheitsorientierung macht. In neuen nationalen Museen werden diese Opfergeschichten sinnfällig ausgestellt und der Widerstand gegen diese Unterdrückung gleichzeitig als heroische Keimzelle der Nation zelebriert. Die Namen dieser Museen sprechen für sich: ‹Haus des Terrors› (Budapest), Okkupationsmuseum (Riga, Tallinn), Museum der Genozidopfer (Vilnius; gemeint ist die litauische Bevölkerung). Heldenopfer und Leidensopfer gehen in diesen neuen nationalen Identitätskonstruktionen ineinander über. Die traumatische Geschichte, die im Erfahrungsgedächtnis der Bevölkerung noch tief verankert ist, wird ebenfalls in Museen, Schulbüchern und der Gedenkkultur als nationales Narrativ repräsentiert und findet in der Bevölkerung große Zustimmung.

Das nationale Selbstbild als kollektives Leidensopfer ist mit neuen politischen Problemen verbunden. Zum einen kommt es in diesen Nationen zu einer Ethnisierung des Leidens und damit zu einer gefährlichen Abwehr pluralistischer Tendenzen in der Gesellschaft. Jie-Hyun Lim spricht in diesem Zusammenhang von einem ‹vererbten Opfernarrativ› (‹hereditary victimhood›).[10] Wenn die an nachwachsende Generationen vererbte Leidensgeschichte zum Kern der nationalen Identität erhoben wird, haben es Migranten und Minoritäten schwer, volle Anerkennung und Partizipation in der Gesellschaft zu erreichen. Das andere Problem dieser Erinnerung ist ihre Einseitigkeit, wir können auch sagen: die mit ihr verbundene selektive Amnesie. Wer sich kollektiv in der Opferrolle sieht, ist zum Beispiel kaum bereit, in dieses Narrativ auch Episoden eigener Verbrechen, der Kollaboration mit der faschistischen deutschen Besatzung und der Beteiligung am Judenmord zu integrieren. Im Gegenteil erweist sich die passive Opferidentität als eine komfortable moralische Position, weil sie sich als ein Abwehrschirm gegen jegliche Mitverantwortung an historischen oder neuen Verbrechen einsetzen lässt. Nationen der Selbstviktimisierung sind bislang besonders unwillig und unfähig, eine ‹Politik der Reue› zu entwickeln, die eine empathische Beziehung zu den Opfern der eigenen Politik ermöglicht.

Diese Opfernarrative sind in der Regel alles andere als fiktiv; sie beruhen auf wirklichen historischen Erfahrungen und langfristig prägenden Traumata. Aber sie sind zugleich auch Teil einer politischen Selbstinszenierung, die ihre eigenen Probleme mit sich bringt. In der landläufigen Logik nationaler Identitätsbildung schließen sich die Opfer- und die Täterrolle kategorisch aus. Opferidentitäten werden dadurch geschaffen, dass eine Leidensgeschichte zum bestimmenden Kern der Identität und zum ausschließlichen Inhalt der kollektiven Erinnerung gemacht wird. Was in diesem Erinnerungsrahmen keinen Platz findet, bleibt aus der öffentlichen Kommunikation ausgeschlossen. Diese Verfestigung der nationalen Opferidentität erschwert Möglichkeiten der Annäherung, kommunikativen Austausch und Aussöhnung mit den jeweiligen Tätern und verhindert die Anerkennung wechselnder Opfer- und Täterkonstellationen.

In Westdeutschland entstand nach 1945 ebenfalls eine kollektive Opferidentität, die in der Bevölkerung breit verankert war. Diese ‹Selbstviktimisierung› beschreibt eine Haltung der Nachkriegsdeutschen, «die sich selbst als Opfer inszenierten und die eigene Verstrickung hinter der Selbstwahrnehmung als Opfer brauner Verführung, angloamerikanischer Bombardierung und sowjetischer Siegerwillkür verschwinden ließen».[11] Sie unterscheidet sich von den neuen Opferidentitäten in Zentral- und Osteuropa allerdings darin, dass sie sich nicht in staatlichen Symbolen niederschlug; es gab Familien- und Erfahrungsgedächtnisse, die angefüllt waren mit deutschen Leidensgeschichten, aber es gab damals keine entsprechenden Museen und Denkmäler, die diese Perspektive offiziell vertreten und nach außen kommuniziert hätten. Ein einschneidender Richtungswechsel dieser «Opfersensibilität vollzog (sich) in den siebziger und achtziger Jahren», als der Blick von Millionen Deutschen, die Opfer Hitlers wurden, umgelenkt wurde auf die NS-Vernichtungspolitik, in der «Millionen zu Opfern der Deutschen wurden».[12] Nach der Wiedervereinigung vollzog sich vollends der Wandel hin zu einem offiziellen nationalen Täternarrativ, das im nationalen Auftrag der Pflege der Gedenkstätten der ehemaligen Konzentrationslager verankert und mit dem zentralen Holocaust-Mahnmal in Berlin auch für alle ausländischen Besucher sinnfällig ausgestellt wurde.

Damit hat sich nun aber in Deutschland das umgekehrte Problem aufgebaut wie in den post-sowjetischen Nationen. Während dort ein offizielles Opfernarrativ vorherrscht, das die Möglichkeit der Anerkennung einer Täterperspektive vorerst noch ausschließt, herrscht hier ein offizielles Täternarrativ vor, das die Möglichkeit der Anerkennung einer Opferperspektive ebenso auszuschließen scheint. Als nach der Jahrtausendwende die Erinnerung an Flucht und Vertreibung, Bombenkrieg und Vergewaltigungen in Büchern, Fotobänden und Filmen wieder auflebte, stellte sich sofort ein normativer Diskurs des Unbehagens ein, der darin einen Rückfall in die deutsche Opferidentität der 1950er Jahre und den Versuch einer Abwehr der Täterperspektive sah. In dieser Perspektive konnte die in den betroffenen Familien noch lebhafte und weitergegebene Erinnerung nicht gesellschaftlich anerkannt und mit Empathie in das deutsche Geschichtsbild des Zweiten Weltkriegs integriert werden. Stattdessen wurden diese Erinnerungen als eine Form der Selbstviktimisierung misstrauisch auf Distanz gehalten und unter den Generalverdacht des Geschichtsrevisionismus gestellt.

Vor allem aber war es die aufdringliche Politisierung durch das ‹Zentrum gegen Vertreibung›, das diese Erinnerung an zwei Millionen Tote, kaum dass sie in die Gesellschaft zurückgekehrt war, für viele wieder unantastbar machte. Besonders der Einsatz von Erika Steinbach, der streitbaren Vorsitzenden dieser Arbeitsgruppe, weckte in Polen den Eindruck revisionistischer Ansprüche und hat die Beziehungen entlang dieser europäischen Binnengrenze belastet. Hierzulande mündete der berechtigte Wunsch nach einer von der Gesellschaft getragenen Erinnerung an Flucht und Vertreibung in einen verfehlten Diskurs um Opferkonkurrenz, bei dem nicht mehr die Geschichten der Opfer im Mittelpunkt standen, sondern vordringlich der Rang, der diesen Opfern einzuräumen sei. Micha Brumlik zum Beispiel reagierte empfindlich auf die Ansprüche des Zentrums und monierte einen gravierenden Mangel an Differenzierungen. Im Wortlaut der Charta der Vertriebenen sei, so Brumlik, «die Unterscheidung von Opfern des Holocaust, der Ermordung von Sinti und Roma sowie von Millionen von polnischen und Sowjetbürgern gelöscht». Er wehrte sich vehement gegen eine «nationale, das Gedenken an die ermordeten Juden imitierende Gedenkeinrichtung», die die Singularität und Zentralität des Holocaust im deutschen Gedenken de facto in Frage stellt.[13] Der Diskurs der Opferkonkurrenz, der durch die Ansprüche des ‹Zentrums gegen Vertreibung› ausgelöst wurde, hat eine gesellschaftliche Anerkennung dieser Geschichten und eine emotionale Anteilnahme daran bisher eher behindert als gefördert. Warum sollte es jedoch kategorisch ausgeschlossen sein, Täter- *und* Opferperspektiven in einem nationalen Gedächtnis zusammenzuführen, zumal im Zweiten Weltkrieg die aggressive und vernichtende Gewalt der Deutschen ja mit ihren daraus folgenden Leiden auch unmittelbar zusammenhängt. Wie Brumlik schreibt, haben «auch die deutschen Opfer des Zweiten Weltkrieges einen Anspruch auf respektvolles Gedenken». Das Problem dieses Gedenkens ist jedoch nicht nur die Opferkonkurrenz, sondern auch die Tatsache, dass in diesen Geschichten nicht nur von der «verheerenden Wirkung des Nationalsozialismus auch für die deutsche Bevölkerung» die Rede ist, sondern dass in ihnen auch die europäischen Nachbarn in der Täterperspektive erscheinen. Diese einseitige Erinnerung der Opfer an begangene Verbrechen in den Nachbarstaaten, die dort aufgrund eines nationalen Opfernarrativs aus dem Gedächtnis getilgt sind, schafft starke Reibungen an innereuropäischen Grenzen, die erst durch gemeinsame Formen transnationalen Erinnerns auf der Grundlage gegenseitiger Achtung und eines wiederhergestellten Vertrauens überwunden werden können.[14]

Während die Geschichtswissenschaft Platz hat für wechselnde Täter- und Opferkonstellationen, kommt es in Gedächtniskonstruktionen durch das Grundbedürfnis der Erhaltung eines positiven Selbstbilds ‹naturgemäß› immer wieder zu Verengungen. Nietzsche führte diese Ausschlussmechanismen und Verengungen in der Verbindung von Erinnerung und Identität auf den Stolz zurück und führte dafür obendrein den Begriff der Horizontbildung ein: «Der Horizont ist geschlossen und ganz, und nichts vermag daran zu erinnern, daß es noch jenseits desselben Menschen, Leidenschaften, Lehren, Zwecke gibt.»[15] Die Erinnerung ist grundsätzlich perspektivisch und öffnet sich neuen Informationen nicht so einfach nach allen Seiten. Das gilt nicht nur für den emotionalen Druck, der den Stolz oder den passiven Opferstatus zum Türhüter der Erinnerung macht, sondern auch für den normativen Druck eines Gedächtnisrahmens. Deshalb ist es so wichtig, diesen ausgrenzenden Zug, der in Erinnerungsprozessen wirksam ist, in die Reflexion einzubeziehen, ihn zu thematisieren und in bewusste Formen der gegenseitigen Anerkennung und Aushandlung zu überführen. Das Ziel ist dabei die *Erweiterung*, nicht die *Ersetzung* des Gedächtnisrahmens, es geht um die Überführung eines Entweder-oder in ein Sowohl-als-auch. Ein zunehmendes Interesse an konkreten Befunden und wichtigen Einblicken in die notorische Vielfalt und Uneindeutigkeit historischer Erfahrungen führt dabei auch zu einer wichtigen Annäherung zwischen Gedächtnis und Geschichte.

Im Folgenden sollen drei Modelle der Überwindung der Opferkonkurrenz diskutiert werden: eine inklusive Opferkategorie, Michael Rothbergs Konzept der verknüpften Erinnerungen (*multidirectional memories*) und mein eigener Vorschlag eines ‹dialogischen Erinnerns›. Ich beginne mit der inklusiven Opferkategorie, die den Opferbegriff verallgemeinert und dazu tendiert, die Frage nach den Tätern dabei immer mehr auszublenden. Ruth Klüger hat solches Mitgefühl mit den Opfern bei gleichzeitiger Ausblendung der Täter und einen Sinn für die Gerechtigkeit gegenüber den Opfern als Pseudovergangenheitsbewältigung scharf kritisiert. Ein Beispiel für einen solchen inklusiven Opferbegriff, der die Frage nach Schuld und Verantwortung letztlich ausschließt, ist die Gedenkstätte der ‹Neuen Wache›, die Helmut Kohl nach der Wende 1992 als zentrales nationales Mahnmal in der Mitte Berlins einrichtete. Er knüpfte, was kaum bekannt ist, dabei an eine Tradition der Adenauer-Ära an. Adenauer hatte das dringende Anliegen, noch während seiner Amtszeit ein Denkmal für die Opfer des Zweiten Weltkriegs zu errichten. Auf der Autobahn bei Göttingen ist es als ‹Heimkehrer-Mahnmal› ausgeschildert. Wer dort abzweigt, findet auf einem grünen Hügel bei Friedland riesige spitze Betonkeile, die in den Himmel ragen und im unteren Bereich mit Inschriftstafeln versehen sind. Eine Widmungstafel teilt mit, dass das Mahnmal 1967 als ‹Dankzeichen› errichtet wurde. Weitere Tafeln erinnern an 10 500 000 Kriegsgefangene, von denen der letzte Transport 1956 zurückkehrte, und an 15 000 000 Vertriebene aus verschiedenen Regionen, an 1 000 000 Verschleppte und 2 000 000 Todesopfer der Vertreibung und an 9 340 900 Kriegstote, darunter Soldaten und Zivilisten. Eine weitere Tafel nennt 50 Millionen, die auf allen Kontinenten und Meeren ihr Leben ließen: «gefallen, getötet, umgekommen». Inklusiv war das Denkmal allerdings nur in Bezug auf die Opfer des Zweiten Weltkriegs, denn «eine mögliche Beteiligung von jüdischen Organisationen oder Verbänden ausländischer Opfer der nationalsozialistischen Gewaltherrschaft» war damals noch kein Thema.[16] Das lag wiederum an der notorischen Engführung des Gedächtnisses: Die Opferperspektive der Heimkehrer, die sich hier ihr Denkmal setzten, schloss damals den Gedanken an die Opfer der Deutschen noch kategorisch aus. Als Kohl nach der Wiedervereinigung in der Neuen Wache ein neues nationales Denkmal plante, wollte er dabei inklusiver sein und wirklich alle Opfergruppen berücksichtigen. Während das Friedland-Denkmal mit seinen vielen Tafeln, Zahlen und Differenzierungen eine exakte Buchführung der deutschen Opfergruppen anstrebte, war das Berliner Denkmal knapp und allgemein «Den Opfern von Krieg und Gewaltherrschaft» gewidmet. Diese inklusiv gemeinte Formel wurde jedoch keineswegs als eine solche verstanden. Die jüdischen Bürgerinnen und Bürger konnten ihre Erinnerungen schwerlich mit der christlichen Skulptur der Pietà von Käthe Kollwitz verbinden, hatten die Gaskammern und Erschießungskommandos doch keine trauernden Mütter zurückgelassen. Sie nahmen dieses Gedenkangebot nicht an; so entstand eine Lücke, die dann durch die Errichtung des Holocaust-Mahnmals gefüllt wurde. Entgegen seinem Selbstverständnis war also auch dieses Opferdenkmal nicht inklusiv und setzte damit die Tradition von Adenauers Heimkehrer-Denkmal fort.

Inklusive Opferkategorien verwischen leicht den wichtigen Unterschied von opferidentifiziertem und opferorientiertem Erinnern, den Werner Konitzer gemacht hat: Im einen Falle sieht man sich in der Erinnerung selbst in der Opferrolle, im anderen Falle erinnert man sich an die Opfer, die die eigenen Verbrechen gefordert haben. Jens Kroh sieht derzeit in der Bemühung im EU-Parlament, die Holocaust-Erinnerung mit der Erinnerung an die stalinistischen Verbrechen zu verbinden, eine ähnlich verfehlte Strategie, eine inklusive Opfergemeinschaft zu schaffen, in der es keine Täter mehr gibt. Kroh spricht in diesem Zusammenhang von einer ‹Kultur der Selbstviktimisierung› in Europa. «Anders als noch zum Ende des 20. Jahrhunderts stellt das Schuldgedächtnis nicht mehr die transnationale Signatur der Erinnerungskulturen in Europa dar», nachdem die nationalen Gedächtnisse in Europa «in der Zwischenzeit auf die Kategorie ‹Opfer› umgestellt worden» seien.[17]

Das Wort ‹Selbstviktimisierung› hat einen negativen Klang und verweist auf einen Akt der Selbstinszenierung, der zugleich die eigene Verstrickung und Schuld verdecken und verschleiern soll. Eine solche Beschreibungssprache macht es in diesem Falle schwierig, wo nicht gar unmöglich, einen Zugang zu emotionalen Lagen des Gedächtnisses zu gewinnen. Hier sind wir wieder bei einer subtilen Moralisierung der Geschichte, die den Rahmen des jeweils Akzeptablen verengt. Eine Leidensgeschichte, die nicht in den akzeptablen Rahmen passt, wird kritisiert oder wegrationalisiert. Eine solche Bevormundung der Zeitzeugen und ihrer Nachfahren aus einer überlegenen Perspektive der politischen Korrektheit ist jedoch problematisch, weil sie das Menschenrecht auf eine eigene Erinnerung und die damit verbundenen Gefühle und damit auch die Empathie gegenüber einer historischen Leiderfahrung verweigert. Dieses Denken bleibt von einer Ausschluss-Logik der gegenseitigen Verdrängung bestimmt, die den Erinnerungsdiskurs weiterhin beherrscht. Sie unterstellt, dass die Erinnerung an die eigenen Leiden automatisch ein Bewusstsein für die Leiden der Anderen auslöscht. Gegenüber solchen normativen Verengungen ist eine Erweiterung der Rahmen für das Erinnerungspathos angebracht, die einem Menschen das Recht auf unterschiedliche Erinnerungen zuspricht und ihm zutraut, dass er über dem eigenen Leid Fragen der Gerechtigkeit und das Leid der Anderen nicht aus dem Auge verliert.

Europas gespaltenes Gedächtnis

Es gibt innerhalb Europas Erinnerungen, die weiterhin im Zustand der Unvereinbarkeit existieren und das europäische Gedächtnis spalten. Dieses Thema möchte ich mit einer Alltagserfahrung einleiten. Ich rekonstruiere dafür ein Gespräch, das ich mit einem polnischen Kollegen während des Frühstücks in einem Studentenwohnheim in Madrid führen konnte. Er nahm an einer Mathematiker-Konferenz teil, ich war zu einer Gedächtnis-Konferenz angereist. ‹Gedächtnis, was ist das?›, wollte er wissen. ‹Psychologie? Medizin?› Ich erklärte ihm, dass wir heute davon ausgehen, dass nicht nur Individuen sich erinnern, sondern dass es inzwischen auch ein neues Forschungsfeld gibt über den Gebrauch, den Gruppen und Nationen von Erinnerungen an ihre Vergangenheit machen. Er konnte sich das schwer vorstellen und erklärte mir, dass seine Generation, die um 1970 geboren ist, keinerlei Interesse an Geschichte mehr habe. Im Verlauf unseres Gesprächs zeigte er sich allerdings sehr kundig, was die aktuellen polnischen Erinnerungsdebatten von Katyn bis Jedwabne angeht. Er fügte noch Einzelheiten zum letzten Erinnerungs-Skandal hinzu, den der Historiker Jan Tomasz Gross mit seinen Enthüllungen über polnische Grabungen nach Gold auf den Todesfeldern von Treblinka und weiteren ehemaligen Todeslagern nach dem Krieg ausgelöst hatte.[18] Er teilte mir mit, dass sein Vater, der direkt nach dem Zweiten Weltkrieg geboren ist, im Gegensatz zu seinem Sohn vollständig von historischer Erinnerung durchdrungen sei. Aus diesem Grund sei es für seinen Vater auch unmöglich, jemals nach Deutschland zu reisen. Dieser sei deshalb auch ein leidenschaftlicher Gegner der EU, in der er nichts anderes sehe als eine neue Variante des alten deutschen Imperialismus.

Das Gespräch machte mir wieder einmal deutlich, in welchem Maße aktuelle emotionale Haltungen und politische Positionen von Ereignissen der Vergangenheit diktiert werden, die vor der Geburt der Betroffenen liegen. Dabei zeichnen sich aufgrund der unterschiedlichen Sozialisation und Geschichtserfahrung durchaus unterschiedliche Einstellungen der Generationen ab: der Vater, der das kollektive Opfergedächtnis der polnischen Nation verkörpert und in den europäischen Partnern immer noch die Konturen der ehemaligen Feinde erkennt; und der Sohn, der sich von dieser Geschichtslast befreit hat und auch die neuen Auseinandersetzungen um die Integration von Täterperspektiven ins nationale Gedächtnis mit Interesse verfolgt. Entscheidend ist aber, dass in den Ländern des ehemaligen Ostblocks eine ganz andere Geschichtserinnerung dominiert als in den westeuropäischen Ländern.

Das hat unmittelbar etwas mit der europäischen Geschichte zu tun, insbesondere mit dem 8. und 9. Mai 1945. Seit der Rede von Bundespräsident Richard von Weizsäcker zum 8. Mai 1985 haben sich die Deutschen daran gewöhnt, sich an den 8. Mai 1945 nicht mehr als ‹Tag der Niederlage› zu erinnern, sondern ihn mehr und mehr als ‹Tag der Befreiung› zu begreifen und zu feiern. Damit sind sie gewissermaßen dem westeuropäischen Siegergedächtnis beigetreten – ohne jedoch die Perspektiven auf Schuld und Verantwortung dabei auszuschließen. Während sich Deutschland damit in die westeuropäische Erinnerungskultur eingliederte, wurde gleichzeitig eine deutliche Grenze zwischen dem westlichen und dem östlichen Teil Europas markiert, denn am 9. Mai 1945 gerieten die osteuropäischen Staaten unter sowjetische Besatzung, was ihre Leidensgeschichte um vier Jahrzehnte verlängerte. Damit wurden nicht nur alle Impulse in Richtung Demokratie und nationaler Selbstbestimmung politisch verboten, auch jegliche Erinnerung an erlittene Leiden der Verfolgung und Vernichtung in Stalins Lagern wurde brutal unterdrückt.

Vereinfacht gesprochen können wir uns das Gedächtnis Europas als eine Ellipse mit zwei Brennpunkten vorstellen. Wenn das eine Kernereignis der Holocaust ist, dann bilden das andere Kernereignis die stalinistischen Verbrechen der Massentötungen und Zwangsarbeitslager. Was die transnationale Anerkennung angeht, so besteht zwischen beiden Ereignissen derzeit noch eine eklatante Asymmetrie, die noch nicht in den Zustand einer verknüpfbaren Erinnerung erhoben worden ist, sondern Europa weiterhin nachhaltig spaltet. Beginnen wir mit dem ersten

Brennpunkt der Ellipse, dem Aufstieg der Holocaust-Erinnerung zu einem transnationalen Gedächtnis und europäischen Gründungsmythos. Während im Zeitalter des Kalten Krieges die Erinnerung an den Zweiten Weltkrieg im deutschen Opfergedächtnis noch allgegenwärtig war, wie Adenauers Heimkehrer-Denkmal bei Friedland bezeugt, dauerte es Jahrzehnte, bis die Ermordung der europäischen Juden allmählich aus ihrer Überlagerung durch Schweigen und Verdeckung wieder zum Vorschein kam und diesem Menschheitsverbrechen im Weltbewusstsein ein fester Platz zugewiesen wurde. Die Holocaust-Konferenz in Stockholm im Januar 2000, an der über 40 Staaten teilnahmen, endete mit einer gemeinsamen Absichtserklärung, dieses Ereignis in die Form einer transnationalen Erinnerung zu überführen und damit ein Bekenntnis zum Kampf gegen Völkermord, Rassenhass und Fremdenfeindlichkeit zu verbinden. Die auf der Stockholm-Konferenz gegründete internationale ‹Task Force for International Cooperation on Holocaust Education, Remembrance and Research› (ITF)[19] hat zur praktischen Umsetzung einer europäischen Erinnerungskultur beigetragen, die für alle Mitgliedstaaten verpflichtend ist. Diese Nichtregierungsorganisation setzte sich ein doppeltes Ziel:

1. die Erinnerung an den Holocaust über die Schwelle des neuen Millenniums zu tragen und in ein Langzeitgedächtnis zu verwandeln, das die zeitliche Begrenzung des lebendigen Zeitzeugengedächtnisses überwindet, und
2. die Erinnerung an den Holocaust über die nationalen Grenzen zu tragen und eine transnational-europäische Erinnerungsgemeinschaft zu begründen mit einer ausgedehnten Infrastruktur von Institutionen, Finanzen und Netzwerken.

Die Erinnerungsgemeinschaft der ITF umfasst inzwischen 31 Staaten, zu denen abgesehen von den USA, Israel und Argentinien ausschließlich europäische Länder gehören.

Ein sichtbares Zeichen dieser neuen Gedächtnispolitik war die Einführung eines neuen Gedenktags. Der 27. Januar 1945, der Tag der Befreiung des Konzentrationslagers Auschwitz durch die Rote Armee, war zunächst 1996 durch eine Initiative des deutschen Bundespräsidenten Roman Herzog nach der Wiedervereinigung als neuer gesamtdeutscher Gedenktag eingeführt worden. Vier Jahre später folgte ihm der schwedische Präsident Göran Persson, der die internationale Holocaust-Konferenz in Stockholm an diesem Tag einberief. Im Zuge dieser Entwicklung wurde der 27. Januar als neuer Holocaust-Gedenktag in vielen europäischen Ländern eingeführt. Fünf Jahre nach der Stockholm-Konferenz gedachte auch das Europäische Parlament in Brüssel zum ersten Mal mit einer Schweigeminute der Befreiung von Auschwitz und verabschiedete eine Resolution, in der «der 27. Januar in der gesamten Europäischen Union zum Europäischen Holocaustgedenktag erklärt wird.»[20]

Seither ist vermehrt die Rede vom Holocaust als ‹Gründungsmythos Europas›.[21] Ein interessanter Kommentar dazu stammt von dem Historiker Alon Confino, der die These aufgestellt hat, dass in der westlichen Kultur das Gründungsereignis der Französischen Revolution inzwischen durch den Holocaust ersetzt bzw. überlagert worden sei.[22] Confino stellt fest, dass die Französische Revolution den Status des zentralen fundierenden Ereignisses hatte, auf dem die westlichen Kulturen errichtet wurden. Es wurde zu einer Art «symbolischem Handbuch», in dessen Lichte fortan gehandelt und der Sinn der Geschichte entziffert wurde. Dieses Handbuch war vielseitig in Gebrauch: «es wurde eingesetzt für verschiedene politische und soziale Bewegungen, es inspirierte die nationalen, revolutionären und anti-kolonialen Kämpfe des 19. und 20. Jahrhunderts, ob ihre Anführer nun Mazzini, Lenin, Rosa Luxemburg, Simón Bolívar oder Nehru hießen».[23] Confino vergleicht diese beiden Gründungserinnerungen westlicher Geschichte und stellt dabei fest, dass die Strahlkraft des Gründungsmythos der Französischen Revolution seit den 1980er Jahren merklich nachgelassen hat, während die Bedeutung des Holocaust seit dieser Zeit kontinuierlich zunahm. Als verbindende Gründungserinnerung des Westens sei es nun immer mehr der Holocaust, der den gemeinsamen kulturellen Rahmen schafft für historische Deutungen, ethische Werte, politische Ansprüche und neue Schlüsselbegriffe. Confino bestätigt damit den Wertewandel von revolutionären Heldenbildern zu einer Semantik des passiven Opfers, von ‹Triumph› zu ‹Trauma› (Bernhard Giesen), von politischen Mythen zu Menschenrechten.

Bei der pauschalen Rede vom Holocaust als ‹europäischem Gründungsmythos› wird allerdings meist übersehen, dass der Holocaust nur im Westen Europas diesen Status einer verbindenden Gedächtnisikone erhalten hat. Im Osten Europas dominiert eine andere Erinnerung. Nach dem Ende des Kalten Krieges und dem Aufbrechen des bipolaren politischen Rahmens erlebte Europa eine eruptive Wiederkehr bis dahin unterdrückter Erinnerungen. Diese Erinnerungen, die das Geschichtsbild Europas tiefgreifend veränderten, nahmen im Osten und Westen Europas jedoch einen sehr unterschiedlichen Verlauf. Mit der politischen Auflösung des Ostblocks rückte die Erfahrung der kommunistischen Besetzung und der Verbrechen Stalins in Osteuropa ins Zentrum der nationalen Erinnerung, während die Erfahrung der Invasion der Nationalsozialisten und die Kollaboration mit diesem Regime in den Hintergrund gerieten. Gleichzeitig rückte in den westlichen Nationen Europas mit Öffnung der Archive die Erinnerung an Kollaboration und Verstrickung in den Holocaust ganz neu ins Bewusstsein. Das große erinnerungspolitische Thema der 1990er Jahre waren internationale Restitutionsdebatten; es ging um die Frage der Entschädigung jüdischer Opfer und die materielle Kompensation von Zwangsarbeitern. Diese Diskussion griff von Deutschland aus auch auf andere europäische Staaten über und brachte dabei positive nationale Selbstbilder ins Wanken. Kompromittierende Erinnerungen kamen in Schüben hoch und wurden mit großer Erregung debattiert, was die Eindeutigkeit und Ausschließlichkeit der herrschenden nationalen Narrative in Frage stellte. Aufgrund neuer Informationen über Vichy und die Geschichte des Antisemitismus in Ostdeutschland waren Franzosen und Ostdeutsche nicht mehr ausschließlich Widerstandskämpfer, nach Waldheim und Jedwabne waren Österreich und Polen nicht mehr ausschließlich Opfernationen, und selbst die neutrale Schweiz musste entdecken, dass sich ihre Banken und Grenzen in belastende Erinnerungsorte verwandelten. Auf diese Weise verbreiteten sich im Westen Europas zum ersten Mal auch Tätererinnerungen mit Bezug auf den Holocaust, eine Entwicklung, die als unmittelbarer Hintergrund der Stockholm-Konferenz und der ITF gedeutet worden ist.[24] Das öffentliche Bekenntnis zur

Holocaust-Erinnerung und ihre Institutionalisierung waren so gesehen eine Antwort auf eine veränderte historische Sensibilität, die mit einer Erweiterung europäischer Verantwortung für dieses Verbrechen einherging.

Gleichzeitig festigten sich, wie bereits erwähnt, im Osten Europas die nationalen Selbstbilder durch Konzentration auf eine kollektive Opfererinnerung an die Zeit der russischen Besatzung und der Diktatur des Kommunismus. Mit dieser selbstbezüglichen Kultivierung des Opferstatus waren neue politische Probleme verbunden: Die jüdischen Opfer, die in diesen historischen Kontexten ermordet worden waren, wurden ausgeklammert oder marginalisiert; es kam zu einem merklichen Abrücken der osteuropäischen Nationen von ihrer europäischen Identität, sie wurden unempfindlich für andere Opfer und stellten zum Teil eine Bedrohung für ihre eigenen Minderheiten dar.

Während die Historiker derzeit erfolgreich an einem stärker integrierten Bild der Gewaltgeschichte in Osteuropa arbeiten – man denke an Timothy Snyders *Bloodlands* oder Jörg Baberowskis *Verbrannte Erde*, zwei neue Bücher, die enge Verflechtungen zwischen Stalins Terrorkampagnen, Hitlers Holocaust und dem Hungerkrieg im Osten Europas aufgezeigen, bleiben diese Ereignisse, die lange hinter dem Eisernen Vorhang verschwunden waren, im europäischen Gedächtnis vorerst kategorisch getrennt und weiterhin Gegenstand heftigster Kontroversen. Das Resultat hat Janusz Reiter, ehemaliger polnischer Botschafter in Deutschland, folgendermaßen auf den Punkt gebracht: «In seiner Erinnerungskultur bleibt das vereinte Europa ein gespaltener Kontinent. Nach der Erweiterung verläuft die Trennungslinie mitten durch die Europäische Union.»[25]

Diese Spaltung des europäischen Gedächtnisses soll hier an zwei Gallionsfiguren des westlichen Holocaust-Gedächtnisses und des östlichen Stalinismus-Gedächtnisses illustriert werden.[26] Die eine ist Simone Veil, Holocaust-Überlebende, überzeugte Europapolitikerin und seit 2000 Vorsitzende der französischen Stiftung für das Gedenken der Shoah. Bei ihren öffentlichen Auftritten wiederholte sie den Leitsatz «Die Shoah ist unser aller Erbe», den sie zum basalen Erinnerungsimperativ der westlichen Zivilisation erklärte.[27] Die andere ist Sandra Kalniete,

Gulag-Überlebende, aktive Schlüsselfigur im Unabhängigkeitskampf Lettlands von 1990 und frühere lettische Außenministerin. Sie kämpfte für die Anerkennung der Opfer des stalinistischen Terrors im europäischen Gedächtnis. Bei ihrer Rede zur Eröffnung der Leipziger Buchmesse am 24. März 2004 machte sie auf die stalinistischen Opfer, zu denen auch sie selbst und ihre Familie gehören, aufmerksam: «Es gibt keine Familie in Lettland, die nicht Geschichten über Sibirien erzählen kann, und über Verwandte, die ohne Spur in der riesigen, harten Kälte dieses Teils von Russland verschwanden. Die Geschichten waren alle sehr ähnlich, nur die Personen variieren. Die Zeit der Deportation, die Orte, in die die Menschen geschickt wurden, das Leiden, das völlige Fehlen jedweder Herrschaft von Recht oder Gerechtigkeit – dies alles bleibt immer gleich.»[28] Sie schloss daran die Forderung an, dass auch ein Siegergedächtnis sich gegen diese Verbrechen nicht dauerhaft immunisieren dürfe, die in die Verantwortung des heutigen Russlands fallen. Der Kampf und Sieg «gegen den Faschismus kann nicht als etwas gesehen werden, das die Sowjetunion, die zahllose Unschuldige im Namen einer Klassen-Ideologie unterdrückte, für immer von ihren Verbrechen entschuldet.»

Während im Westen Europas die Opfer des jüdischen Genozids und anderer Verbrechen gegen die Menschlichkeit Anerkennung gefunden haben, hat ein solcher europäischer Umdenkprozess mit Blick auf die Opfer des Stalinismus noch nicht stattgefunden. Anders als im Nachkriegsdeutschland gab es in Russland keinen Wechsel des politischen Regimes und auch keinen externen Druck zur Übernahme historischer Verantwortung. Im Gegenteil konnte sich die Sowjetunion als Siegernation mit den anderen Alliierten moralisch auf der richtigen Seite wähnen. Sie alle hatten in Hitler das Böse bekämpft und dieses bezwungen, sie alle hatten den Grundstock für die Neuordnung Europas gelegt. Trotz verschiedener Impulse seit der Chruschtschow-Ära, die stalinistischen Verbrechen aufzuarbeiten, sind diese dunklen Episoden bislang nicht in die offizielle russische Geschichtsschreibung und öffentliche Erinnerung eingegangen. Solange sich jedoch zwischen den Nachfolgern der Opfer und Täter kein Anerkennungsverhältnis über die schuldhafte Geschichte einstellt, wird dieses Opfer-Gedächtnis im Höchstgrad der Erhitzung verbleiben und – nach der exklusiven Logik der Erinnerung als Nullsummenspiel – anderen Erinnerungen den Einlass versperren. Anstelle eines Erinnerungskonsenses und der Aufnahme beider Menschheitsverbrechen ins europäische Gedächtnis hat diese doppelte Last der Geschichte in der politischen Arena nicht nur die Form einer Opferkonkurrenz, sondern auch eines Erinnerungskampfes angenommen.

Dazu hat Sandra Kalniete selbst beigetragen. Denn sie forderte nicht nur, dass auch die «Verlierer (...) ihren festen Platz in der Geschichte des Kontinents verdient» haben, sondern sie betonte auch, dass ohne diese millionenfache Erfahrung die europäische Erinnerung «einseitig bleiben (wird), unvollständig und unehrlich».[29] Sie betonte darüber hinaus, «dass beide totalitäre(n) Regime – Nazismus und Kommunismus – gleich kriminell waren». Mit dieser Aussage hat sie einen Skandal ausgelöst, der ihr Anliegen nicht nur nicht befördert, sondern gleich wieder zum Verschwinden gebracht hat. Wir berühren hier den Punkt des normativen europäischen Erinnerungsrahmens, der in den westlichen Ländern auf der Singularitätsthese des Holocaust aufgebaut ist. Vergleich und Gleichstellung der beiden Großverbrechen des Zweiten Weltkriegs sind ein tief verankertes Tabu, wie der Eklat angesichts der Rede von Sandra Kalniete umgehend gezeigt hat. Dieses Tabu lässt sich bis in die aktuellen Debatten verfolgen, wo immer die Frage nach Aufnahme der Erinnerung der Opfer des Stalinismus ins europäische Gedächtnis diskutiert wird. Es geht auf die sogenannte ‹Totalitarismus-These› zurück, die nach dem Zweiten Weltkrieg allgemein vertreten wurde. Sie stufte Faschismus und Stalinismus als zwei Varianten desselben Phänomens ein. Ein Bewusstsein für die Unterscheidung und Singularität des Holocaust hat sich erst im Zuge weiterer historischer Forschungen herausgebildet und wurde im Historikerstreit durch die Singularitätsthese befestigt. Die Gleichsetzung der beiden Großverbrechen des 20. Jahrhunderts (vom Kolonialismus ist in diesem Zusammenhang nicht die Rede) gilt seither als Tabubruch und Rückfall in ein historisch überholtes Bewusstsein, das eine fast so starke moralische Reaktion auslöst wie eine Holocaust-Leugnung.

Deswegen werden weiterhin alle Schritte der EU, die «Verurteilung von Verbrechen totalitärer kommunistischer Regime» in Europa voranzubringen und das Leid der Opfer anzuerkennen, mit größtem Unbehagen und Misstrauen begleitet.[30] Diese und andere Initiativen, das gespaltene Gedächtnis Europas zu überwinden, scheitern derzeit noch an dem Vorwurf der damit vollzogenen Gleichsetzung der Verbrechen des nationalsozialistischen Faschismus und des stalinistischen Terrors. Jens Kroh zum Beispiel wehrt sich nicht nur gegen die inklusive Konstruktion eines «Europa der Opfer», sondern warnt auch ganz ausdrücklich davor, «die konkurrierenden Gedächtnisse in Europa mit Hilfe einer opferidentifizierten und totalitarismustheoretischen Perspektive zu versöhnen». Bei solchen Initiativen werde zwar pflichtschuldig auf den einzigartigen Charakter des Holocaust hingewiesen, faktisch werde aber «die Singularität des Massenmordes an den europäischen Juden in Frage gestellt, wenn er ohne jede historische Differenzierung in einem Atemzug mit Stalinismus, Holodomor, Franquismus und Srebrenica aufgeführt» wird.[31] Ebenso vehement weist Micha Brumlik den Gedanken einer Erweiterung des Gedächtnisses zurück, das die Opfer Hitlers und die Opfer Stalins als eine gesamteuropäische Erfahrung im Jahrhundert der Extreme umfasst. Auch er reklamiert historische Differenzierungen gegenüber der Totalitarismusthese und unterstreicht dabei nicht nur die Singularität des Holocaust, sondern auch einen kategorischen Unterschied zwischen Stalinismus und DDR. Er polemisiert deshalb gegen «die ungenaue Gleichsetzung des despotischen Polizei- und Sozialstaats DDR mit dem Stalinismus» und argumentiert im Anschluss an Hannah Arendt, «dass die totale Herrschaft mit dem Tode Stalins in Russland nicht weniger ihr Ende gefunden hat als in Deutschland mit dem Tode Hitlers».[32]

Brumlik zeigt zwar Verständnis für den Wunsch, in Europa zu einer «gemeinsamen Gedenkkultur an die Schrecken und Verbrechen des 20. Jahrhunderts» zu finden, doch bleibt dieser Weg in seinen Augen vorerst noch durch den Mangel an Differenzierungen blockiert. Blockiert wird dieser Weg auch durch eine grundsätzliche Differenz der Perspektiven der historischen Forschung einerseits und der Erfahrung der Opfer andererseits.

Während die Historiker den Kausalzusammenhang der übergreifenden Entwicklung im Blick haben und bewerten, ist es «vom Blickwinkel der Opfer aus unwesentlich (...), welches Regime sie aus welchem Grund auch immer ihrer Freiheit beraubte und sie foltern und ermorden ließ».[33]

Wie kann man diese Schwierigkeiten überwinden und zu einem angemessenen europäischen Gedenken finden, ohne gleichzeitig wichtige Differenzierungen zu nivellieren? An diesem Punkt möchte ich noch einmal auf die Faulenbach-Formel hinweisen, die für den deutschen Erinnerungsfall der ‹beiden Diktaturen› erfunden wurde, aber auch auf der Ebene Europas ihre Bedeutung entfalten kann. Diese salomonische Formel erlaubt es, der Gleichsetzung der beiden Massenverbrechen explizit entgegenzutreten und das Gespenst der Relativierung zu bannen. Ich wiederhole sie hier noch einmal:

1. Die Erinnerung an die Verbrechen des Stalinismus darf die Erinnerung an den Holocaust nicht relativieren.
2. Die Erinnerung an den Holocaust darf die Erinnerung an die Verbrechen des Stalinismus nicht trivialisieren.

Durch einen entsprechenden Konsens im Dissens und eine Hierarchisierung könnte sich ein unversöhnliches, auf Verdrängung ausgerichtetes Entweder-oder in ein Sowohl-als-auch verwandeln und Aufnahme finden in ein gemeinsames europäisches Gedächtnis. Vorerst gilt jedoch weiterhin, dass man in östlicher Perspektive die Erinnerung an den Holocaust auf Distanz hält und in westlicher Perspektive zur Erinnerung an den Gulag auf Sicherheitsabstand geht. Der amerikanische Historiker Charles Maier zog eine Analogie aus der Kernphysik heran, um den Unterschied zwischen dem Gedächtnis des Nationalsozialismus und dem des Kommunismus zu beleuchten: Das «heiße» Gedächtnis des Nationalsozialismus habe, wie Plutonium, eine lange Halbwertszeit in der Geschichte, während das «kalte» Gedächtnis des Kommunismus wie Tritium eine wesentlich kürzere Halbwertszeit habe.[34] Die ungarische Historikern Eva Kovács kommentierte dies mit folgenden Worten: «Soweit ich abschätzen kann, trat in den postsozialistischen Staaten gerade der umgekehrte Fall ein: Das Gedächtnis des Kommunismus wurde zu einem heißen Topos, der sogar Massen mobilisieren kann, während das Gedächtnis des Nationalsozialismus kalt geblieben ist.»[35] Neu errichtete Holocaust-Museen in den zentral- und osteuropäischen Ländern sind nicht unbedingt ein Gegenbeweis gegen diese These. Diese Erinnerung bleibt oft eingehegt wie in ein Ghetto, solange im nationalen Narrativ keinerlei Verbindungspunkte zu ihr hergestellt werden.

Es ist jedoch längst nicht mehr nachvollziehbar, warum sich diese beiden Erinnerungen im europäischen Gedächtnis weiterhin gegenseitig bedrohen und verdrängen müssen. Im Gedächtnis herrscht, wie wir gesehen haben, notorischer Platzmangel. Daraus erklärt sich die gegenseitige Angst vor einem Verdrängungswettbewerb der beiden europäischen Kernerinnerungen. Das Holocaust-Gedächtnis ist inzwischen jedoch vielfältig institutionalisiert worden und damit nicht mehr so einfach rückgängig zu machen. Insofern ist schwer nachzuvollziehen, was die Zusammenlegung dieser Erinnerungen weiter blockiert. Claus Leggewie betont: «Erst die ungeteilte Kommemoration beider totalitärer Vergangenheiten, der Staatsverbrechen des Nationalsozialismus wie des Stalinismus, sprengt den nationalen Referenzrahmen. Eine antitotalitäre Öffentlichkeit muss genuin europäisch sein, wenn sie den Gräben des Kalten Krieges entkommen will.»[36] Die bestehende Asymmetrie ist auch noch durch etwas anderes bedingt, das die litauische Literaturwissenschaftlerin Irena Veisaitė in einem Interview angesprochen hat: «Es ist wirklich notwendig, auch über den Gulag zu sprechen und seine schrecklichen Verbrechen gegen die Menschlichkeit. Aber die westliche Welt ist darauf noch nicht vorbereitet. Im Bewusstsein der Menschen gibt es Auschwitz als Symbol für den Holocaust. Aber wo ist das Symbol für den Gulag? Es gibt noch keines.»[37]

«Während sich der Holocaust-Diskurs im Westen verfestigt hat, bleibt er im Osten als Gegenstand konkurrierender und wechselnder Narrative ein wichtiger, aber trennender Bezugspunkt.»[38] Es gibt inzwischen das zentrale Archiv und die internationale Forschungsstelle Memorial in Moskau, aber ein Archiv ist noch kein Symbol und noch lange kein europäisches Gedächtnis.[39] In Russland hat die Erinnerung an die stalinistischen Verbrechen trotz ernsthafter Entstalinisierungsbewegungen noch keine offizielle und gemeinsame Erinnerung hervorgebracht. Denkmäler oder Gedenktafeln sucht man im Stadtbild Moskaus vergeblich. Auch die Forschungsstelle Memorial, die historische Dokumente des Verbrechens, Zeugenberichte und Erinnerungsstücke der Verfolgten und Ermordeten sammelt und bewahrt, hat selbst keine gesicherte Zukunft im Kontext einer autokratisch repressiven nationalistischen Politik. Vielmehr kann diese Institution jederzeit wieder zurückfallen in den Status jenes inoffiziellen Gegen-Gedächtnisses, aus dem sie einst hervorgegangen ist.

In Brüssel macht man sich aber weiter Gedanken darüber, «wie man die beiden Erinnerungen (Holocaust und Stalinismus) verbinden und eine transnationale europäische Perspektive auf diese beiden Ereignisse für unsere moderne europäische Identität gewinnen könnte».[40] Der Plan des europäischen Parlaments, den 23. August, den Tag der Unterzeichnung des Hitler-Stalin- (bzw. Molotow-Ribbentrop)-Paktes zum Gedenktag beider Erinnerungskomplexe zu machen, ist bislang nicht umgesetzt worden, weil er zu sehr als Nivellierung und Gleichmacherei historisch unterschiedlicher Erinnerungen wahrgenommen wird. Unter diesen Umständen wäre wohl ein eigenes Gedenkdatum vorzuziehen, das sich nicht automatisch dem Vorwurf der leidigen Erinnerungskonkurrenz aussetzt. Mit der Erweiterung der EU nach Osten haben sich die Europäer andere Erinnerungen eingehandelt, die offensichtlich alles andere als leicht integrierbar sind. Diese «fremden Vettern im europäischen Haus» zwingen die europäischen Staaten dazu, ihre eigene Erinnerungen in einem neuen Rahmen zu verhandeln.[41]

Politik der Reue

Es gibt inzwischen immer mehr markante Beispiele, die von Nietzsches Naturgesetz des Vergessens beschämender Ereignisse abweichen. Das eklatanteste ist sicher das politische Ritual der Reue, das seit den späten 1990er Jahren mediale Aufmerksamkeit auf sich zieht und Schlagzeilen macht. In diesem Ritual legen hochrangige Amtsträger ein öffentliches Schuldbekenntnis zu kürzer oder länger zurückliegenden historischen Ereignissen einer bislang hartnäckig verschwiegenen Geschichte ihres Landes oder ihrer Institutionen ab. Die sowohl global öffentlichen als auch hochoffiziellen Verlautbarungen vollziehen damit zugleich abrupte ‹Erinnerungsschübe›, die das bestehende amtliche Narrativ in entscheidenden Punkten korrigieren. Jeffrey Olick spricht in diesem Zusammenhang von einer ‹Politik der Reue› (*regret*); in französischen Texten wird dafür der neue Begriff der *repentance* (und nicht das übliche Wort *pénitance*) verwendet. Dieses Entschuldigungs-Ritual ist ein absolutes Novum in der Geschichte. Eine schuldhafte Vergangenheit wird in Erinnerung gerufen und bereut, um damit eine Wertwende hin zu einer neuen Perspektive auf die eigene Geschichte und für zukünftiges Handeln einzuleiten. Die durchschlagende Wirkung dieses Rituals beruht letztlich auf einem Medieneffekt: Der performative Akt der Reue und Entschuldigung vollzieht sich nämlich auf einer globalen Bühne, deren Adressat und Publikum die globale Weltgesellschaft ist. Die anonymen virtuellen Zuschauer werden damit zugleich zu Zeugen eines historischen Ereignisses. Im Gegensatz zur katholischen Beichte, bei der das Individuum nur dem Priester mit seiner Schweigepflicht gegenübersteht, legt hier ein Kollektiv sein Bekenntnis vor den Augen und Ohren der Welt ab.[42] Es wird dabei nicht nur Geschichte erinnert, auch der Akt der Erinnerung macht zum ersten mal Geschichte! Inbegriff eines solchen erinnerungswürdigen Erinnerungsaktes ist Willy Brandts Kniefall vor dem Denkmal für den jüdischen Aufstand im Warschauer Ghetto am 7. Dezember 1970. Das war allerdings noch kein Ritual der Reue, sondern eine spontane Geste von überragender Bedeutung im Rahmen seiner Ostpolitik, die in dieser Form unwiederholbar war. Die Erinnerungsereignisse im Rahmen des Rituals der Reue sind als performative Akte sowohl wirklich als auch inszeniert und unterlaufen damit die kategoriale Unterscheidung zwischen wahren und falschen Repräsentationen der Wirklichkeit.[43]

Während sich die Praxis dieses Rituals immer stärker durchsetzte, gab sie vielen Beobachtern Rätsel auf und lieferte auch reichlich Anlass zur Kritik. Wie kann ein Einzelner für das ganze Gemeinwesen sprechen und dazu noch Verantwortung für Ereignisse übernehmen, an denen er persönlich nicht beteiligt war?

Ein häufiger Kritikpunkt ist der heuchlerische Charakter dieses Rituals. Es handele sich, so ist immer wieder zu lesen, um bloße Lippenbekenntnisse, um nichts als eine symbolische Geste, um einen reinen Schein zu Zwecken der eigenen politischen Legitimation oder auch um eine Deckerinnerung mit Alibi-Funktion, die den Prozess der inneren Wandlung eher behindere als befördere. Statt solcher hohler Gesten solle man sich lieber um historische Aufklärung kümmern. Die Konstruktion dieses Gegensatzes ist hier nicht sehr hilfreich, weil das Ritual ja selbst das Resultat einer neuen historischen Selbstanalyse und Perspektive ist, die ihr vorangehen und aus ihr folgen muss. Meist verkennt die Kritik am Ritual der Reue auch den emotionalen und politischen Aufwand, der nötig ist, um den eigenen Stolz zu überwinden und sich vor den Augen der Welt selbst zu bezichtigen. Deshalb ist diese Geste grundsätzlich ein teures Signal (‹a costly signal›), um mit Charles Darwin zu sprechen. Die entscheidende Frage ist dabei nicht die nach der subjektiven Aufrichtigkeit oder dem kalten politischen Kalkül, sondern nach den Konsequenzen oder der Folgenlosigkeit des Rituals. Das wurde besonders deutlich in Australien, wo Ministerpräsident Kevin Rudd am 13. Februar 2008 um 9 Uhr morgens als erste Amtshandlung nach seiner Wahl eine öffentliche Erklärung der Reue in Bezug auf die koloniale Siedlungspolitik des Landes von seinen Anfängen bis in die jüngste Gegenwart abgab, in der er explizit und empathisch auf das Leid der indigenen Bevölkerung einging. Auf diese Erklärung, die die ganze Nation mit großen Erwartungen live am Fernsehen verfolgte und an die man sich überall in Australien als ein persönliches Erinnerungsereignis erinnert, folgte tiefe Enttäuschung in der Gesellschaft, als klar wurde, dass ihr keine politischen, rechtlichen oder ökonomischen Akte folgen würden. Ohne die Einleitung einer politischen Wende und abgetrennt von der Erfüllung grundlegender Ansprüche sozialer Gleichstellung verpufft tatsächlich das in diesem Ritual angelegte Potential der verwandelnden Kraft und lässt die Gesellschaft frustriert zurück.

Dieses performative Ritual wurde insbesondere mit Blick auf Verbrechen der Gewaltgeschichte des Kolonialismus und der Sklaverei eingesetzt. In beiden Fällen geht es dabei um Gewaltexzesse und um die ‹historischen Wunden› von Minderheiten der eigenen Gesellschaft, mit denen durch Anerkennung ihrer Leiden eine Versöhnung und volle Integration in die Gesellschaft angestrebt wird. Aber auch Institutionen machen von diesem Ritual Gebrauch, allerdings wird sein Vollzug nicht immer den hochgesteckten Erwartungen gerecht. Im Falle der katholischen Kirche zum Beispiel hat sich das Ritual der Reue unter der Hand in ein Selbstexkulpierungsverfahren verwandelt. Aus einem öffentlichen Schuldbekenntnis wurde eine ‹Apologie› (Entschuldung). Der damalige Kardinal Joseph Ratzinger war wesentlich an dem Schriftsatz eines Mea-Culpa-Beichtgebets beteiligt, das sämtliche Verbrechen der Kirche von den Kreuzzügen über die Inquisition und die Hexenverbrennung bis zum Holocaust auflistet und das im März 2000 von Papst Johannes Paul II. öffentlich auf dem Petersplatz verlesen wurde. Dabei fiel jedoch, wie viele kritisierten, kein Schatten auf die unfehlbare Institution der Kirche, sondern nur auf ihre fehlbaren Träger. Das Bekenntnis zum Holocaust fiel in diesem Gebet besonders blass aus: «Man kann sich fragen», so hieß es im Beichtgebet, «ob die Verfolgung der Juden durch die Nationalsozialisten nicht doch auch von antijüdischen Vorurteilen begünstigt wurde, die in den Köpfen und Herzen einiger Christen lebendig waren.»[44] Acht Jahre später hatte Ratzinger selbst als Papst Benedikt Gelegenheit, sich beim Weltjugendtag in Sydney für die Missbrauchsfälle in der katholischen Kirche zu entschuldigen.

Es gibt weitere Beispiele dafür, dass das Entschuldigungsritual eher der eigenen Entschuldung dient als der vollen Übernahme von historischer Verantwortung für Gewalttaten. Rein rhetorische Übungen sind natürlich keine ‹teuren Signale›. Zum Beispiel hat sich im Mai 2013 der serbische Präsident Tomislav Nikolić erstmals für den Mord an mehr als 7000 bosnisch-muslimischen Männern und Jugendlichen im Juli 1995 entschuldigt. In einem Fernsehinterview mit einem bosnischen Fernsehsender sagte er: «Ich bitte auf Knien darum, dass Serbien für dieses in Srebrenica begangene Verbrechen verziehen wird!» Das klingt eindrucksvoll, war für die Opfer aber nicht überzeugend. Denn vom Internationalen Gerichtshof (ICC) wird dieses Massaker als ‹Völkermord› eingestuft. Die Vorsitzende der Vereinigung der Mütter von Srebrenica reagierte deshalb mit den Worten: «Wir wollen den serbischen Präsidenten und Serbien das Wort ‹Völkermord› sagen hören!»[45]

Das Neue an diesem Ritual – das sollte über der rhetorischen Verflachung der Geste nicht aus dem Augen verloren werden – hängt unmittelbar mit der Verbreitung und Vertiefung der Akzeptanz und Dringlichkeit der Menschenrechte zusammen, die sich in der westlichen Welt parallel zum Crescendo der Holocaust-Erinnerung immer stärker durchgesetzt haben. Im nachmodernen Zeitalter ist eine neuartige Durchdringung von Universalismus und Globalisierung entstanden. In diesem Rahmen wird der universalistische Grundsatz der Menschenrechte heute mehr und mehr von einer globalen virtuellen Zeugenschaft eingefordert und umgesetzt. Diese Verbindung von einem politischen Grundwert und einer internationalen Gemeinschaft auf der Basis medialer Konnektivität ist politisch äußerst brisant, weil seither nicht nur hohe Repräsentanten des Staates, sondern grundsätzlich auch anonyme Einzelne ins Zentrum dieser Medienaufmerksamkeit treten können. Im Lichte des nachmodernen Credos der Menschenrechte haben sich die politischen Gewichte verschoben, was zu einer Anerkennung bislang ignorierter historischer Opfergruppen und einem Eingeständnis von Schuld seitens der politisch Verantwortlichen geführt hat. Seit den 1990er Jahren gibt es die Politik der Reue, den Internationalen Gerichtshof und Wahrheitskommissionen, in denen ehemalige Unrechtsregime ihre Verbrechen historisch aufarbeiten und öffentlich machen. Diese Aufarbeitung hat zu einer Umschreibung der eigenen Geschichte geführt, in der zum ersten Mal auch die Opfer dieser Geschichte anerkannt und gewürdigt werden und damit ihren Platz im nationalen Gedächtnis erhalten. Dieser Sinneswandel bedeutet einen Quantensprung in der Erinnerungspraxis, weil nun zum ersten Mal die Opfer der eigenen Politik mit ins Gedächtnis aufgenommen werden. Diese neue Erinnerungskultur hat unseren Blick auf die (Kolonial-)Geschichte irreversibel verändert. Wir haben es also nicht, wie Charles Maier suggeriert, ausschließlich mit Opferkonkurrenzen zu tun, sondern ab und zu auch mit durchaus dialogischen

Konstellationen von Täter- und Opfererinnerungen. Beispiele dafür sind die Wahrheitskommissionen, die in Transitionsprozessen Gesellschaften nach Bürgerkriegen auf eine neue Grundlage stellen sollen, sowie Staaten und Institutionen, die unabhängig von solchen politischen Systemwechseln durch Akte einer Politik der Reue einen inneren Bewusstseins- und Wertewechsel öffentlich anzeigen. Solange man diese neuen Entwicklungen gänzlich ignoriert, entgehen einem epochale Ereignisse, die unsere Welt irreversibel verändert haben. Sie entgehen einem aber auch, wenn man sie pauschal kritisiert. Dass dieses politische Ritual seine eigenen Probleme mit sich bringt und in der Umsetzung vieles zu wünschen übrig lässt, rechtfertigt noch nicht, darin pauschal das pathologische «Symptom eines westlichen Masochismus» zu sehen.[46] Diese zynische Redeweise hat vor allem die durchsichtige Funktion, den eigenen Stolz gegen einen längst vollzogenen Sinneswandel zu schützen und die damit verbundene Umperspektivierung des kolonialen Gedächtnisses zu verhindern. Andere denunzieren die Grundhaltung, die mit der Politik der Reue verbunden ist, als Folge eines moralischen Imperialismus und deutscher Hegemonie innerhalb Europas. So oder so, schreibt Ann Rigney, «ist die Politik der Reue ein weit verbreitetes kulturelles Muster geworden, mit dem (nicht nur) in Europa bilaterale Konflikte und – wenn auch vorerst zögerlich und noch ungleichmäßig – die Erbschaften des Kolonialismus und der Sklaverei bearbeitet werden.» Und sie fügt hinzu: «Auch wenn die Europäer zu keinem gemeinsamen Narrativ ihrer Geschichte gefunden haben, so teilen sie inzwischen doch eine gemeinsame Erinnerungskultur.»[47]

Historische Wunden

Um zu zeigen, welche Bedeutung die Erinnerung für die Aufarbeitung der Erbschaften des Kolonialismus und der Sklaverei gewonnen hat, soll hier der Begriff der ‹historischen Wunden› eingeführt werden. Darunter versteht Dipesh Chakrabarty eine «Mischung aus Geschichte und Gedächtnis».[48] Statt wie die meisten seiner Kollegen weiterhin über Gegensatz und Unvereinbarkeit von Geschichte und Gedächtnis zu spekulieren, betont der indische Historiker in diesem Fall die enge Verflechtung von beiden. Ein Bewusstsein für historische Wunden ist nicht aus der Geschichtsschreibung heraus entstanden, sondern aus einer multikulturellen Politik der Anerkennung. Während die Praxis wissenschaftlicher Geschichtsschreibung ihren eigenen Gesetzen der Objektivität folgt und dabei alles sorgfältig vermeidet, was nach Einmischung und Parteinahme aussieht, basiert die Politik der Anerkennung umgekehrt auf der Fundierung und Bestätigung kultureller Identitäten. Die *Anerkennung* ‹historischer Wunden› ist ein absolutes Novum in der Geschichte, denn ihr geht eine jahrhundertealte Geschichte politisch legitimierter und selbstverständlich gewordener Praxis der *Aberkennung* voraus, die einer Fremdgruppe den Status gleichwertigen Menschseins abspricht.

Der Umgang von Menschen untereinander wird primär dadurch bestimmt, wie sie sich gegenseitig einstufen. Dabei spielt die Skala von oben und unten eine Schlüsselrolle. Über weite Strecken in der Geschichte waren Gesellschaft und Politik bestimmt von Festlegungen auf solch einer hierarchischen Skala von oben und unten durch die gewaltsame Herstellung und Aufrechterhaltung von Besitz- und Beziehungsverhältnissen der Ungleichheit. Durch die Herstellung der Differenz zunächst zwischen Freund und Feind und dann zwischen Siegern und Verlierern stellen Kriege dieses Ungleichheitsverhältnis immer wieder neu her und entscheiden damit periodisch darüber, wer jeweils handlungs- und entscheidungsbefugt ist und wer diese Entscheidungen hinnehmen muss. Menschen werden aber nicht nur durch Kriege und Eroberungen in eine Oben-unten-Skala eingeordnet, sondern auch durch diskursive Akte, kulturelle Denktraditionen und ideologische Vorannahmen. Neben der politischen Skala, die auf der Unterscheidung von Freund und Feind basiert und eine bewegliche und veränderbare Konstellation von Machtverhältnissen darstellt, gibt es weitere Einstufungen auf der Skala von oben und unten jenseits von kriegerischen Auseinandersetzungen und politischem Kräftemessen. Dabei handelt es nicht mehr nur um eine politische, sondern um eine kulturelle Ungleichheit, die durch die einseitige Einstufung einer Gruppe als ‹ohnmächtig› durch eine mächtige Gruppe entsteht. Diese Einstufung, die ich hier als einen Akt der Aberkennung definieren möchte, beruht auf der Differenz zwischen ‹Mensch/Nicht-Mensch› bzw. ‹gleichwertig/nicht gleichwertig›. Wo immer eine solche Einstufung im Sinne einer essentiellen Eigen-Fremd-Grenze vorgenommen worden ist, hat die als nicht gleichwertig eingestufte Gruppe keine Chance auf eine Veränderung der Machtkonstellation, während die mächtige Gruppe sich ihrerseits autorisiert fühlt, ihre üblichen Verhaltenscodes und Hemmschwellen im Umgang mit diesen anderen außer Kraft zu setzen. Damit verschiebt sich das Gefälle zwischen Macht und Ohnmacht tendenziell ins Permanente und Absolute. Wir haben es auf dieser Ebene sozusagen mit einem permanenten Ausnahmezustand zu tun, der sich jedoch von der Situation, wie sie Carl Schmitt beschrieben hat, markant unterscheidet. Schmitts Ausnahmezustand benennt eine temporäre Anomalie der Beziehungen und des Verhaltens, die durch Aufhebung geltender politischer Ordnungen entsteht. Der permanente Ausnahmezustand dagegen, der die Grenze zwischen Mächtigen und Ohnmächtigen befestigt, beruht auf kulturellen Programmierungen und Vorurteilsstrukturen, die als Überzeugungen so tief einsozialisiert und habitualisiert sind, dass sie keiner diskursiven Rechtfertigung mehr bedürfen und sich über Jahrhunderte haben halten können.

Auch diese Jahrhunderte und Jahrtausende währende Geschichte kultureller Ungleichheit auf der Basis einer Unterscheidung zwischen gleichwertig/nicht gleichwertig ist in den 1980er Jahren an ihre Grenze gekommen, als die Geltung verschiedener politischer Ordnungen, historischer Epistemologien und kultureller Ontologien auslief. Diese epochale Wende kam nicht durch eine Revolution oder einen Krieg zustande, sondern durch eine Bewusstseinswende auf mehreren Feldern, die sich in ihrer Wirkung gegenseitig angestoßen und verstärkt haben. Das Medium war eine Kulturrevolution, die allerdings nicht wie bei Stalin oder Mao frenetisch das Neue in Kraft setzte, sondern in der selbstkritischen Durchleuchtung der eigenen Geschichte und ihrer kulturellen Grundlagen bestand. In den 1980er Jahren wurden die Fundamente der westlichen Kulturen erschüttert, als plötzlich die imperialen Grundlagen der Ausbreitung des Christentums, der Kolonialgeschichte sowie des Antisemitismus und Rassismus zum Gegenstand der Nachforschung und Selbstbefragung wurden. Aberkennung, um diese Gedanken zusammenzufassen, bedeutet Diskriminierung nicht als individueller Akt, sondern als strukturelles Phänomen. In einer kulturell unterfütterten und politisch stabilisierten Situation der Aberkennung wird die Diskriminierung zum Normalzustand, der keiner Erklärung und Rechtfertigung mehr bedarf, weil das Recht zuungunsten der Ohnmächtigen von vornherein verschoben wurde. Deshalb besteht der erste Schritt einer Politik der Anerkennung in der kritischen Thematisierung dieses Status quo der Aberkennung, die mit einer Umperspektivierung und Umschreibung der Geschichte einhergeht.

Vor diesem Hintergrund entstand das Phänomen, das Chakrabarty als ‹historische Wunden› beschreibt und mit einer kulturellen Politik der Anerkennung verbindet. Historische Wunden in diesem Sinne finden sich bei indigenen Bevölkerungen, die der kolonialen Macht weichen mussten, bei den Opfern der Sklaverei und der Zwangsarbeit in den Lagern Stalins und Hitlers, in Gesellschaften mit Rassentrennung, Apartheid und strengem Kastenwesen. Der Holocaust erscheint in dieser Geschichte der über lange Zeiträume ausgegrenzten und bedrängten Minderheiten und ihrer historischen Wunden nicht als ein absolutes Novum, sondern vielmehr als die absolute und unüberbietbare Steigerung aller destruktiven Tendenzen dieser langen Geschichte der Aberkennung.

Chakrabarty hat in seinem Aufsatz die Unterscheidung zwischen ‹historischen Wunden› und ‹historischen Fakten› getroffen. Damit bringt er die Animositäten und die Konfrontation zwischen zwei Interessengruppen auf den Punkt: die Zunft der professionellen Historiker auf der einen Seite und die auf Anerkennung ausgerichteten Gruppen einer neuen Identitätspolitik auf der anderen. Historische Wunden sind, wie er wiederholt bemerkt, eine Mischung aus Geschichte und Gedächtnis, weshalb sie von Historikern emphatisch bekämpft werden, die sich im Zeichen historischer Wahrheiten eine Entmischung eben dieser Elemente auf die Fahnen geschrieben haben. Die faktische Evidenz historischer Wunden kann von Historikern oft nicht verifiziert werden, weil sie ihre Forschung auf westliche Archive gründen, die die Dokumente der Aberkennung gerade nicht gesammelt und aufbewahrt haben. Das kann aber nicht ausschließen, dass ihnen eine historische Wahrheit zugrunde liegt. Historische Wunden übersteigen schon deshalb empirisch verifizierbare Sachverhalte, weil sie im Gegensatz zu historischen Fakten Verallgemeinerungen enthalten, einen emotionalen Identitätsbezug haben, Teil eines Narrativs sind und von sozialer Anerkennung abhängen. Die Zusammensetzung dieser unterschiedlichen Ingredienzien erklärt die Formel von der «Mischung aus Geschichte und Gedächtnis». Historische Wunden, die auf die Aberkennung des menschlichen Status zurückgehen, bedürfen nicht nur der wissenschaftlichen Erforschung, sondern auch der nachträglichen politischen und sozialen Anerkennung. Damit haben sie einen dialogischen Charakter, der auf Vereinbarung beruht. Der Dialog der Anerkennung muss von den Verursachern der historischen Wunden ausgehen; ihnen obliegt es, in der Form einer ‹Politik der Reue› den eigenen Anteil an der historischen Wunde einzugestehen. Die Serie der öffentlichen Entschuldigungen, die in den 1990er Jahren in kurzen Abständen aufeinander folgte, war die unmittelbare Reaktion auf diese Bewusstseinswende und der performative Ausdruck einer neuen Politik der Anerkennung. Aufgrund ihrer Angewiesenheit auf dialogische Anerkennung haben historische Wunden einen ethisch-sozialen Charakter und damit einen viel unsichereren Status als historische Fakten. Es handelt sich um kulturelle Formationen mit «einem prekären Leben», weil für ihre moralische Geltung ein Konsens hergestellt und aufrechterhalten werden muss.[49]

Historische Wunden beruhen auf einer dialogischen Vereinbarung von Tätern und Opfern, bei der beide Seiten die historische Wahrheit und die traumatische Erfahrung dieser Geschichte anerkennen. Zur historischen Wunde des Holocaust gehören weitere Elemente wie die Aufwertung des Zeugnisses der Opfer und Überlebenden sowie der sekundären Zeugen als (unbeteiligte) Dritte, die freiwillig die moralische Verpflichtung eingehen, diese historische Wunde im Gedächtnis zu behalten und nicht zu vergessen. Dadurch hat der Holocaust eine universalistische Dimension erhalten, die für andere historische Wunden in dieser Form nicht gilt.

Chakrabarty geht ausführlich auf den Zumutungscharakter ein, den das Konzept der historischen Wunde für die Geschichtswissenschaft hat. Für die Historiker wird die Gedächtniskomponente zum Problem, weil sie den Weg der persönlichen Erfahrung als legitimen Zugang zur Geschichte verwerfen mit dem Argument, dass er die erforderliche Haltung der Objektivität kompromittiert. Während die Historiker sich zudem gegen den politisierten Gebrauch der Vergangenheit als Waffe in der Gegenwart wehren, kritisieren umgekehrt diejenigen, die das Gewicht der historischen Erfahrung und Erinnerung tragen, deren verengten Zugang zur Vergangenheit. Diese Kontroverse hat die Geschichtswissenschaft selbst verändert. Tatsächlich können wir seit den 1990er Jahren eine Öffnung hin zu neuen Formen der Geschichtsdarstellung beobachten, die die einfache Grenze zwischen Fakten und Fiktionen ebenso unterlaufen wie die zwischen Geschichte und Gedächtnis. Neu dabei ist, dass inzwischen auch die persönliche Erfahrung als eine Möglichkeit anerkannt wurde, die Gefühlsdimension und andere wichtige Aspekte der Geschichte zu verstehen.[50] Der Unterschied der Methodik von Historiographie und Erinnerung besteht im unterschiedlichen Verhältnis von Gegenwart und Vergangenheit. Während die professionelle Zunft auf der strikten Trennung von Gegenwart und Vergangenheit bestehen muss – in eben dieser Differenz und Distanz liegt ja die Essenz des Wertes der Objektivität –, gilt für die Erinnerung, dass sie die Kluft zwischen Vergangenheit und Gegenwart überbrückt, indem sie Vergangenes in die Gegenwart holt, was von einer Person oder Gruppe für das eigene Selbstverständnis als noch brauchbar oder noch nicht erledigt eingestuft wird und deshalb noch mit Emotionen, Ansprüchen oder Orientierungen verbunden ist.

Der abstrakte Kollektivsingular ‹Geschichte›, der Ende des 18. Jahrhunderts die neue Profession der Geschichtswissenschaft begründete, hat inzwischen einiges von seiner Homogenität verloren. Die in diesem Universalbegriff stillgestellte und unter Kontrolle gebrachte Pluralität scheint wieder aufzubrechen, indem sich an den Rändern Geschichten ablösen. Mit dem Plural der Geschichten kehrt auch die Einsicht in die Verbindung von Geschichten mit Gruppen, Erfahrungen, Perspektiven und Identitäten zurück. Heute hat nicht nur, wie Reinhart Koselleck betont hat, jeder Einzelne ein Menschenrecht auf seine eigene Erinnerung, sondern die Gruppe auch ein kulturelles Recht auf ihre eigene Geschichte. Diese Geschichte hat aber nur dann Gewicht, wenn sie auch von anderen anerkannt und mit anderen Geschichten verknüpft wird.

Tatsächlich haben wir im postkolonialen und posttraumatischen Zeitalter erlebt, wie die Meistererzählungen der selbstbewussten Sieger der Geschichte korrigiert wurden und sich die Gewichte westlicher Geschichtserzählungen verschoben haben. Zunehmend werden die Erfahrungen und Erinnerungen der Opfer der Geschichte in die offizielle Geschichtsschreibung und ins nationale Gedächtnis integriert. Auf diese Weise schaffen Gesellschaften Platz für die historischen Erfahrungen ihrer eigenen Subkulturen und Minderheiten, die damit sozial und kulturell anerkannt und in das soziale Gewebe der hegemonialen Kultur eingebunden werden. Diese neue ‹Politik der Reue›[51] ist noch keine flächendeckende Entwicklung, doch markiert diese ethische Wende eine epochale Zäsur im westlichen Bewusstsein.

Verknüpfte Erinnerungen (multidirectional memories)

Die anhaltende Virulenz des Opferbegriffs geht weltweit mit Formen militanter Identitätspolitik einher und hat auch in Europa zu Konflikten und Konfrontationen geführt. Widerstreitende, inkompatible Erinnerungen bilden einen mitlaufenden Subtext der Politik und entladen sich immer wieder in Kollisionen nationaler Gedächtnisse (*clashes of memories*). Diese problematischen Tendenzen sind in der Erinnerungsforschung sehr gut dokumentiert; es gibt inzwischen unzählige Publikationen mit (reißerischen) Titeln wie *Clashes of Memory*, *Memory Wars* und dergleichen mehr. Während diese Bände immer neue Bestandsaufnahmen nationaler Gedächtniskonstellationen präsentieren, geht das Buch von Michael Rothberg, das hier ausführlicher vorgestellt werden soll, in eine ganz andere Richtung. Er hat das Unbehagen an dieser Entwicklung selbst zu seinem Gegenstand gemacht und eine analytische Begrifflichkeit entwickelt, die aus der Gedächtnisfalle der Opferkonkurrenz herausführen soll. Die Thesen von Rothberg und sein Untersuchungsfeld beziehen sich auf die Vereinbarkeit der Holocaust-Erinnerung und der Erinnerung an den Kolonialismus. Der Untertitel seines Buches lautet: *Remembering the Holocaust in the Age of Decolonization*. Es zeichnet sich ab, dass die Erinnerung an Kolonialismus und Sklaverei in verschiedenen Ländern Europas eine weitere Schicht des europäischen Gedächtnisses freilegt. Die wichtigen Einsichten dieses Buches können jedoch auch auf andere historische Gewaltkomplexe angewendet werden.

Rothbergs methodische Neuerung besteht darin, den wissenschaftlichen Erinnerungsdiskurs von der nationalen auf die transnationale Ebene zu verlagern. Mit seinem Begriff der ‹multidirectional memories›, den er in die Erinnerungsforschung eingeführt hat, soll es möglich werden, die trennende Logik der Opferkonkurrenz zu überwinden und bislang übersehene Aspekte und Potentiale im Prozess des Erinnerns zu Bewusstsein zu bringen, die auch positive Effekte für die praktische Erinnerungsarbeit haben.

Im Kontext der Politik der Reue war bereits von einer Globalisierung der Erinnerungen die Rede. Die nationalen Gedächtniskonstruktionen verloren ihre Selbstbezüglichkeit in dem Maße, wie sich etliche Staatsoberhäupter in einer globalen Medien-Arena zu den Menschenrechtsverletzungen, die in der Geschichte ihres Landes begangen worden waren, bekannten. Die Globalisierung der Erinnerung hat aber gleichzeitig auch Vergleiche begünstigt und den Konkurrenzdruck erhöht. Neue Möglichkeiten der Selbstdarstellung ermöglichten es auch Gruppen ohne staatliche Infrastruktur und mächtige Lobbys, ihren Anspruch auf Anerkennung im weltweiten Kampf um Ressourcen und Prestige zur Geltung zu bringen. Rothberg geht in seinem Buch von derselben Frage wie Charles Maier aus, kommt dabei aber zu ganz unterschiedlichen Schlussfolgerungen. Er zitiert dabei die Frage des Literaturkritikers Walter Benn Michaels: «Warum gibt es in diesem Land ein staatlich gefördertes Holocaust-Museum an der Gedenkmeile in Washington?», der in diesem Zusammenhang die Meinung eines schwarzen Aktivisten zitiert: «Der schwarze Holocaust war hundertmal schlimmer als der jüdische Holocaust. Ihr sagt, ihr habt sechs Millionen verloren. Wir haben 600 Millionen verloren!»[52] Toni Morrison widmete ihren Roman *Beloved* (1987), für den sie 1993 den Nobelpreis erhielt, den «Sixty Million and more»; Oprah Winfrey sagte über diesen Roman, in dessen Verfilmung sie selbst die Hauptrolle spielte: «This is my Schindler's List!»[53]

Rothberg nimmt solche Gedächtnis-Kollisionen zum Anlass, um den hier ausgetragenen Anerkennungskampf und die damit verbundene Verdrängungslogik genauer zu untersuchen. Seine eigene Frage dabei lautet: Wie kann man von einem Gegeneinander der Erinnerungen zu einem Miteinander gelangen? Seine Antwort darauf ist die Verknüpfung von Opfererinnerungen, die er als Heilmittel gegen die bestehende Praxis gegenseitiger Leugnung und Verdrängung zur Diskussion stellt. Ich habe wiederholt vom Crescendo der Holocaust-Erinnerung über sechs Jahrzehnte und der Etablierung eines institutionell und politisch etablierten transnationalen Erinnerungsrahmens gesprochen. Diese Hegemonie der Holocaust-Erinnerung in der globalisierten Welt, so Rothberg, dürfe keineswegs als eine Verdrängung oder gar Auslöschung anderer historischer Traumata verstanden werden, wie die Argumentation von Michaels suggeriert. Rothberg kritisiert die Voraussetzungen einer solchen Annahme: Beim Aufbau von Erinnerungskonstruktionen handele es sich nicht um ein Nullsummenspiel, bei dem der eine gewinnt und der andere verliert. Das sei eine Fehlentwicklung, die keinesfalls in der Natur der Erinnerung selbst angelegt sei, die immer auch auf Elemente von außen angewiesen ist. Im nationalen Gedächtnis entstehe eine klaustrophobische Enge erst durch die Schließung der Außengrenzen. Der Teufelskreis von Erinnerung, Gedächtnis und Gewalt müsse deshalb aufgebrochen und neu konzipiert werden.

Rothbergs Neukonzeption beginnt mit der Keimzelle der Erinnerungsforschung selbst, dem Verhältnis zwischen Erinnerung und Identität. Hier gebe es weder eine gradlinig naturgegebene Verbindung noch ein eindeutiges Besitzverhältnis, sondern Narrative und Repräsentationen in einem offenen Verhandlungsraum mit offenen Grenzen. Die Holocaust-Erinnerung, so die These von Rothberg, habe andere Erinnerungen nicht verdrängt und annulliert, sondern im Gegenteil mit einer Sprache und einem neuen sozialen Rahmen ausgestattet. Die Holocaust-Erinnerung sei in der Tat singulär und herausragend, aber genau deshalb auch zum Paradigma und Modell für andere historische Traumata geworden, die an dieser Erinnerung ihre Gestaltgebung und politischen Ansprüche ausrichteten. Sie habe somit ermöglichend und nicht verhindernd gewirkt, weil diese Erinnerung – und das ist das Entscheidende – assoziativ und argumentativ immer wieder mit anderen Erinnerungen verknüpft werden konnte.

Rothbergs methodische Innovation beruht auf einem einfachen Prinzip: Er sieht Ähnlichkeit, wo andere ausschließlich Differenz gesehen haben. Der Wille zur Identität ist ja auch der Wille zur Abgrenzung, was notwendig zu Konfrontationen führt. Die Entdeckung von Ähnlichkeiten dagegen weist in eine andere Richtung, die im Gegensatz dazu Perspektiven der Empathie und Solidarisierung eröffnet. So entstehen Ambivalenzen, wo vorher Eindeutigkeit herrschte, denn die Singularitätsthese des Holocaust erweist sich in diesem Licht zugleich als Brücke zu anderen traumatischen Gewalterinnerungen, die durch diesen Bezug erst wieder richtig in Erscheinung getreten und zur Geltung gebracht worden sind. «Das unbequeme Aneinanderstoßen von Erinnerungen ist auch das Milieu, aus dem neue Visionen von Solidarität und Gerechtigkeit entstehen müssen.»[54] Das ist die Grundidee des Konzepts der Konnektivität von Erinnerungen. Die metaphorische Rede vom ‹black holocaust› muss also nicht nur Opferkonkurrenz bedeuten, sondern kann auch zur Opfersolidarität führen. Das (unschöne) deutsche Wort für solche Verknüpfung mit dem Ziel, die eigene traumatische Geschichte aus dem Schatten der Aufmerksamkeit herauszuholen und aufzuwerten, heißt ‹Holocaustisierung›.[55] Daran zeigt sich, dass der Anspruch auf die Einmaligkeit dieses historischen Ereignisses paradoxerweise zur Herstellung von Parallelen, Metaphern und Analogien geführt hat. Durch solche Parallelen entstehen aber nicht notwendig Konflikte, sondern erst einmal Verknüpfungen historischer Ereignisse und mit ihnen möglicherweise «komplexe Akte der Solidarität, in denen die historische Erinnerung zum Medium neuer gesellschaftlicher und politischer Identitäten wird. (…) Das Modell des ‹multidirectional memory› hält einen Sicherheitsabstand zu exklusiven Formen kultureller Identität und zeigt, wie die Erinnerung unterschiedliche Räume, Zeiten und kulturelle Orte sowohl durchschneiden als auch zusammenbinden kann.»[56]

7. Vier Modelle für den Umgang mit traumatischer Vergangenheit

Erinnern oder vergessen?

Seit der Durchsetzung des Begriffs ‹Erinnerungskultur› gehen wir meist ganz selbstverständlich davon aus, dass Erinnern eine Pflicht und Leistung und damit eine wichtige soziale und kulturelle Ressource ist. Gegen diesen Konsens hat sich Jan Philipp Reemtsma ausgesprochen, der sich gegen die Annahme wehrt, dass Erinnern eo ipso etwas Gutes sei: «Erinnert muss werden, erinnern hat eine imperativische Semantik. Doch was soll am Erinnern positiv sein? Erinnern wie Vergessen sind menschliche Eigenschaften, die weder gut noch schlecht sind, sondern beide dazu gehören, das Leben zu bewältigen. (…) Erinnerung setzt Vergessen voraus. Erinnern per se für etwas Gutes zu halten ist Unsinn.»[1]

Darin ist Reemtsma unbedingt Recht zu geben. In der Tat gibt es genügend Beispiele, die zeigen, dass Erinnern auch Hass schüren, verhärten oder in die Depression führen kann. Es kommt also immer auf den Inhalt und die Rahmenbedingungen des Erinnerns an, bevor entschieden werden kann, ob daran etwas Positives ist oder nicht.

Erinnern oder Vergessen? Als der israelische Philosoph Avishai Margalit in seinem Buch *The Ethics of Memory* über dieses Problem nachdachte, kamen ihm diese beiden Positionen in Gestalt seiner beiden Eltern entgegen.

> Die Mutter pflegte zu sagen:
> «Die Juden wurden unwiederbringlich vernichtet. Was noch übrig ist, ist ein erbärmlicher Rest des großen jüdischen Volkes (sie meinte das europäische Judentum). Die einzig ehrenvolle Rolle, die den Juden verbleibt, ist die, Erinnerungsgemeinschaften zu bilden und sich zu ‹Seelenkerzen› zu

machen wie diejenigen, die man rituell zur Erinnerung an die Toten anzündet.»
Der Vater pflegte zu sagen:
«Wir, die verbleibenden Juden, sind Menschen und keine Kerzen. Es ist eine schreckliche Bestimmung für einen Menschen, nur noch als Träger der Erinnerung an die Toten zu existieren. Für diese Option haben sich die Armenier entschieden und sie haben einen großen Fehler gemacht. Wir müssen ihn um jeden Preis vermeiden. Lieber eine Gemeinschaft gründen, die vorwiegend an die Zukunft denkt und auf die Gegenwart reagiert, als eine Gemeinschaft, die von Massengräbern regiert wird.»[2]

In Israel schlossen sich diese beiden Positionen nicht aus, sondern folgten zeitlich aufeinander. Nach 1945 war es zunächst die Position des Vaters, die allgemein umgesetzt wurde. In Israel ging es damals um das nationale Projekt einer neuen Staatsgründung, um einen Neubeginn für die Überlebenden und die Öffnung von Zukunft für nachfolgende Generationen. Für diese Aufgabe brauchte man Helden sowie starke Menschen mit starken politischen Überzeugungen. Unter diesen Umständen konnte man sich nicht um die gebrochenen Überlebenden des Holocaust kümmern, ihre Stimmen und Zeugnisse hatten deshalb zunächst keinen Platz in der israelischen Gesellschaft. Nach zwei und verstärkt nach vier Jahrzehnten setzte sich allerdings die Position der Mutter immer klarer durch. Im Eichmann-Prozess in Jerusalem erhielten Überlebende des Holocaust zum ersten Mal die Gelegenheit, öffentlich von ihren Leiden zu sprechen. Damit gingen sie weit über die Rolle der üblichen Gerichtszeugen hinaus und wurden zu Zeugen einer damals noch nicht geschriebenen Geschichte. Die Überlebenden wandten sich seitdem wieder stärker ihrer Vergangenheit zu, die sie so lange von sich ferngehalten hatten. Die Opfer rassistisch motivierter genozidaler Gewalt rückten in den Mittelpunkt von Aufmerksamkeit und Anteilnahme. Nach dem Sechstagekrieg (1967) und dem Jom-Kippur-Krieg (1973) setzte sich die Option der Mutter durch, und die Israelische Gesellschaft verwandelte sich immer mehr in eine rituelle Erinnerungsgemeinschaft.

Margalit hat hier zwei Lösungen für das Problem der Last der Vergangenheit paradigmatisch gegenübergestellt: Erinnern oder Vergessen, Vergangenheitsbewahrung oder Zukunftsorientierung.[3] Diese beiden Lösungen reichen jedoch für eine differenzierte Diskussion dieses komplexen Problems nicht mehr aus. Wenn wir heute auf die zweite Hälfte des 20. Jahrhunderts zurückblicken, können wir feststellen, dass sich die Formen des Umgangs mit traumatischen Vergangenheiten mehrfach verändert haben. In verschiedenen zeitlichen Phasen wurden für die Erinnerungspolitik sehr unterschiedliche Schwerpunkte gesetzt. Ich möchte im Folgenden vier solcher Phasen unterscheiden und dabei ihre jeweiligen Normen und Zielsetzungen rekonstruieren:

1. Dialogisches Vergessen
2. Erinnern, um niemals zu vergessen
3. Erinnern, um zu überwinden
4. Dialogisches Erinnern

Dialogisches Vergessen

Die Frage ‹Erinnern oder Vergessen?› hat sich auch der Althistoriker Christian Meier in einem Buch über *Das Gebot zu vergessen und die Unabweisbarkeit des Erinnerns* gestellt. Darin plädiert er dafür, nicht das Erinnern, sondern das Vergessen als eine kulturelle Errungenschaft anzusehen, wobei er allerdings explizit hinzufügt, dass Auschwitz von dieser Regel auszunehmen sei.[4] Meiers These von den Segnungen des Vergessens ist inzwischen in jeder Diskussion um die deutsche Erinnerungskultur ein fester Topos geworden, ohne dabei jedoch die Einschränkung zu berücksichtigen, die der Autor bereits im Titel seines Buches angezeigt hat. Meiers Buch wird meist weniger als historische Studie gelesen, denn als willkommenes, wissenschaftlich autorisiertes Standard-Argument gegen die deutsche Erinnerungskultur weitergereicht.

Worum genau geht es in diesem Buch? Meier geht von der Situation des Bürgerkriegs aus. Seine Grundthese lautet: Erinnern wird immer wieder als ein Mittel dargestellt, das die Wiederholung von Gewalttaten unterbindet. Tatsächlich aber ist es gerade die Erinnerung, die destruktive Energien in den Köpfen der Beteiligten aufrechterhält. Aus dieser Prämisse ergibt sich dann die notwendige Folgerung: Wenn Erinnern Hass und Rache in Gang hält, kann Vergessen die Konfliktparteien zur Ruhe bringen und die so überlebenswichtige Phase der Reintegration einleiten. Natürlich kann ein Staat auf die persönlichen Erinnerungen seiner Bürger keinen Einfluss nehmen; er kann aber sehr wohl bei Strafe verbieten, im öffentlichen Diskurs an alte Wunden zu rühren, um mit der Erneuerung von altem Schmerz und Hass neue Ressentiments und Aggressionen zu mobilisieren. Diese Befriedungs-Praxis wurde nach dem Peloponnesischen Krieg erfolgreich in der athenischen Polis verordnet.[5] Dort wurde für diese Norm des Vergessens sogar ein neues Wort gebildet. ‹Mnesikakein› heißt wörtlich: ‹das Schlimme erinnern› und entspricht innerhalb der athenischen Rechtssprache einem ‹Erinnerungsverbot als Kommunikationsverbot› und damit einem Akt der öffentlichen Zensur im Namen des Gemeinwohls. Mit diesem griechischen Wort ist etwas ganz Spezifisches gemeint: Man darf das Unrecht und Leid, das andere einem zugefügt haben, fortan nicht mehr öffentlich zur Sprache bringen. Das neue Gesetz beugt damit der Selbstviktimisierung und einer emotionalen Kultivierung des eigenen Opferstatus vor, aus dem das Gefühl der Rache entstehen und der Gewaltzyklus erneuert werden könnte.

Diese alte politische Weisheit ist, wie Meier überzeugend zeigen kann, in der europäischen Geschichte immer wieder eingesetzt worden. Ich könnte hier auch auf Shakespeare verweisen, der in einem seiner Historiendramen die Prinzipien einer ‹Schlussstrichpolitik› kurz und bündig in vier Imperativen zusammengefasst hat: «Forget, forgive; conclude and be agreed!»[6] Meier verweist auch auf die Befriedungspraxis nach dem Dreißigjährigen Krieg. Im Friedensvertrag von Münster-Osnabrück von 1648 lautete die entscheidende Formel: «perpetua oblivio et amnestia». Die Devise ‹Vergessen und Vergeben› hat in der Geschichte nach Bürgerkriegen also wiederholt eine schnelle politische und soziale Integration befördert, indem durch massenhafte Amnestien der Konfliktstoff zwischen den ehemaligen Fronten neutralisiert wurde.

Meiers schlagendes Beispiel ist der Erste Weltkrieg, den die Deutschen (anders als ihre europäischen Nachbarn) in einem viel zu guten Gedächtnis behalten haben. Durch systematisch geschürte Ressentiments wurde ein Unrechtsbewusstsein aufgebaut, das Aggressionen mobilisierte und die Deutschen geradewegs in den Zweiten Weltkrieg trieb. Nach dem Zweiten Weltkrieg dagegen habe die heilsame Therapie des Vergessens die Grundlage eines neuen Europas gelegt. Mit seinen Beispielen aus der griechischen, römischen und europäischen Geschichte untermauert Meier seine These, dass politische Gemeinwesen nach Gewaltexzessen und Bürgerkriegen gerade nicht durch Erinnern, sondern nur durch das Heilmittel des Vergessens repariert und die Konfliktparteien wieder miteinander ausgesöhnt werden können.

Tatsächlich wurde das Heilmittel des Vergessens, worauf Meier wiederholt hinweist, auch nach dem Zweiten Weltkrieg noch einmal eingesetzt, um die westdeutsche Gesellschaft wieder aufzubauen und den europäischen Frieden zu konsolidieren. Nach einer kurzen Phase der Strafverfolgung der prominenten NS-Täter durch das Nürnberger Gericht wurde der Großteil der NS-Funktionäre und Mitläufer rehabilitiert. Die ‹braune› Kontinuität bei den Funktionseliten wurde von den Alliierten in Kauf genommen, um der westdeutschen Gesellschaft im Rahmen der Machtblöcke des Kalten Krieges zu einem schnellen Wiederaufbau zu verhelfen. Das kollektive Beschweigen galt nach dem Krieg auch als eine internationale Praxis. De Gaulle und Adenauer zum Beispiel nahmen gemeinsame Paraden ab und zelebrierten 1962 gemeinsam das Hochamt in der Kathedrale von Reims. Damit signalisierten sie über die nationale Grenze hinweg Vergebung und Versöhnung in einem militärischen und religiösen Rahmen. Der historische Schauplatz war dabei hochsymbolisch gewählt: In der nordfranzösischen Stadt Reims war am 7. Mai 1945 die deutsche Kapitulation unterzeichnet worden, hier hatte General Eisenhower sein Hauptquartier aufgeschlagen. Das religiöse Reinigungs-Ritual hatte eine wichtige politische Bedeutung: Durch ‹dialogisches Vergessen› wurde die Wiederaufnahme Westdeutschlands in das westeuropäische Bündnis beschleunigt. Unter dieser Rahmenbedingung wurde in den 1950er und 1960er Jahren die Last der traumatischen und schuldhaften Vergangenheit zunächst durch Vergessen entsorgt bzw. anästhesiert.

Die internationale Praxis des kollektiven Beschweigens hat der Politologe Tony Judt genauer analysiert. Während des Kalten Krieges waren die nationalen Gedächtnisse Europas eingefroren, um die neuen west- bzw. osteuropäischen Allianzen diesseits und jenseits des Eisernen Vorhangs zu stützen. Indem «alle Verantwortung für den Krieg, seine Leiden und Verbrechen den Deutschen zufiel», wurden zum Beispiel jene Verbrechen, die während des Krieges und danach von anderen verübt wurden, «passenderweise vergessen».[7] Die Bereitschaft zu vergessen hat in West und Ost bis zum Ende des Kalten Krieges angehalten. Das Entscheidende war jedoch: Dieses Schweigen betraf nicht mehr nur die Leiden, die einem selbst zugefügt worden waren, sondern vor allem auch die, die man anderen angetan hatte. Die Re-Integration in Europa vollzog sich damit auf der gemeinsamen Grundlage eines ‹Vergessens› der jüdischen Opfer.

Besonders deutlich hat Winston Churchill die Bereitschaft zum Vergessen in einer Rede ausgesprochen, die er im September 1946 in Zürich gehalten hat. Sie zeigt, dass man damals aus der Perspektive des neu zu gründenden Hauses Europa auf den Zweiten Weltkrieg als einen Bürgerkrieg der Nationen zurückblickte, den man noch einmal mit dem altbewährten Mittel des Vergessens zu überwinden hoffte. Churchill setzte sich dafür ein, den Deutschen und denen, die mit den Achsenmächten kollaboriert hatten, nicht länger ihre Vergangenheit vorzuhalten. Nachdem die Verantwortlichen in Nürnberg verurteilt worden waren, verlangte er «ein Ende der Abrechnungen» und erklärte:

> Wir alle müssen den Gräueln der Vergangenheit den Rücken zuwenden. Wir müssen in die Zukunft schauen. Wir können es uns nicht leisten, in die kommenden Jahre den Hass und die Rache hineinzuziehen, die aus den Wunden der Vergangenheit entstanden sind. Wenn Europa vor endlosem Unheil und endgültigem Untergang gerettet werden soll, müssen wir es auf einen Akt des Glaubens an die europäische Familie und einen Akt des Vergessens aller Verbrechen und Irrtümer der Vergangenheit gründen.[8]

Die Gesellschaft der 1950er und frühen 1960er Jahre ist durch das charakterisiert, was man damals ‹Vergangenheitsbewältigung› genannt hat und heute eine Politik des Schlussstrichs nennt. Aus deutscher Perspektive war Vergangenheit in den 1950er und 1960er Jahren gleichbedeutend mit einer Schuld, die durch unterschiedliche Maßnahmen, wie Wiedergutmachung, diplomatische Beziehungen zu Israel, die Aktion Sühnezeichen und andere Aktivitäten zu bearbeiten war, in der Hoffnung und Erwartung, sie damit aus der Welt zu schaffen oder wenigstens hinter sich zu bringen. Vergessen wurde damals, wie Hermann Lübbe immer wieder betont, nicht automatisch, wie wir das heute tun, mit ‹Verdrängen› gleichgesetzt, sondern – im Rahmen des damals allgemein verbindlichen Fortschritts- und Modernisierungsdenkens – mit ‹Erneuerung› und einer Öffnung zugunsten der Zukunft. Von der Zukunft erhoffte man sich positive Veränderung und Erneuerung; das war die zentrale Wert-Prämisse der Modernisierungstheorie, die nach 1945 in West und Ost als verbindliche Wertorientierung von allen Ländern Europas geteilt wurde.[9]

Das emphatische und anhaltende Bekenntnis zur Zukunft lässt sich noch an einer Episode im Mai 1966 illustrieren. Bundeskanzler Konrad Adenauer befand sich damals auf einer Israelreise, in deren Verlauf er vom israelischen Ministerpräsidenten Levi Eshkol in Tel Aviv empfangen wurde. Eshkol hob bei dieser Gelegenheit «das lange Erinnerungsvermögen des Volkes Israel» hervor. Dies sei die Folge der langen Verfolgung. Sein Volk gedenke seiner Feinde ebenso wie seiner Freunde. Zu den Letzteren zähle der Gast, insbesondere wegen seines Wirkens als «Architekt der Wiedergutmachungsverträge» von 1952. Der Altkanzler erwiderte darauf, er sei «mit der schlimmen Verfolgung der Juden durch die Nationalsozialisten vertraut», zumal er selbst während der Schreckensherrschaft viel Leid habe ertragen müssen. (Er selbst war ja, was vielen Deutschen unbekannt ist, ebenso wie seine Frau als politisch Verfolgter des NS-Regimes in ‹Schutzhaft› genommen worden – ein schrecklicher Euphemismus für das Foltergefängnis der Gestapo. Seine Frau ist an den Folgen dieser Haft gestorben.) Während seiner Kanzlerschaft habe er sich deshalb mit besonderem Engagement für die «Versöhnung mit dem jüdischen Volk und den französischen Nachbarn» eingesetzt.

So weit, so gut. Am Abend desselben Tages kam es aber im Hause des Ministerpräsidenten noch zu einem unerwarteten Eklat. Als der Gastgeber in seiner *dinner speech* sagte: «Das israelische Volk wartet auf neue Zeichen und Beweise dafür, dass das deutsche Volk die schreckliche Last der Vergangenheit erkennt. Die Wiedergutmachung stellt nur eine symbolische Rückerstattung des blutigen Raubes dar. Es gibt keine Sühne für die Gräuel und keinen Trost für unsere Trauer», war der 90-jährige Adenauer entsetzt. Die Attacke Eshkols fasste er als Beleidigung für Deutschland auf und reagierte darauf mit dem Appell, «diese Zeit der Gräuel, die man nicht ungeschehen machen kann, zu überwinden. Wir sollten sie aber nun der Vergangenheit überlassen. Ich weiß, wie schwer es für das jüdische Volk ist, das zu akzeptieren. Aber wenn guter Wille nicht anerkannt wird, kann daraus nichts Gutes entstehen.»[10]

Erinnern, um niemals zu vergessen

Zeitgleich gab es allerdings auch andere Stimmen. Als zentrale Vordenkerin einer neuen Erinnerungskultur möchte ich hier Hannah Arendt zu Wort kommen lassen. Während Churchill und andere sich auf eine neue zukunftsorientierte Politik des Vergessens einstimmten, reformulierte Hannah Arendt das Konzept einer neuen ethischen Erinnerungskultur. Fünf Jahre nach Winston Churchills Züricher Rede mit dem Plädoyer für das Vergessen publizierte Hannah Arendt ihr Buch über *Die Ursprünge totalitärer Herrschaft*. In ihrem Vorwort zur englischen Ausgabe schrieb sie einige Sätze gegen das Vergessen, die als Motto und Wegweiser über dieser neuen Erinnerungskultur stehen können. Sie machte darin vier Aussagen, die zusammengenommen den Rahmen der neuen Erinnerungskultur bilden.

1. Arendt konstatierte angesichts der Schrecken des Zweiten Weltkriegs zunächst einmal eine radikale Zäsur, die sie als einen Tiefpunkt der Geschichte bestimmte, an dem «alle Hoffnungen gestorben sind». Ganz im Gegensatz zur Schlussstrich-Rhetorik und dem hoffnungsvollen Aufbruch in eine neue Zukunft erklärte Arendt, dass «die Grundstruktur aller Zivilisationen zerbrochen» sei, weshalb uns keine Zukunfts-Versprechen mehr so einfach über diese Schwelle hinweghelfen können.[11]

2. Arendt stellte fest, dass sich mit der letzten Phase des Totalitarismus «ein absolutes Böses» offenbart habe. Sie spricht hier von ‹absolut›, weil sich dieses Geschehen «nicht mehr in den Kategorien verständlicher menschlicher Motive erklären lasse».[12]

Für diejenigen, die diese äußerste Gewalt traf, markiert diese *negative Offenbarung* den Anfang einer neuen Ära: Sie sind in der Epoche angekommen, in der sie «die wahrhaft radikale Natur des Bösen» kennengelernt haben. Der jüdisch-amerikanische Historiker Yosef H. Yerushalmi und andere haben nach Arendt über die metaphysische Qualität dieses Ereignisses geschrieben, mit dem die Menschheit zum zweiten Mal vom Baum der Erkenntnis gegessen hat, diesmal mit dem Geschmack bitterer Asche.[13] Lange vor seiner Benennung als ‹Holocaust› und seiner Bewertung durch den Historikerstreit hat Arendt mit dieser Deutung den Mord an den europäischen Juden aus dem Zusammenhang der kontingenten Geschichte herausgelöst und auf die Ebene einer universalen Menschheitsgeschichte gehoben.

3. Nach Arendt erfordert diese negative Offenbarung eine Antwort auf der Ebene des Handelns. Diese Antwort besteht für sie in der Sicherung der Menschenwürde auf einer politischen, rechtlichen und universalen Ebene: «Menschliche Würde braucht fortan eine neue Garantie, die in einem neuen politischen Prinzip, in einem auf dieser Erde neu zu schaffenden Gesetz bestehen muss, dessen Geltung in diesem Fall die ganze Menschheit umfassen muss, wobei die autorisierte Macht klar begrenzt bleiben muss, die in neu zu definierenden territorialen Einheiten zu verankern und durch sie zu kontrollieren sind.»[14]

4. Neben dieser neuen Form einer Menschenrechts-Politik forderte Arendt noch eine weitere Antwort auf die neue transzendente Erfahrung und entwickelte dabei ihr Konzept einer ethisch motivierten Erinnerung:

> Wir können es uns nicht mehr leisten, nur das Gute in der Vergangenheit auszuwählen und als unser Erbe anzunehmen, während wir das Schlechte einfach ignorieren und es als totes Gewicht ansehen, das die Zeit von selbst im allgemeinen Vergessen begraben wird. Der unterirdische Strom der westlichen Geschichte ist endlich an die Oberfläche getreten und hat die Würde unserer Tradition in Besitz genommen. Das ist die Wirklichkeit, in der wir leben. Und deshalb sind alle Anstrengungen umsonst, sich aus der bitteren Gegenwart in die Nostalgie einer noch intakten Vergangenheit zu stürzen oder in das Vergessen in Hoffnung auf eine bessere Zukunft.[15]

Arendts vier Punkte
– die Zäsur eines Zivilisationsbruchs
– die negative Offenbarung eines absoluten Bösen
– die Notwendigkeit einer neuen Menschenrechtspolitik
– das Konzept einer ethischen Erinnerung
bilden die geistige Grundlage der neuen Erinnerungskultur. Diese wurde jedoch nicht im Jahre 1950, als diese Sätze niedergeschrieben wurden, sondern erst drei bis vier Jahrzehnte später in den 1980er und 1990er Jahren aufgebaut. Denn so lange hat es gedauert, bis sich die implizite Wert- und Zeitorientierung verschob, die Fortschrittserzählung verblasste und sich ein allgemeines Verständnis dafür entwickelte, dass dies tatsächlich «die Wirklichkeit (ist), in der wir leben». Die traumatische Vergangenheit des Jahrhunderts der Gewalt, so diese hellsichtige Kassandra, wird sich nicht mehr von selbst auflösen, sondern umgekehrt noch viel retrospektive Aufmerksamkeit erfordern: «Wir müssen uns der Vergangenheit stellen und das Gewicht tragen, das uns unser Jahrhundert auferlegt hat.»[16] Das bedeutet, dass die Vergangenheit inzwischen nicht mehr nur als ein «totes Gewicht» begriffen werden kann, sondern auch als das Gewicht der Toten und des an ihnen begangenen Unrechts, das noch Ansprüche an die Gegenwart stellt.

Die Leitbegriffe der Politik des Vergessens wie ‹Vergangenheitsbewältigung› und ‹Wiedergutmachung› stießen in der Bundesrepublik seit den 1960er Jahren zunehmend auf Kritik und Widerstand. Mitte der 1960er Jahre begann eine neue Ära des therapeutischen Diskurses (Alexander Mitscherlich und die Gründung des Sigmund-Freud-Instituts), des Diskurses der Kritischen Theorie der Frankfurter Schule (Theodor W. Adorno, Max Horkheimer samt der Edition der Werke Walter Benjamins im Suhrkamp-Verlag) sowie des juridischen Diskurses (Fritz Bauer als Generalstaatsanwalt des Frankfurter Auschwitz-Prozesses). Entscheidend war, dass dabei der Standpunkt radikal gewechselt wurde; hier wurde nicht mehr aus der Perspektive der Gesichtswahrung der Täter in der Mehrheitsgesellschaft, sondern aus der Perspektive der jüdischen Opfer gesprochen, die aus dem herrschenden Vergangenheitsnarrativ bisher weitgehend herausgefallen waren. Diese Sicht machte sich die Nachkriegsgeneration der 68er im Anschluss an diese Entwicklungen zu eigen und wandte sie gegen die Kriegsgeneration ihrer Eltern und den Staat. Die Konnotationen von Erinnern und Vergessen tauschten dabei im Übergang vom alten zum neuen kulturellen Paradigma ihre Bedeutung und Wertigkeit. Während im Rahmen der europäischen kulturellen Ausrichtung auf Modernisierung Vergessen positiv konnotiert gewesen war, als eine Strategie der Erneuerung und Integration, wurde es nun negativ mit Verleugnung und Verdrängung assoziiert. Erinnern dagegen, das zuvor negativ bewertet und mit retrospektiver Fixierung, Hass, Rache, Ressentiment und Spaltungen verbunden gewesen war, wurde nun aufgewertet zu einer therapeutischen und ethischen Pflicht.

1985 wurde zu einem Schlüssel- und Wendejahr der deutschen Erinnerungskultur. Den Auftakt bildete der gemeinsame Besuch von Helmut Kohl und Ronald Reagan im Rahmen der Kommemorationsfeierlichkeiten des Kriegsendes am 5. Mai 1985 auf einem Soldatenfriedhof in Bitburg, auf dem sich auch Gräber von SS-Angehörigen befanden. Diese inklusive Opfer-Politik wurde als eine Vergessens-Zeremonie gegenüber den Holocaustopfern empfunden, was zu einem internationalen Skandal führte.[17] Mit der Rede von Richard von Weizsäcker zum 40. Jahrestag des Kriegsendes, den wilden Grabungen auf dem nachmaligen Feld der ‹Topographie des Terrors› in Berlin und dem Historikerstreit sind weitere Ereignisse der 1980er Jahre benannt, mit denen in Westdeutschland die Rahmenbedingungen in Kultur und Politik von Vergessen auf Erinnern umgestellt wurden. Das Wort ‹Erinnerungskultur› ersetzte die älteren Leitbegriffe der 1950er und 1960er Jahre wie ‹Schlussstrich›, ‹Vergangenheitsbewältigung› und ‹Wiedergutmachung›, die in der Bundesrepublik eine Politik des (sich selbst Vergebens und) Vergessens begleitet hatten.[18]

Kern der neuen Erinnerungskultur war der Holocaust. Dieses in die ‹gestauchte Zeit› der Jahre 1939–1945 eingefaltete Ereignis ist erst vier Jahrzehnte nach Kriegsende ins allgemeine gesellschaftliche, nationale und transnationale Bewusstsein getreten; nachdem das deutsche Megaverbrechen an den Juden zum Gegenstand von Gerichtsverhandlungen und historischer und medialer Forschung geworden war, wurde es jetzt zunehmend auch zum Gegenstand politischer und gesellschaftlicher Erinnerung. Die Stabilisierung der Holocaust-Erinnerung auf der Basis eines ethischen Erinnerungsvertrags zwischen den Deutschen als Nachfahren der Täter und den Juden als Überlebende und Nachfahren der Opfer war eine historisch neuartige Antwort auf das in seinen Ausmaßen und seiner Durchführung absolut präzedenzlose Verbrechen des Judenmords.

Vergessen ist unter bestimmten Bedingungen ein Heilmittel gegen die Last der Vergangenheit, aber es ist sicher kein Allheilmittel. Vergessen bewährt sich vor allem nach *symmetrischen* Gewaltverhältnissen oder unter besonderen politischen Bedingungen, wenn neue Allianzen geschmiedet werden sollen, aber es scheitert, wo es um die *asymmetrische* Beziehung extremer Gewalteinwirkung geht. Es hat sich gezeigt, dass im Falle des Holocaust ein Neubeginn in der Beziehung zu den Überlebenden und Nachkommen der Opfer nicht über einen Schlussstrich, sondern umgekehrt nur über die Bereitschaft zu gemeinsamem Erinnern zu erreichen war. Indem die Opfer mit ihrer Erinnerung nicht alleingelassen werden, sondern diese Perspektive von den Nachfahren der Täter in ‹anamnetischer Solidarität› (Johann Baptist Metz) geteilt wird, kann das historische Trauma zur Grundlage, genauer: Grundlegung einer gemeinsamen Zukunft werden. Da diese Erinnerung für die Opfer wie die Täter zu einem unverzichtbaren Teil ihres kollektiven Selbstbildes geworden ist, nahm der Holocaust dabei den Charakter einer *normativen Vergangenheit* an. Diese Form der Vergangenheitsbewahrung gründet auf einem ethischen Erinnerungspakt, der auf Zukunft und unbeschränkte Dauer ausgerichtet ist: Erinnern, um nicht zu vergessen.

Erinnern, um zu überwinden

Wir haben in den letzten Jahrzehnten erlebt, wie auch angesichts anderer traumatischer Vergangenheiten wie Sklaverei, Kolonialismus, Diktaturen und Bürgerkriegen die kulturellen Rahmenbedingungen von Vergessen auf Erinnern umgestellt wurden. Hier müssen wir jedoch noch einmal zwischen zwei Formen des Erinnerns unterscheiden, die ich in Bezug auf die beiden deutschen Diktaturen als ‹Vergangenheitsbewahrung› und ‹Vergangenheitsbewältigung› eingeführt habe. Vergangenheitsbewahrung steht für eine im Kern ethisch begründete Erinnerungskultur, die eine traumatische Vergangenheit zur dauerhaften normativen Instanz erhebt, an der sich das Handeln in der Gegenwart messen lassen muss und die deshalb das Vergessen nachhaltig verhindern möchte. Vergangenheitsbewältigung, ein Begriff, den ich hier von den alten pejorativen Assoziationen befreie und als einen neutralen Terminus wieder einsetze, steht demgegenüber für eine sozialtherapeutisch begründete Erinnerungsform, die auf Versöhnung und eine gesellschaftliche und nationale Integration ausgerichtet ist. In diesem Falle wird das Erinnern nicht zu einer absoluten Norm erhoben, sondern als Mittel zu diesem Ziel eingesetzt. Erinnern ist in diesem Zusammenhang eine wichtige performative Handlung in einer kritischen Übergangssituation mit einer erhofften therapeutischen, läuternden und einigenden Wirkung.

Die Kultur ist generell reich an Beispielen für solch ‹transitorisches Erinnern›. Im Rahmen der christlichen Beichte zum Beispiel wird erinnert, um zu vergessen: Die Schuld muss aufgelistet und ausgesprochen werden, bevor sie durch die Absolution des Priesters getilgt werden kann. Ähnliches gilt für den künstlerischen Prozess der Katharsis: Durch Reinszenierung eines schmerzlichen Ereignisses auf der Bühne des Theaters kann eine Last der Vergangenheit noch einmal durchlebt und dabei überwunden werden. Die Gruppe, die solches nachträglich durchlebt, geht nach der Theorie des Aristoteles aus dieser Erfahrung kollektiv gereinigt und gestärkt hervor. Vergessen durch Erinnern ist im Grunde auch das Ziel der Freud'schen Psychoanalyse, die die belastende Vergangenheit noch einmal ins Bewusstsein hebt, um sie danach umso besser hinter sich lassen zu können. Eine ähnlich therapeutische Funktion als Mittel zum Vergessen gewinnt die Erinnerung in neuen öffentlich-politischen Verfahren: Eine schmerzhafte Wahrheit muss noch einmal ans Licht geholt und öffentlich gemacht werden, das Opfer muss seine Leiden erzählen dürfen und sie müssen mit Empathie angehört und anerkannt werden, damit sie anschließend aus dem sozialen oder politischen Gedächtnis entsorgt werden können. Nach diesem Verfahren sind die Tribunale der ‹Truth and Reconciliation Commission› organisiert, die nach dem Ende der Apartheid-Regierung in Südafrika (1990) unter der Ägide Bischof Tutus und Alex Boraines zu einer Mischung aus Tribunal, kathartischem Drama und christlichem Beichtritual wurden.

Gegenwärtig sind auf der Welt mehr als 30 Wahrheitskommissionen im Einsatz, wobei die Verfahrensregeln je nach Situation immer wieder neu erfunden werden müssen. Obwohl die Komponente J für *justice* in diesen Übergangsprozessen des politischen Systemwandels keineswegs ausgespart ist, kommt der Komponente T für *truth* eine neue revolutionäre Bedeutung zu. Nicht das Abdecken und Ruhenlassen, sondern das in einem sozialen Raum Zur-Sprache-Bringen, Bekennen und öffentlich Zur-Kenntnis-Nehmen bestimmen diese Form der Erinnerungspolitik. Da sie auf Versöhnung und Integration ausgerichtet ist, können wir sie als eine ganz neue Form der ‹Vergangenheitsbewältigung› ansprechen, die mithelfen soll, Diktaturen und andere menschenrechtsverletzende Regime in Demokratien zu verwandeln.[19] Die Wahrheit ist als das erste Opfer jedes Krieges bezeichnet worden, und das gilt erst recht für die asymmetrische Gewalt bei Menschheitsverbrechen wie Sklaverei, Kolonialismus, Genozid oder dem stalinistischen Terror. Hier ist die historische Wahrheit oft das Einzige, was nach Jahren, Jahrzehnten und zum Teil Jahrhunderten von Erniedrigung, Ausbeutung, Ausrottung und systematischer Vernichtung überhaupt noch wiederherstellbar ist. Neben den rechtlichen Mitteln der Verurteilung, Bestrafung und Restitution, die wegen des zeitlichen Abstands oft nicht mehr einsetzbar sind, gewinnen hier gerade auch die symbolischen Mittel wie öffentliche Schuldbekenntnisse und der Ausdruck von Reue eine besondere Bedeutung. In traumatisch gespaltenen Gesellschaften führt der Weg zur Rechtsstaatlichkeit und Integration heute weithin durch das Nadelöhr der Erinnerung in Gestalt der Aufarbeitung von Massenverbrechen. Durch politische Rituale der Reue und empathischen Teilhabe der Gesellschaft an der Erinnerung der Opfer soll die Wucht des Traumas verringert und die Last der Schuld abgetragen werden. Anschließend ist dann ein Neubeginn möglich, unter der Bedingung, dass die traumatische Geschichte zur Vergangenheit geworden ist.

Das Modell der Wahrheitskommissionen wurde in Südamerika erfunden, wo Länder wie Chile, Uruguay und Argentinien sich in den 1980er und 1990er Jahren von Militärdiktaturen in Demokratien verwandelten. Die Opfer dieser Diktaturen aktivierten dafür das Paradigma der Menschenrechte und bildeten auf dieser Wertebasis neue politische Begriffe wie ‹Menschenrechtsverletzung› und ‹Staatsterrorismus›. Auf dieser Basis wurden Untersuchungskommissionen eingerichtet, aus denen später die Wahrheitskommissionen hervorgingen. Sie bauten auf die transformierende Kraft der historischen Wahrheit und damit auf die Bedeutung aktiver Erinnerungsarbeit. ‹Erinnern, um nicht zu wiederholen› (*nunca más*) wurde allgemein zu einem politischen und kulturellen Imperativ. Mithilfe des Menschenrechtsparadigmas wurde ein neuer und einflussreicher Opferdiskurs geschaffen, der die traditionellen politischen Narrative des Klassenkampfs, der nationalen Revolutionen und der politischen Antagonismen ersetzte. Im Zentrum der Werte stand nunmehr der universale Wert der Menschenwürde im Sinne der körperlichen und sozialen Integrität der Person. Mit diesen universalistischen Werten entstand eine neue politische Agenda, in der zum ersten Mal auch andere Formen der Staatsgewalt kritisiert werden konnten, wie Rassen- und Geschlechterdiskriminierung sowie die Unterdrückung indigener Bevölkerungen. Dieser Wertewandel wurde zu einer wichtigen symbolischen Ressource, um ‹Verbrechen gegen die Menschlichkeit› ins globale Rechtsbewusstsein einzubringen. Was die transnationale Bewegung zur Abschaffung der Sklaverei für das 19. Jahrhundert war, ist das weltweite Eintreten für die Opfer von Gewalt für das späte 20. und frühe 21. Jahrhundert. Der wichtige Unterschied dabei ist allerdings, dass nun die Opfer für sich selber sprechen und ihr Recht auf Anerkennung und Erinnerung in einer globalisierten Welt einfordern. Die Ausbreitung ihrer Stimmen und ihre öffentliche Sicht- und Hörbarkeit haben ein neues Weltethos geschaffen, das es den nationalstaatlichen Autoritäten zumindest schwerer macht, eine repressive Politik des Vergessens und der Verdrängung aufrechtzuerhalten.

In die Richtung einer globalen Ausweitung des Menschenrechtsdiskurses als Grundlage der neuen Erinnerungskultur weisen auch die bereits erwähnten öffentlichen Reuebekenntnisse, in denen Staatschefs und andere hohe politische Funktionäre sich bei den Opfern für Episoden der Gewalt entschuldigen, die in der Geschichte ihrer Staaten verübt wurden. Im Lichte dieser Praxis, die in den 1990er Jahren entstand und weiter anhält, präsentieren sich Nationalstaaten in der globalen Arena erstmals als moralische Akteure und verantwortungsbewusste Gemeinschaften. Auch hier haben wir es mit einer neuen Form von Erinnerungskultur zu tun, die sich im Rahmen des Menschenrechtsparadigmas neuerdings mit Schuld und den dunklen Gewaltepisoden der eigenen National- und insbesondere Kolonialgeschichte auseinandersetzt.

In Post-Diktatur-Gesellschaften gilt die Anerkennung und Erinnerung an das Leid der Opfer als wichtiger Teil einer sozialen Umwandlung und Versöhnung, die auf den politischen Systemwandel folgen muss. Mit anderen Worten: Der politische *Transitionsprozess* muss durch einen gesellschaftlichen *Transformationsprozess* ergänzt und vertieft werden. Innerhalb eines neuen kulturellen Rahmens können Erinnerungspraktiken und -rituale einen Prozess der Auseinandersetzung mit den Verbrechen der Vergangenheit einleiten und damit zu deren Anerkennung sowie zur Überwindung einer trennenden traumatischen Geschichte führen. Für diese Praxis bietet sich der (auf diese Weise neu zu füllende) Begriff der Vergangenheitsbewältigung an: Das Ziel besteht vorrangig darin, die Gewaltgeschichte hinter sich zu bringen und hinter sich zu lassen, um eine gemeinsame Zukunft zu gewinnen.

Dialogisches Erinnern

Das dritte Modell – Erinnern, um zu überwinden – bezieht sich auf Staaten, die entweder einen radikalen Wertewandel oder einen politischen Systemwandel vollzogen haben und mit dem Problem konfrontiert sind, eine in sich gespaltene Bevölkerung wieder zusammenzuführen und auf einen gemeinsamen Wertekonsens einzustimmen. Mein viertes und letztes Modell betrifft Situationen, die diesen nationalen Rahmen überschreiten. Es geht um Erinnerungspolitik zwischen zwei oder mehreren Staaten, die durch eine gemeinsame Gewaltgeschichte miteinander verbunden sind. Zwei Staaten entwickeln ein dialogisches Erinnerungsmodell, wenn sie einseitig oder gegenseitig ihren eigenen Anteil an der traumatisierten Geschichte des anderen anerkennen und empathisch das selbst verursachte und zu verantwortende Leiden der anderen Nation ins eigene Gedächtnis mit einschließen.

Das stellt allerdings für das nationale Gedächtnis eine außerordentliche Herausforderung dar, weil dies in aller Regel monologisch organisiert ist; es wurde im 19. Jahrhundert geschaffen, um die nationale Identität zu stützen und zu zelebrieren. Das Prisma des nationalen Gedächtnisses tendiert deshalb stets dazu, die Geschichte auf einen ruhmreichen, ehrenwerten oder zumindest akzeptablen Ausschnitt zu verengen. Angesichts einer traumatischen Vergangenheit gibt es üblicherweise überhaupt nur drei sanktionierte Rollen, die das nationale Gedächtnis akzeptieren kann: die des Siegers, der das Böse überwunden hat, die des Widerstandskämpfers und Märtyrers, der gegen das Böse gekämpft hat, und die des passiven Opfers, das das Böse erlitten hat. Was jenseits dieser Positionen und ihrer Perspektiven liegt, kann gar nicht oder nur sehr schwer zum Gegenstand eines akzeptierten Narrativs werden und wird deshalb auf der offiziellen Ebene ‹vergessen›.

Die Logik des nationalen Gedächtnisses ist, wie bereits der Blick auf Opferkonkurrenzen und Erinnerungskämpfe gezeigt hat, von der notorischen Vorstellung des Platzmangels bestimmt: Das eigene Leid nimmt sehr viel Platz ein und lässt keinen Raum für das Leid, das man anderen zugefügt hat. Diesen monologischen Charakter des nationalen Gedächtnisses hat Marc Bloch bereits in den 1920er Jahren kritisiert: «Hören wir doch endlich damit auf, uns ewig von Nationalgeschichte zu Nationalgeschichte zu unterhalten, ohne uns gegenseitig zu verstehen.» Er sprach von einem «Dialog unter Schwerhörigen, bei dem jeder völlig verkehrt auf die Fragen des anderen antwortet».[20] Die nationalen Gedächtnisse existieren in Europa jedoch nicht mehr in Isolation, sondern sind mit anderen nationalen Gedächtnissen untrennbar verbunden. Tatsächlich zeigt sich immer wieder, dass die europäische Integration nicht wirklich fortschreiten kann, solange sich die monologischen Gedächtniskonstruktionen der Mitgliedstaaten weiter verfestigen und miteinander kollidieren. Auf diese Situation antwortet mein viertes Modell, das ‹dialogische Erinnern›, das ich hier neben dem inklusiven Opferbegriff und dem Konzept der Erinnerungsverknüpfung (*multidirectional memory*) als eine dritte Möglichkeit der Überwindung von Gedächtniskollisionen vorschlagen möchte. Dabei handelt es sich zwar noch keineswegs um eine allgemein praktizierte Form des Umgangs mit einer geteilten Gewaltgeschichte, aber doch um eine große kulturelle und politische Chance, die gerade in dem Projekt Europa enthalten ist.

Von Seiten der Europäischen Kommission werden derzeit Forschungsprojekte ausgeschrieben, die auf ein klares politisches Ziel ausgerichtet sind. Sie sollen «Ideen entwickeln, wie der Dialog zwischen den europäischen Bürgern mit Blick auf die unterschiedlichen Erinnerungen gestärkt werden und wie eine gemeinsame Sicht auf die Vergangenheit, Gegenwart und Zukunft Europas daraus hervorgehen kann».[21] Mein Vorschlag zu diesem Thema ist denkbar einfach. Ich verstehe dialogisches Erinnern ganz pragmatisch als wechselseitige Anerkennung von Opfer- und Täterkonstellationen in Bezug auf eine gemeinsame Gewaltgeschichte. Durch Aufnahme der traumatischen Erinnerungen der anderen Seite ins eigene Gedächtnis werden die kompakten und einheitlichen Gedächtniskonstruktionen entlang nationaler Grenzen aufgebrochen.[22] Die Konstellation der Europäischen Union bietet hier einen einmaligen Rahmen für den Umbau von monologischen in dialogische Gedächtniskonstruktionen. Der Psychoanalytiker Alexander Mitscherlich sprach einmal von der «so lange aufgeschobenen Bearbeitung der Vergangenheit unter dem Realitätsprinzip», die heute unter der Bedingung des Zusammenrückens in Europa forciert werden kann.[23] Richard Sennett hat betont, dass es einer Vielfalt widerstreitender Erinnerungen bedarf, um unangenehme historische Fakten anzuerkennen.[24] Genau darin liegt das besondere Potential, das der europäische Erinnerungsrahmen bereithält und das bisher erst ansatzweise genutzt worden ist.

Die Europäische Union ist selbst eine Folge des Zweiten Weltkriegs und eine Antwort auf ihn. Es wird immer offenkundiger, dass das traumatische Erbe dieser verschränkten Gewaltgeschichte nicht länger in der beschränkten Grammatik traditioneller nationaler Gedächtniskonstruktionen bearbeitet werden kann. In dieser Geschichte gibt es inzwischen vieles, was die Historiker wissen, was jedoch keinen Platz im nationalen Gedächtnis erhält, weil dazu bisher der Innen- oder Außendruck fehlte. Dazu gehören zahlreiche Gräuel des Zweiten Weltkriegs, die die Deutschen an ihren Nachbarn verübt haben, was dort zum Teil in sehr guter Erinnerung behalten wurde. Während die jüdischen Opfer im Rahmen einer internationalen Erinnerungskultur ins allgemeine Bewusstsein gedrungen sind, wissen in Deutschland die nachwachsenden Generationen so gut wie nichts von den polnischen oder russischen Opfern der deutschen Kriegsführung. Die Ausstellung über die Verbrechen der Wehrmacht begann erst mit dem Russlandfeldzug im Juni 1941, eine Zäsur, die der ZDF-Dreiteiler *Unsere Mütter, unsere Väter* noch einmal übernommen hat. Der Überfall auf Polen und die Politik der verbrannten Erde in diesem Vernichtungsfeldzug fallen bei dieser Betrachtung regelmäßig unter den Tisch – eine Gedankenlosigkeit, die bei den polnischen Nachbarn nicht gut ankommt. Konrad Schuller brachte bei dieser Gelegenheit wieder in Erinnerung, was im Gedächtnis der Deutschen ein blinder Fleck geblieben ist: «Polen war das erste Opfer Hitlers, die Besatzung hat sechs Millionen Bürger das Leben gekostet, die Hälfte von ihnen Juden. Kein Land hat im Verhältnis zu seiner Bevölkerung im Krieg mehr Menschenleben verloren. Höchstens in Israel dürften die Albträume über unsere Mütter und Väter noch drückender sein.»[25] Das ZDF-Epos enthält zudem längere Passagen in polnischer Sprache, die den krassen Antisemitismus polnischer Partisanen schildern, was in diesem Fall nicht nur eine Gedankenlosigkeit, sondern die problematische ‹Externalisierung› eines deutschen Problems ist, von dem die zentralen deutschen Charaktere frei gehalten sind und das auf diese Weise einfach über die Grenze geschoben wird. Es ist offensichtlich, dass der Dialog-Politik der Regierung Donald Tusk damit ein schwerer Schlag versetzt wird.

Europäische Dialogfähigkeit steht und fällt mit dem Wissen um den eigenen Anteil an den Traumata der Anderen. Während die Bombardierung Dresdens inzwischen fest im deutschen nationalen Gedächtnis verankert ist, weiß man hierzulande kaum etwas von der Zerstörung Warschaus durch die Deutschen als Vergeltung für den Warschauer Aufstand (1944), der meist mit dem durch Brandts Kniefall berühmt gewordenen Ghetto-Aufstand (1943) verwechselt wird. Auch die Leningrader Blockade von 1941–1944 durch die Wehrmacht, eine der längsten und destruktivsten ‹Belagerungen› der neueren Geschichte, bei der annähernd eine Million Russen verhungerten, hat keinen Platz im deutschen historischen Gedächtnis.[26] Warum, so könnte man im Sinne Christian Meiers zurückfragen, sollte man sich an all das erinnern? Wäre es nicht besser, all das Leid endlich auf sich beruhen und damit zur Ruhe kommen lassen? Die Antwort auf diese Frage ist einfach: Solange diejenigen, denen diese traumatische Gewalt angetan wurde, diese Ereignisse nicht vergessen, sondern im Gegenteil zu einem festen Bezugspunkt in ihrem nationalen Gedächtnis gemacht haben, kann dieses Leid nicht einfach durch ein einseitiges Vergessen auf Täterseite aus der Welt geschafft werden. Im Gegenteil machen solche asymmetrischen Beziehungen einseitigen Erinnerns und Vergessens noch immer einen erheblichen Teil der Last der Vergangenheit aus und verformen nachhaltig die europäische Binnenkommunikation. Auch sie sind europäische *lieux de mémoire*, doch bilden sie keinen Schulstoff, finden kaum Erwähnung in Diskursen und sind noch weitgehend ausgeschlossen aus der symbolischen Repräsentation im öffentlichen Raum.

Während die monologische Erinnerung die eigenen Leiden ins Zentrum stellt (Stichwort: Selbstviktimisierung), nimmt die dialogische Erinnerung das den Nachbarn zugefügte Leid ins eigene Gedächtnis mit auf. Dialogisches Erinnern meint dabei keinen auf Dauer gestellten ethischen Erinnerungspakt, sondern das gemeinsame historische Wissen um wechselnde Täter- und Opferkonstellationen in einer geteilten traumatischen Gewaltgeschichte. Ein vereinigtes Europa braucht kein einheitliches, wohl aber ein kompatibles europäisches Geschichtsbild. Es geht dabei keineswegs um ein vereinheitlichtes europäisches Master-Narrativ, sondern allein um die dialogische Bezogenheit und gegenseitige Anerkennung und Anschlussfähigkeit nationaler Geschichtsbilder. Die italienische Historikerin Luisa Passerini hat in diesem Zusammenhang eine wichtige Unterscheidung eingeführt. Sie spricht von ‹shared narratives› (oder geteilten Geschichten) und ‹shareable narratives› im Sinne von anschlussfähigen Geschichten.[27] Dialogisches Erinnern ist im nationalen Gedächtnis verankert, überschreitet jedoch die Grenze der Nationen durch eine transnationale Perspektive. Erst auf der Basis der wechselseitigen Anerkennung von Opfern und Tätern kann sich der Blick auf eine gemeinsame Zukunft öffnen. Solange allerdings die verengten nationalen Geschichtsbilder dominieren, herrscht in Europa weiterhin ‹ein Dialog unter Schwerhörigen›, um nicht zu sagen: ein schwelender ‹Bürgerkrieg der Erinnerungen›. Aus der Sackgasse heroischer Mythen und Opferkonkurrenz führt allein, um mit Péter Esterházy zu sprechen, «ein geteiltes europäisches Wissen über uns selbst als Täter und Opfer».[28] Das Prinzip des transnationalen dialogischen Erinnerns in Europa hat ein weiterer ungarischer Schriftsteller, nämlich György Konrád auf den Punkt gebracht: «Es ist gut, wenn wir Erinnerungen austauschen und erfahren, was die anderen von unseren Geschichten denken. (…) Die gesamte europäische Geschichte ist zusehends Allgemeingut, das für einen jeden ohne die Verpflichtung nationaler oder anderer Befangenheiten zugänglich ist.»[29] Damit hat Konrád zwar noch keinen Ist-Zustand beschrieben, aber doch das besondere Potential beim Namen genannt, das der kulturelle Rahmen der EU für seine Mitgliedstaaten bereithält.

Der israelische Autor Amos Oz hat einmal geschrieben: «Wenn ich das Sagen hätte bei den Friedensverhandlungen – egal ob in Wye, in Oslo oder wo auch immer –, würde ich den Tontechnikern die Anweisung geben, dass sie die Mikrophone ausstellen, sobald eine der verhandelnden Parteien anfängt, über die Vergangenheit zu sprechen. Sie werden schließlich dafür bezahlt, dass sie Lösungen für die Gegenwart und die Zukunft finden!»[30] Leider lassen sich die Fragen der Bewältigung der Vergangenheit einerseits und der Lösung dringender Zukunftsprobleme andererseits nicht immer so klar voneinander scheiden, wie es hier vorausgesetzt wird. Im Gegenteil sind Formen der Erinnerung heute überall auf der Welt aufs Engste mit der Gewinnung neuer politischer Strukturen sowie neuer Gegenwarts- und Zukunftsperspektiven verbunden.

68 Jahre nach dem Ende des Zweiten Weltkriegs blicken wir auf unterschiedliche Phasen und Formen der Vergangenheitspolitik zurück. Am Anfang stand das Schweigen als ‹dialogisches Vergessen›. Zwar wurden auch hier nach dem politischen Systemwechsel im Sinne der Vollstreckung von *transitional justice* die prominenten Kriegsverbrecher vor Gericht gestellt,[31] aber innerhalb der (westdeutschen) Gesellschaft wurde unter weitgehendem Ausschluss der jüdischen Erfahrung das Vergeben und Vergessen als effektive Strategie der sozialen Integration praktiziert. Auch zwischen den europäischen Nationen innerhalb der Blöcke des Kalten Krieges wurde gemeinsam vergessen. Es dauerte bis in die 1980er Jahre, ehe der Holocaust aus dem Schatten des Zweiten Weltkriegs heraustrat und als das zentrale Menschheitsverbrechen des 20. Jahrhunderts ins (Welt-)Bewusstsein trat. Die Politik des Schlussstrichs und des Schweigens, die sich nach symmetrischen Gewaltverhältnissen wie Bürgerkriegen bewährt, muss scheitern, wo es um radikal asymmetrische Beziehungen extremer Gewalteinwirkung geht. Während dialogisches Schweigen eine Strategie ist, die auf einer gegenseitigen Vereinbarung beruht, verlängert repressives Schweigen die destruktiven Machtverhältnisse: Es schont die Täter und schädigt die Opfer.

Das zweite Modell, die dauerhafte Memorialisierung, ist eine historisch neue erinnerungskulturelle und -politische Form, die für den Holocaust erfunden wurde. Der Imperativ: ‹Das darf niemals vergessen werden!› gilt in dieser Absolutheit für keine andere traumatische Vergangenheit. Dieser Imperativ, der eine Brücke schlägt zwischen der Opfer-Nation und der Täter-Nation, baut eine neue globale Zeugen-Gemeinschaft auf. Diese dauerhafte Selbstverpflichtung zum Erinnern erhebt eine bestimmte Geschichtsepoche zu einer normativen ‹Vergangenheit› und kommt darin einem (zivil-)religiösen Bekenntnis gleich. Mit dem Aufbau der Holocaust-Erinnerung wurde im politischen und sozialen Rahmen von Vergessen auf Erinnern umgestellt. Diese Erinnerung hat die politische Sensibilität in einem globalen Maßstab irreversibel verändert. Die auf Dauer gestellte und global ausgeweitete Holocaust-Erinnerung ist zwar, wie gesehen, zum Modell für die Ansprüche anderer Opfergruppen geworden, unterscheidet sich aber zugleich in vielen Punkten grundlegend von ihnen.

Seit den 1990er Jahren ist nämlich eine weitere Form des Erinnerns erfunden worden, deren politisches und kulturelles Ziel in erster Linie die Anerkennung und Würdigung der Opfer, nicht aber deren in alle Zukunft auf Dauer gestelltes Eingedenken ist. Dieses dritte Modell setzt auf das Erinnern, um zu überwinden. Es geht um die Durch- und Aufarbeitung einer traumatischen Vergangenheit, ein Prozess, an dessen Ende nicht das Erinnern per se, sondern die Transformation staatlicher Gewalt in Strukturen moralischer Verantwortung und die erfolgreiche soziale Reintegration von Opfern und Tätern in einer Gesellschaft stehen. Indem den Opfern eine Stimme gegeben wird, ihr Leid Anerkennung und Empathie findet, ihre Version der Geschichte ins nationale Narrativ eingeht und die Folgen ihrer Misshandlung symbolisch und/oder materiell kompensiert werden, hofft man, eine die Gesellschaft sprengende Gewaltgeschichte des politischen Terrors (wie z. B. in Argentinien) oder der hegemonialen kolonialen Gewalt (wie z. B. in Australien) zu überwinden. Es geht bei diesem dritten Modell also nicht um dauerhafte ‹Vergangenheitsbewahrung›, sondern im eigentlichen Sinne um ‹Vergangenheitsbewältigung›, d. h. um die Überwindung eines Traumas, um Versöhnung und die Öffnung einer gemeinsamen Zukunft.

Das dialogische Erinnern schließlich, das sich erst in Ansätzen abzeichnet und noch keine zuverlässig praktizierte Form der Erinnerungspolitik darstellt, antwortet auf die historische Realität einer gemeinsamen Gewaltgeschichte, in die zwei oder mehrere Nationen verstrickt sind. Dialogisches Erinnern hat eine besondere Chance in einem Staatenverbund wie Europa; hier könnte es in Zukunft stärker darum gehen, durch Formen gegenseitiger Annäherung und der Anerkennung des dem anderen zugefügten Leids die monologischen Schranken der nationalen Gedächtnisse durchlässiger zu machen und durch differenziertere und komplexere Gedächtniskonstruktionen die transnationale Integration zu stärken.

Hier tut sich tatsächlich ein wichtiges Feld gegenseitigen Lernens und der historischen Bildung auf. Was der ersten Generation nicht möglich war und von der zweiten Generation ignoriert wurde, kann in der dritten Generation leichter zum Gegenstand gegenseitiger Erzählung und empathischer Aufnahme werden. Eine Kenntnis der Schmerzspuren und Wunden, die die eigene Nation bei den europäischen Nachbarn hinterlassen hat, ist eine wichtige Grundlage für eine belastbare Beziehung entlang der europäischen Grenzen. Sie führt zu einer Kenntnis und Innensicht, die eine neuartige und tiefere Verbindung zu den uns umgebenden Nationen herstellt. Auch das ist europäische Bildung: ein Verständnis für die Traumata der Nachbarn, insbesondere derjenigen, die man selbst verursacht hat. Je tiefer dieses gegenseitige Verständnis ginge, desto weniger empfindlich und neurotisch könnten die europäischen Nationen miteinander umgehen. Der Hohn der Griechen, die Angela Merkel mit Hitlerbärtchen zeichnen, oder das tiefe Misstrauen, das die Briten nach fast sieben Jahrzehnten weiterhin gegen die Deutschen hegen – solche Haltungen können zu Stereotypen verfestigt von Generation zu Generation weitergegeben werden; sie könnten aber auch, wenn man sie ernst nimmt, abgearbeitet und allmählich aufgelöst werden in einer fortgesetzten Praxis dialogischen Erinnerns.

Die deutsche Erinnerungskultur erlebt gerade einen Umbruch. Es gibt einen weiteren Generationenwechsel, es gibt das Ende der Zeitzeugen, es gibt einen technologischen Umbruch in Gestalt der Digitalisierung, es gibt politische Veränderungen durch einen neuen Nationalismus in Europa und es entsteht eine neue Verbindung von Einheimischen und Zuwanderern in der Einwanderergesellschaft. Und noch etwas Neues gibt es: einen ‹multimedialen Erinnerungsmonitor› (MEMO), der diese Entwicklungen gegenwärtig wissenschaftlich begleitet.[1] Die Forschungsgruppe von Andreas Zick führt seit 2019 wiederholt Befragungen von 1000 Personen in Deutschland durch. Sie «befasst sich mit dem Konzept der Erinnerungskultur in Deutschland auf verschiedenen Ebenen (u. a. Inhalte, Emotionen, Praktiken und Traditionen). Von besonderem Interesse ist dabei die Frage, «ob und wie sich Erinnerungskultur aktuell in unserer Gesellschaft verändert.» Auch die Stiftung ‹Erinnerung Verantwortung Zukunft› (EVZ) begleitet die deutsche Erinnerungskultur aufmerksam und kritisch: «Ziel der Stiftung EVZ ist es, eine lebendige Erinnerungskultur mit innovativen Formen und frischen Ansätzen zu schaffen. Wir sind auf dem Weg zur Gedenkstätte 4.0.»[2]

Fest steht: Das Projekt Erinnerungskultur steht heute unter Druck. Ist es überhaupt noch zu retten? Vielleicht muss es ja ab und zu mal zum TÜV. Nach einer solchen Prüfung lässt sich dann leichter entscheiden, was nicht mehr funktioniert, was ersetzungsbedürftig, was unbedingt zu erhalten ist und welche neuen Schwerpunkte zu setzen sind.

8. Jüdisches Unbehagen: Gedächtnistheater

Trotz einer zunehmend heterogenen Gesellschaft wird in Deutschland die Erinnerungskultur immer noch weitgehend aus der Mehrheitsperspektive gedacht. Deshalb soll die aktuelle Befragung ihres Status quo mit einem Abschnitt über jüdisches Unbehagen beginnen. In einem 1996 erschienenen Buch hat der Soziologe Y. Michal Bodemann die Gedenkriten um den 9. November in der Nachkriegszeit in West- und Ostdeutschland untersucht. 1944 geboren, ist er selbst Überlebender des Holocaust, wuchs in Deutschland auf, emigrierte von dort in die USA und nach Kanada und lebt inzwischen in Berlin. Bodemann hat die Entwicklung von den ersten Gedenkfeiern jüdischer Familien und Opfergruppen bis zur staatlichen Übernahme des Gedenkens nachgezeichnet und den damit verbundenen Wandel der Gedenkpraxis eindringlich beschrieben: «An dem Punkt, an dem das Gedenken in nationale Gedenkfeiern umgemünzt wird, werden Juden gebraucht – die toten Juden und die lebendigen Körper von Juden. Sie liefern dem Staat jene politische Ressource, die ich mit dem Begriff der ideologischen Arbeit beschrieben habe: Sie werden zu Akteuren im jährlichen Bußritual, zu Zeugen gegenüber der internationalen Öffentlichkeit, und sie werden schließlich gebraucht, damit Deutsche in jüdische Schuhe schlüpfen und sich mit ihrer Schuld befassen können.»[1]

Dieses Stück, das Jahr für Jahr in Deutschland auf verschiedenen Bühnen mit festgelegten Rollen aufgeführt wird, nannte Bodemann «Gedächtnistheater». Zwanzig Jahre später ist Max Czollek (geb. 1987) auf diesen Begriff zurückgekommen und hat sich und seine Generation in Bodemanns Beschreibung der deutschen Erinnerungskultur wiedergefunden. In seinem Buch *Desintegriert euch!* analysiert er dieses eingespielte Verhältnis zwischen der deutschen Dominanzgesellschaft und der jüdischen Minderheit im Allgemeinen und das Skript im Besonderen, in dem den Juden die Aufgabe zufällt, «die Wiedergutwerdung der Deutschen» zu bestätigen. «Die Juden und Jüdinnen in Deutschland sind dazu da, die Nachkommen der Täter*innen bei der Konstruktion ihrer Identität zu unterstützen.»[2]

Hierzu einige Hintergrundinformationen. In den 1970er Jahren entstand eine ‹Theologie nach Auschwitz›, zu der der Holocaustüberlebende Elie Wiesel und der katholische Theologe Johann Baptist Metz entscheidende Impulse lieferten, die eine neue Generation von Theologen geprägt haben. Ein Schlüsselsatz dieser Bewegung stammt von Metz: «Wir Christen kommen niemals mehr hinter Auschwitz zurück; über Auschwitz hinaus aber kommen wir, genau besehen, nicht mehr allein, sondern nur noch mit den Opfern von Auschwitz.»[3] Auf Metz geht auch der Begriff der ‹anamnetischen Solidarität› zurück. Diese Position hatte ihre historische Stunde. Es ist aber auch verständlich, dass sich an ihr heute das jüdische Unbehagen der dritten und vierten Generation entzündet.

Nach weiteren jüdischen Einwanderungswellen aus der DDR, Russland und Israel ist die Gruppe der rund 200 000 Juden und Jüdinnen in Deutschland sehr vielfältig geworden und lässt sich mit ihren Geschichten, Orientierungen und Erfahrungen nicht mehr auf ein stereotypes Rollenmuster festlegen. Das genau aber ist es, was die Dominanzgesellschaft mit einer Minderheit macht: Ob Muslime oder Juden, die nicht-ethnischen Deutschen werden zu Repräsentanten ihrer ethnischen Identität, also nur noch unter dem Vorzeichen des Anderen oder Fremden wahrgenommen.

Opferidentifizierte und opferzentrierte Erinnerung

Ein wichtiger Grund für Czolleks Unbehagen an der deutschen Erinnerungskultur ist die Identifikation der Deutschen mit der jüdischen Opferperspektive. Bodemann war bereits der Ansicht, Juden würden für das Gedächtnistheater «gebraucht, damit Deutsche in jüdische Schuhe schlüpfen und sich mit ihrer Schuld befassen können». Aus diesem «in jüdische Schuhe schlüpfen» ist der Begriff der ‹opferidentifizierten Erinnerung› geworden, den Ulrike Jureit und Christian Schneider eingeführt und als Merkmal der deutschen Erinnerungskultur kritisiert haben.[4] Da dieser Begriff Missverständnisse ausgelöst und Verwirrung gestiftet hat, möchte ich hier einen Klärungsversuch unternehmen.

Die Form der Weitergabe der Erinnerung an den Holocaust unterscheidet sich grundlegend je nach der historischen Position der Gruppe und ihrer Beziehung zu diesem Geschichtsereignis. Ich gehe dabei von drei Zugängen der kollektiven Erinnerung aus und nenne sie das ‹Paradigma der Identifikation›, das ‹Paradigma der Ethik› und das ‹Paradigma der Empathie›. In Israel und jüdischen Exilgemeinden gilt das *Paradigma der Identifikation* mit den Opfern. Die nachwachsenden Generationen identifizieren sich mit den Verfolgten und Toten der Shoah und werden durch ihre Erinnerung Teil ihrer Geschichte. Besonders deutlich wird dies beim jährlichen ‹Marsch der Lebenden› von Auschwitz nach Birkenau, bei dem die Kinder und Kindeskinder ihre Angehörigen begleiten und damit auch körperlich in das Trauma des jüdischen Kollektivs initiiert werden. Die Identifikation mit den Toten und Überlebenden besagt: Mit dem Holocaust sind alle Juden getroffen worden, deshalb sind auch die Nachgeborenen Teil dieses Opferkollektivs; in ihrer Erinnerung nehmen sie die Toten in ihre Zukunft mit.

In Deutschland gilt *das Paradigma der Ethik*. Die Erinnerung dieser Gruppe geht von dem Menschheitsverbrechen des Holocaust aus, das von ihrem Land ausgegangen, von ihren Großeltern vollstreckt und mit sehr wenigen Ausnahmen billigend in Kauf genommen wurde. Das hat hierzulande aber keineswegs, wie immer wieder polemisch behauptet wird, zu einem ‹Schuldkult› geführt. Andreas Zick, Leiter des Bielefelder ‹Memo-Monitors›, zieht aus seiner Befragung den Schluss, dass der Anteil derer, die sich für den Holocaust schuldig fühlen, sehr gering ist. Da die Deutschen sich aber in der rechtlichen Nachfolge des NS-Regimes und seiner Tätergesellschaft befinden und für seine Verbrechen eine historische Verantwortung übernehmen, scheidet für sie das Identifikations-Paradigma kategorisch aus und wird durch das ethische Paradigma ersetzt. Dieses besagt, dass die Erinnerung an die jüdischen Opfer immer das Wissen um die Rolle der Deutschen als Täter und Anstifter des Judenmords mit einschließt. Ich nenne dieses Paradigma ‹ethisch›, weil es mit einer Identitätswende verbunden ist. Diese besteht in der Verurteilung der Taten sowie in der Reue und Trauer angesichts dieses Gewaltexzesses der eigenen Geschichte. Das ethische Paradigma mündet in ein emphatisches ‹Nie wieder!›. Es galt übrigens nicht für die DDR, die eine ausschließlich heroische Erinnerung an die Helden des kommunistischen Widerstands pflegte und deshalb keine Veranlassung zu einer Umkehr oder ethischen Wende sah.

Drittens schließlich *das Paradigma der Empathie*. Diese Erinnerung an den Holocaust schließt die anderen Formen nicht aus, aber sie geht über die Opfer- bzw. Täter-Beziehung hinaus und gilt für Individuen und Kollektive, die *keinen* historischen Bezug zu dem Trauma haben. Empathie stellt ein persönliches Verhältnis zu individuellen Opfern und ihren spezifischen Leidensgeschichten her. Diese Empathie war in den ersten Jahrzehnten der Nachkriegszeit in Deutschland kaum entwickelt oder konzentrierte sich auf symbolische Stellvertreter wie Anne Frank. Empathie entwickelte sich nicht, solange sich die meisten Deutschen selbst als Opfer sahen, im öffentlichen Diskurs das Reden über Auschwitz in Abstraktionen steckenblieb und es noch wenig Anschauung für individuelle Zeugnisse in den Medien gab. Das änderte sich mit der amerikanischen Fernsehserie *Holocaust*, die 1979 die Empathieblockade in der westdeutschen Gesellschaft durchbrach. Dieser Film konfrontierte die Gesellschaft in allen Generationen mit genauen Details und eindrücklichen Bildern der jüdischen Verfolgungs- und Vernichtungsgeschichte, die den damals fest etablierten Reizschutz durchbrachen und zum ersten Mal auf einer breiteren Basis gesellschaftliches Mitgefühl ermöglichten.

Der Begriff der Empathie sollte nicht vorschnell mit christlichem Mitleid, Sentimentalität oder anderen diffusen Gefühlen gleichgesetzt werden. Seit dem Jahr 2000 hat ihn aufgrund aktueller wissenschaftlicher Erkenntnisse die Hirnforschung neu entdeckt. Seither steht Empathie für eine allen Menschen angeborene emotionale und kognitive Ressource, auf der, so versichern uns die Evolutionsbiologen, kulturelle Entwicklung generell aufgebaut ist. Im Kern geht es um die menschliche Fähigkeit, die Perspektive zu wechseln und sich in die Lage anderer zu versetzen, *ohne dabei die eigene Ichposition aufzugeben.* Sich mit etwas zu ‹identifizieren› ermöglicht deshalb einen entscheidenden Erfahrungszuwachs und bedeutet keineswegs, dass man damit automatisch die eigene Position, Perspektive und Identität aufgibt und negiert. Das Paradigma der Empathie gilt inzwischen als eine allen Menschen zugängliche Beziehungsform für die Erinnerung an den Holocaust, die jenseits von Gedächtnistheater und rituellen Erinnerungsanlässen auf der ganzen Welt über Literatur, Filme und Kunstprojekte medial vermittelt wird. Gefühle der Empathie gehen in das Paradigma der Identifikation natürlich ebenso mit ein wie in das ethische Paradigma, sie stellen aber auch emotionale Bezüge zum Holocaust her, die außerhalb der Täter-Opfer-Konstellation liegen.

Vor dem Hintergrund dieser Begriffsunterscheidung kann ich die Aussage nicht unterschreiben, dass es sich bei der deutschen Erinnerungskultur um eine *opferidentifizierte* Erinnerung handelt. Ich will gar nicht bestreiten, dass es immer wieder Fälle der Überidentifikation und der pathologischen Identitätsverwechslung gegeben hat, die meist zu Skandalen geführt haben. Als Beispiel sei hier der Schweizer Binjamin Wilkomirski alias Bruno Dössekker genannt, der 1995 mit seiner Autobiographie *Bruchstücke. Aus einer Kindheit 1939–1948* Schlagzeilen machte und 1998 enttarnt wurde. Dass es sich bei dem ‹Wilkomirski-Syndrom› um eine gravierende Psychopathologie handelt, zeigt der tragische Fall der Historikerin und Bloggerin Marie Sophie Hingst, die in ihrer Familiengeschichte 22 vermeintliche Holocaustopfer entdeckte und in Yad Vashem angemeldet hat. Nach der Aufdeckung ihrer Erfindungen im *Spiegel* beging sie im Juli 2019 Selbstmord. Diese Fälle zeigen: Es geht um Ausnahmen, sie sind nicht die Regel. Die *opferidentifizierte* Erinnerung steht allein Menschen in jüdischen Familien und Gemeinden zu. Das kulturelle Muster der offiziellen deutschen Erinnerungspraxis ist dagegen die *opferzentrierte* Erinnerung. Das hat wiederum dazu geführt, dass in dieser Erinnerungskultur sehr viel mehr von jüdischen Opfern die Rede ist als von deutschen Tätern. Czollek kritisiert zu Recht, dass die Nazis allmählich aus dem Bewusstsein der nachwachsenden Jugend verschwinden. Das ist ein wichtiges Argument. Das Verdrängen der Täter aus der Erinnerungskultur ist aber noch kein Beweis für die Übernahme der jüdischen Opferperspektive, sondern hängt mit der neu erworbenen und weltweit etablierten Empathie gegenüber den jüdischen Opfern zusammen. Diese normative Verschiebung führt bei den nachwachsenden Generationen in Deutschland zu einer kognitiven und emotionalen Dissonanz: Sie identifizieren sich mit den jüdischen Opfern und wissen, dass deren Peiniger die eigenen Familienmitglieder waren. Sie bereinigen das Dilemma, indem sie ihre Familiengeschichten an die neuen Normen der opferzentrierten Erinnerung anpassen, und erfinden eine Vergangenheit, wie sie sie gerne gehabt hätten: ‹Opa war kein Nazi.› Czollek schreibt: «Noch eine Generation, und in deutschen Familien wird es nie Nazis gegeben haben.»[5] Diese Entwicklung wird vom empirischen ‹Erinnerungsmonitor› bestätigt. Das vermehrte Wissen über die NS-Zeit und ihre transnationale Bewertung führt bei der Jugend nicht zu einer Eingliederung in die Tätergesellschaft. Vielmehr zeigt sich ein Loyalitätskonflikt in der Anfälligkeit von Familiennarrativen für Tendenzen der Umdeutung und Verdrängung. Mit Blick auf die Rolle der eigenen Vorfahren zur NS-Zeit ergab die Studie, dass in den in Deutschland lebenden Familien vor allem Geschichten von Opfern (35,9 Prozent) und Helfer*innen (28,7 Prozent) weitergegeben werden, während das Wissen um Täter*innen unter den direkten Vorfahren vergleichsweise gering ist (19,6 Prozent). Die Hälfte der Befragten geht außerdem davon aus, dass ihre Familienmitglieder nicht zu den «Mitläufer*innen» des NS-Systems gehörten.[6]

Dieser Trend ist aber nicht zwingend. Denn es gibt ja nicht nur mündliche Traditionen, die sich geschmeidig an die herrschenden Normen anpassen, sondern auch materielle Daten, darunter auch Hinterlassenschaften auf Dachböden, auf die die Enkel und Urenkel stoßen. Manche von ihnen überlassen diese Dokumente nicht dem Strom des Vergessens, sondern arbeiten gegenwärtig ihre Familiengeschichten auf und eröffnen damit eine neue Phase der Erinnerungsgeschichte, die unter dem Motto stehen könnte: ‹Opa *war* ein Nazi!›[7]

Winfried Nerdinger hat in München 2015 das NS-Dokumentationszentrum eröffnet und bis 2018 geleitet, das die Täter in den Mittelpunkt stellt. Er hat die begriffliche Unterscheidung von ‹Gedenken› und ‹Erinnern› vorgeschlagen. Das Gedenken gilt den jüdischen Opfern und Widerstandskämpfern, während sich das Erinnern auf die Täter bezieht, keinen rituellen Charakter hat und auf Aufklärung und Wissen ausgerichtet ist. In Deutschland hat die opferzentrierte Erinnerung lange Zeit dazu geführt, dass man von den Tätern nichts mehr wissen wollte. Die Aufklärung trat hinter das Gedenken zurück. Als Geschichtszeugen kamen ältere Jahrgänge nicht in Frage, weil man annahm, dass ihr Denk- und Erfahrungshorizont die Normen der Gegenwart unterlaufen könnte. Diese Angst vor Geschichtsrevisionismus ist nicht mehr dominant; es gibt heute Großeltern, die in Schulen aus ihrer Jugend berichten und ihre Erfahrungsperspektive der NS-Zeit schildern. Wer mit 15 Jahren ein Flakhelfer war, muss heute kein Altnazi sein. Im Gegenteil können gerade auch diese Zeug*innen Wichtiges zur Erweiterung unseres Wissens und zur Stärkung der Demokratie beitragen.[8]

Das Integrationsparadigma

Zurück zum jüdischen Unbehagen. Was sich aus der Perspektive der Dominanzkultur selbstgefällig als deutsche Normalisierung darstellt, erscheint aus Czolleks Minderheiten-Perspektive als Skandal und Zumutung. Er erläutert in seinem Buch die beiden wichtigsten Machtinstrumente der Dominanzgesellschaft gegenüber der jüdischen Minderheit: Gedächtnistheater und Integrationsparadigma. Czollek richtet den Appell ‹Desintegriert euch!› an seine jüdischen Freund*innen. Er empfiehlt ihnen, die ihnen zugedachte Rolle für die Stabilisierung des deutschen Selbstbildes zu verweigern und sich innerhalb der Gesellschaft politisch und kulturell neu zu erfinden. Besonders wichtig und informativ ist in diesem Zusammenhang das Kapitel über innerjüdische Vielfalt. Hier werden die alten Normen der aschkenasischen Eltern- und Großeltern-Generation durch die befreite Kreativität der dritten und vierten Generation ersetzt, die ein großes Spektrum an queeren und popkulturellen Optionen für sich entdecken.[9]

Das ist aber nur die eine Seite der Medaille. Czolleks Utopie der Vielfalt nach innen wird durchkreuzt von der Dystopie der Realität einer immer völkischer und rassistischer werdenden deutschen Gesellschaft, die eine strikte Polarisierung fordert. So differenziert die jüdische Minderheit in der Innenperspektive gesehen wird, so homogen erscheint die deutsche Dominanzgesellschaft in der Außenperspektive. Vom rechten Rand geht ein Sog aus, der vorauseilend die ganze Gesellschaft vereinnahmt und unter dem dünnen Firnis der ‹guten Deutschen› nur die negative Kontinuität des Völkischen bestätigt sieht. Diese Wahrnehmung ist von Angst grundiert. Kein Wunder, denn für die jüdische Minderheit nimmt das physische Bedrohungspotential in diesem Land täglich zu. Aus dieser Sicht erscheint es verständlicherweise als unerträglich, dass Wähler der AfD mit einer ‹Rhetorik der Zärtlichkeit› umworben werden und man sich um ihre Sorgen und Ängste kümmert, während die ethnischen Minderheiten einer ‹Rhetorik der Härte› und immer neuen Forderungen ausgesetzt sind.[10] Zu Recht beklagt Czollek den Mangel an Empathie und Solidarität für Menschen, die durch ihre Verfolgungsgeschichte über Generationen traumatisiert sind.

Diese unterschiedliche Behandlung ist auch deshalb skandalös, weil im gegenwärtigen politischen Reizklima eine neue Allianz dringend gebraucht wird. Von einer «‹breiten Bundesgenossenschaft› im Kampf gegen Fremdenhass und die politische Rechte» hatte bereits Ralph Giordano Anfang der 1990er Jahre gesprochen und gehofft: «Deutsche, Menschen des Tätervolkes, werden endlich Bundesgenossen der Juden».[11] Von einem solchen Bündnis will Czollek freilich nichts wissen. Sein Bild der deutschen Gesellschaft ist so stark von Abwehr und Aversion geprägt, dass hier keine Möglichkeit für Brücken und Allianzen mehr übrig bleibt. «In einer zunehmend vielfältigen Gesellschaft», so argumentiert er, «müssen Juden und Jüdinnen nicht auf ihre Rolle für das Gedächtnistheater, Deutsche nicht auf ihr Bedürfnis nach Abgrenzung vom Nationalsozialismus festgelegt bleiben. Ich bin überzeugt, dass es Wege raus gibt aus der historischen Schleife.»[12]

Das würde heißen: Schluss mit dem Gedächtnistheater, fertig erinnert! Ich kann die angedeuteten Auswege derzeit allerdings nicht wahrnehmen. Czollek offenbar auch nicht, denn einige Seiten später heißt es: «Die Behauptung, Deutschland habe den Antisemitismus bewältigt, teilen übrigens gerade diejenigen, die öffentlich völkischen und antisemitischen Positionen nahestehen.»[13] Offenkundig ist die Abgrenzung von Faschismus und Nationalsozialismus in Europa heute in einer Weise wieder aktuell, die man sich bis vor kurzem nicht hätte vorstellen können. Sollte die Frage deshalb nicht eher lauten: Welche Bündnisse gibt es, um den gemeinsamen demokratischen Staat, in dem wir leben, gegen diese Bedrohung zu verteidigen? Noch schützen seine Gesetze ja die radikale Vielfalt, von der Czollek spricht, aber das ist in Zeiten des Populismus keine Ewigkeitsgarantie, deshalb müssen sich die Bürger*innen dieses Staates auch aktiv für den Fortbestand seiner Rechtsstaatlichkeit einsetzen.

Der Imperativ ‹Desintegriert euch!› ist wichtig, um das Selbstverständnis der jüdischen Minderheit in Deutschland zu klären und zu stärken. In diesem Fall sieht es aber so aus, als schlösse die jüdische Identifikation eine Identifikation mit dem demokratischen deutschen Staat kategorisch aus. Das liegt nicht zuletzt an einem tiefsitzenden Misstrauen gegenüber allem Nationalen, das in diesem Land eine lange Geschichte hat: Es tauchte auf, als Helmut Kohl 1987 zwei Jahre vor der Wende das Deutsche Historische Museum eröffnete, das heute einen jüdischen Direktor hat, es war akut bei der Wiedervereinigung und bei der Entscheidung, von Bonn nach Berlin umzuziehen, und es wurde wieder aktuell mit der Rekonstruktion des Berliner Stadtschlosses, das den Palast der Republik der DDR verdrängt hat. Die kritische Auseinandersetzung um Bild und Begriff der Nation begleitet die Geschichte des deutschen Staates, der wiederum, das dürfen wir nicht vergessen, vor und nach der Wende ein Teil der europäischen Geschichte ist. In der EU allerdings identifiziert man sich in allen Mitgliedstaaten zuerst als Bürger*innen der Nation und erst an zweiter Stelle als Europäer*innen, während in Deutschland weithin das Umgekehrte gilt. Von ‹Normalisierung› kann hier also noch nicht wirklich die Rede sein, solange es noch keinen entspannten und entkrampften Umgang mit nationalen Symbolen gibt. Dies könnte jedoch ein neues Projekt sein, das die Deutschen gemeinsam mit ihren Migranten entwickeln, indem vielleicht ein neuer Text für die Nationalhymne geschrieben wird und die Einbürgerungsfeiern das Willkommen- und Aufgenommensein auch symbolisch markieren. Jan Plamper hat in seinem Buch *Das neue Wir* konkrete und konstruktive Ideen zu diesem gemeinsamen Projekt einer selbstbewusst auf Vielfalt, demokratischer Teilhabe und Rechtsstaatlichkeit gegründeten deutschen Nation in Europa beigesteuert.[14]

Die Nation als Feindbild

Mit seinem Imperativ ‹Desintegriert euch!› zieht Czollek eine scharfe Grenze zwischen der jüdischen Minderheit und der Dominanzgesellschaft. Er markiert diese Grenze mit einer radikalen Ablehnung aller nationalen Symbole. Das Jahr 2006 der Fußballweltmeisterschaft in Deutschland mit seinem «schwarz-rot-goldenen Rausch» beschreibt er als ein «traumatisches Datum der deutschen Geschichte», das er in direkter Linie mit dem Jahr 2017 und dem Einzug der AfD in den Bundestag verbindet. «Mir ging es gut in den Neunzigerjahren, ganz ohne Schmerzen von wegen unterdrücktem Nationalismus oder Fahnenentzugserscheinungen.»[15] Es ist sehr nachvollziehbar, dass in jüdischen Familien alle deutschen Zeichen und Symbole des Nationalen als traumatische Erfahrung über die Generationen weitergegeben wurden. Das Schwingen von Deutschlandfahnen, das manche in euphorischer Stimmung erlebt haben mögen, erlebt Czollek als ein Trauma der Trennung und Ausgrenzung: «Meine Freund*innen und ich haben die Flagge nicht vermisst. *Ihr* habt sie vermisst. *Ihr* habt sie euch auf die Wangen geschmiert. *Ihr* habt gemeinsam auf den Bierbänken gestanden und die Nationalhymne gesungen. *Ihr* habt euch von der Feiermeute bis zum klugen Feuilletonisten gefreut, dass Deutschland endlich wieder ein Land sei, auf das man stolz sein könne.»[16] Psychologen würden diese Reaktion auf die Ereignisse von 2006 vielleicht als eine ‹Retraumatisierung› beschreiben. Ein tief gespeichertes Schreckbild der Vergangenheit bricht plötzlich in die Realität ein und bestätigt das Misstrauen, dass sich in diesem Land nichts geändert hat: Die neuen Deutschen sind die alten Deutschen, die guten Deutschen sind die schlechten Deutschen. Genau so formuliert Czollek: «Was in diesem Land gegenwärtig passiert, ist nichts Neues. Es lässt sich auch nicht allein durch den Aufstieg des Rechtspopulismus in Europa erklären.»[17] Der Autor zeichnet ausschließlich Linien negativer Kontinuität und sieht in diesem Land keinerlei Veränderungen zum Guten, nur Bestätigung des Schlechten. Deshalb ruft die dritte Generation zum Widerstand auf: Desintegriert euch!

Elf Jahre nach dem ‹Sommermärchen› scheint Czollek die Geschichte Recht zu geben: Überall in Europa kam es zu einem Rechtsruck. Wir haben nach einer längeren Phase der Abstinenz erlebt, wie sich hierzulande vor dem Hintergrund der Einwanderungsbewegungen völkische und fremdenfeindliche Parteien die Symbole und Zeichen des Nationalen angeeignet und auf ihre Fahnen geschrieben haben. Ich sehe hier eher ein Umkippen als eine direkte Linie: Was 2006 noch Symbole der Begegnung und Interaktion waren – man ließ sich ja bei diesem Karneval der Nationen beständig mit den Gästen aus aller Welt fotografieren –, ist gekippt und seit 2017 zu einem gewalttätigen Symbol der Abwehr und Ausgrenzung geworden.

Max Czollek hat vollkommen recht: In dieser Situation zunehmender Gewaltakte hat «der Schutz eines knappen Viertels der Bevölkerung Deutschlands gegen rechte Übergriffe» höchste Priorität und ist «die Pflicht demokratisch gewählter Politiker*innen in einer pluralen Gesellschaft wie dieser».[18] Dieser Aufgabe hat in erster Linie der Staat mit seinen Institutionen und Behörden nachzukommen. Das kritische Überwachen all dieser Organe aber ist ein Teil der lebendigen Demokratie, also Aufgabe und Anliegen nicht nur der Politiker*innen, sondern auch der Bürger*innen. Czollek gehört mit Y. Michal Bodemann, Robert Menasse, Ulrike Guérot und anderen zu einer Gruppe von Wissenschaftler*innen, Autor*innen und Künstler*innen, die der Nation den Kampf angesagt haben. Weder sehen sie einen Unterschied zwischen liberalen demokratischen Nationen einerseits und illiberalen und totalitären Nationen andererseits, noch sehen sie einen Unterschied zwischen Nation, Nationalismus und Nationalsozialismus. Die Nation ist für diese Gruppe der Ursprung allen Übels, weshalb sie für eine Abschaffung der Nationen eintritt. Da es im Augenblick aber noch keine erprobten Beispiele für eine politische Existenz außerhalb von Nationen gibt, kann man hier einstweilen nur von einem radikal utopischen Konzept sprechen.[19] Die wichtigsten Anliegen dieser Gruppe, nämlich radikale Vielfalt und der Schutz von Minderheiten, lassen sich bisher nur innerhalb demokratischer Nationalstaaten verwirklichen. Deshalb kommt es jetzt darauf an, diese demokratischen Nationalstaaten, die sich in der EU nach der Gewaltgeschichte des 20. Jahrhunderts zusammengeschlossen haben, um den Nationalismus zu zähmen und ihn rechtsstaatlich zu verankern, zu stützen anstatt ihnen ihre Legitimität zu entziehen. Stützen heißt: sie kritisch zu begleiten und sie gegen anti-demokratische Kräfte zu verteidigen. Desintegriert euch! Dieser Imperativ könnte ja auch an die demokratischen Deutschen gerichtet werden, damit sie sich mit dem migrantischen Viertel der Bevölkerung solidarisieren und sich den Einflüsterungen von rechts widersetzen. Denn bei der Verteidigung des demokratischen Staates, in dem wir leben, geht es ja keineswegs um das Phantasma und die Zumutung einer ‹nationalen Einheit›, sondern im Gegenteil um ein pragmatisches politisches Bündnis für das Empowerment und die Selbstbestimmung marginalisierter Minderheiten innerhalb einer heterogenen Gesellschaft mit ihren vielen Geschichten. Susan Neiman, die seit 2000 in Berlin lebt, kommentiert: «An einer neuen deutschen Identität müssen wir alle arbeiten.»[20]

«Wenn du deine Identität nur durch ein Feindbild aufrecht erhalten kannst, dann ist deine Identität eine Krankheit.»[21] Dieser Satz von Hrant Dink, den Czollek am Ende seines Buches zitiert, ist ein Wegweiser für die Zukunft der Nationalstaaten in Europa. Identitäten sind ja niemals kompakt und geschlossen, sondern immer schon aus vielen Teilidentitäten zusammengesetzt auf der Ebene der Familie, der Stadt, der Region, der Generation, der Peer Group, der Berufsgruppe, der politischen Bewegung, der Kultur, der Religion, der Nation und Europas. Welche dieser Identitäten eine Rolle spielt und welche nicht, das hängt von den jeweiligen Überzeugungen, Bedürfnissen und Handlungsinteressen ab. Die schlechte Nachricht ist, dass Identitäten unter Abgrenzungsdruck eins zu eins auf Feindbilder reduziert werden können. Die gute Nachricht aber ist, dass sie, um neue Allianzen zu schmieden, wie ein Kartenspiel immer wieder neu gemischt und anders sortiert werden können.

9. Unbehagen von rechts: Die Wiederaufrüstung der Nation

«Es ist gut, wenn wir Erinnerungen austauschen und erfahren, was die anderen von unseren Geschichten denken. (...) Die gesamte europäische Geschichte ist zusehends Allgemeingut, das für einen jeden ohne die Verpflichtung nationaler oder anderer Befangenheiten zugänglich ist.»[1] Dieser Satz von György

Konrád stammt aus einer Rede, die er 2008 im Haus der Kulturen der Welt in Berlin gehalten hat. Ich habe sie in diesem Buch zitiert mit dem Zusatz: Damit sei zwar noch kein Ist-Zustand beschrieben, aber doch das besondere Potential beim Namen genannt, das der kulturelle Rahmen der EU für seine Mitgliedstaaten bereithält.

Seither wird in Europa jedoch das Rad der Geschichte zurückgedreht. In vielen Staaten werden die alten Prinzipien eines monologischen Nationalstaats, der auf Stolz und Ehre gegründet ist und selbstherrlich über seine Geschichte entscheidet, wieder eingesetzt. Dabei wird gerade wieder vergessen, dass es eben diese egomanen und monologischen Nationen waren, die den Ersten und Zweiten Weltkrieg entfesselt haben. In den Medien und Museen Polens, Ungarns und Russlands werden Wissenschaft und Kunst zensiert, weil es die alleinige Aufgabe der Regierung ist, die Geschichte auf das Passende zuzuschneiden. Die Angehörigen der eigenen Nation dürfen dabei entweder nur als Helden oder Opfer gezeigt werden, auf keinen Fall aber dürfen auch die Opfer der eigenen Politik erscheinen. Die Prämisse eines solchen Denkens ist, dass sich eine Nation ihre Geschichte selbst aussuchen und nach Belieben zurechtlegen kann. Dass es andere Nationen und Opfergruppen gibt, die an der verleugneten Geschichte gelitten haben und sie also sehr wohl kennen, spielt in dieser selbstbezogenen Haltung keine Rolle. In der dritten und vierten Nach-Holocaust-Generation geht es aber nicht mehr um Schuld und Schande, sondern um Aufklärung, Verantwortung und Empathie. Von Schuld und Schande spricht, wer glaubt, die Ehre der Nation wider besseres Wissen und Gewissen retten zu müssen; von Empathie spricht, wer auf die Würde der Person setzt. Aufklärung und Bildung sind Grundrechte in einem demokratischen Staat, denn aufgeklärte Bürger schwächen die Nation nicht, sondern stärken sie. Diese Schlussfolgerung wurde 2019 durch die empirische Befragung des Bielefelder Monitors bestätigt: «Eine Zivilgesellschaft, die sich aktiv erinnert und Geschichte nicht verdreht, kann Bedrohungen der Demokratie besser begegnen. Die Auseinandersetzung mit der NS-Zeit ist eine wichtige Quelle für Zivilcourage. Die Daten zeigen: Diejenigen, die sich intensiver damit beschäftigen, setzen sich auch stärker gegen die Ausgrenzung und Diskriminierung von Menschen und Gruppen in Deutschland ein.»[2]

Aber auch in Deutschland steht die Erinnerungskultur unter wachsendem nationalistischen Druck. Deshalb hat im Januar 2019 der Ausschuss für Kultur und Medien des Deutschen Bundestags zu einem Fachgespräch über «Pädagogische Konzepte und neue Vermittlungsformen bei der NS-Aufarbeitung» nach Berlin eingeladen. An der Runde nahmen Gedenkstättenvertreter, Archivare und Historiker teil. Die Vertreter*innen dieser Institutionen erläuterten ihre Arbeit und ihren Auftrag. Dabei bestätigten sie, dass Geschichtskenntnisse eine wichtige Grundlage der Demokratie sind und dass diese bei den Schüler*innen derzeit deutlich zurückgehen. Sie nahmen deshalb das Treffen zum Anlass, um über einen Generationen- und Orientierungswechsel in ihren Institutionen zu berichten. Gedenkstätten, so war zu hören, bewegen sich weg von moralischem Appell und didaktischen Konzepten und stellen um auf Partizipation und Kommunikation auf Augenhöhe. Das Konzept einer ‹Erinnerungspflicht› sei durch das Recht auf historische Wahrheit ersetzt worden. Deshalb werden Möglichkeiten des selbständigen Entdeckens, des Fragenstellens, der Begegnung und der Aussprache an Gedenk- und Tagungsstätten weiter ausgebaut.

In diesem Rahmen artikulierte auch der Historiker Egon Flaig als Vertreter der AfD seine Position. Demokratien, so betonte er, brauchen Normen für ihren Zusammenhalt und dazu gehöre gerade auch der Bezug zur eigenen Geschichte. Die Grundhaltung der Bürger*innen zu ihrem Staat müsse dabei vor allem auf Dankbarkeit gegründet sein. Auf Verbrechen und Schuld könne man dagegen keinen Staat aufbauen. Nationen müssten für sich ein Recht auf Vergessen in Anspruch nehmen. Die Gesellschaft brauche ein gemeinsames Gedächtnis, aber kein negatives, und sie brauche keine aufklärende Geschichtswissenschaft, die die affirmative Haltung gegenüber der vom Staat verordneten Gedächtnispolitik untergrabe.

Diese Empfehlung des Kollegen Flaig möchte ich als ‹Geschichtspolitik ohne Erinnerungskultur› beschreiben. *Geschichtspolitik* steht für den politischen Rahmen, der notwendig ist, um Gedenkstättenverträge zu unterzeichnen, Jahrestage anzuordnen, Museen zu unterhalten und Lehrpläne an Schulen einzurichten, aber auch um NS-Täter zu identifizieren und um Neonazis zu verurteilen. *Erinnerungskultur* steht darüber hinaus für die gesellschaftliche Füllung dieses Rahmens. Unter diesem Begriff lassen sich nicht-staatlich gesteuerte Aktivitäten zusammenfassen wie Wissenschaft und Kunst, die Arbeit der Medien und zivilgesellschaftliche Initiativen, die die Geschichtspolitik konkretisieren, ergänzen und sie kritisch begleiten.

Angriffe auf die deutsche Erinnerungskultur: Höcke und Gauland

Einen Frontalangriff auf die deutsche Erinnerungskultur unternahm Thüringens AfD-Chef Björn Höcke im Januar 2017. Hier sind einige Auszüge aus seiner Rede:

> Bis jetzt ist unsere Geistesverfassung, unser Gemütszustand immer noch der eines total besiegten Volkes.
> Wir Deutschen – und ich rede jetzt nicht von euch Patrioten, die sich hier heute versammelt haben – wir Deutschen, also unser Volk, sind das einzige Volk der Welt, das sich ein Denkmal der Schande in das Herz seiner Hauptstadt gepflanzt hat.
> Selber haben werden wir uns nur, wenn wir wieder eine positive Beziehung zu unserer Geschichte aufbauen. Und schon Franz Josef Strauß bemerkte: Die Vergangenheitsbewältigung als gesamtgesellschaftliche Daueraufgabe, die lähmt ein Volk.
> Wir brauchen nichts anderes als eine erinnerungspolitische Wende um 180 Grad! Wir brauchen so dringend wie niemals zuvor diese erinnerungspolitische Wende um 180 Grad, liebe Freunde. Wir brauchen keine toten Riten mehr in diesem Land. Wir haben keine Zeit mehr, tote Riten zu exekutieren. Wir brauchen keine hohlen Phrasen mehr in diesem Land, wir brauchen eine lebendige Erinnerungskultur, die uns vor allen Dingen und zuallererst mit den großartigen Leistungen der Altvorderen in Berührung bringt.[3]

Wie könnte eine solche Geschichte aussehen, die den Nationalstolz bedient und die Deutschen «zuallererst mit den großartigen Leistungen der Altvorderen in Berührung bringt»? Dazu hat der Jurist, Publizist und Parteivorsitzende der AfD, Alexander Gauland, in seinem Buch *Die Deutschen und ihre Geschichte* einen konkreten Vorschlag gemacht. Es enthält eine Geschichte *für* die Deutschen, denn wir leben, wie es im Klappentext heißt, «in und mit der Geschichte, der persönlichen wie der gemeinschaftlichen» und «es ist diese Geschichte, die uns erst zu denen macht, die wir sind».[4]

Gauland baut ein Narrativ auf, das mithilfe enger Auswahl und klarer Bewertungen einen großen Bogen vom Mittelalter in die Gegenwart schlägt. Sein Buch ist, wie er mitteilt, gegen ein anderes herrschendes Narrativ angeschrieben, das die ganze deutsche Geschichte geradlinig auf Hitler und Auschwitz zulaufen lässt. Diesen Tiefpunkt kann auch Gauland nicht durch eine Schönheitsoperation beseitigen, aber er kann die Gewichte verlagern und die Ereignisse umdeuten. Seine tausendjährige Geschichte beginnt mit der Größe der deutschen Kaiser und ihrer Stellung in Europa, die, wie er betont, bis ins 20. Jahrhundert hinein den Deutschen ihre Vorbilder geliefert hat. Dieses Kaisertum zielt «in die Weite, verkörpert einen übernationalen Anspruch als Fortsetzung der römischen Antike und des karolingischen Erbes als Schutz und Schild der Christenheit». Unter Otto I. «greift das Reich ins Weite» und begründet ein Imperium, das für drei Jahrhunderte unter den großen Dynastien der Ottonen, Salier und Staufer zur «intellektuellen Vormacht Europas» wurde. Der letzte Stauferkaiser, Friedrich II., «drängte Deutschland noch einmal ins Weite, Große, ins Abendländisch-Christlich-Römische» und machte es zum «Subjekt der Weltgeschichte». Diesen stolzen Höhepunkt deutscher Geschichte fasst Gauland so zusammen: «Eine Verwirklichung dieser christlich-universalen Reichskonzeption hätte der Geschichte Europas eine andere Wendung gegeben und die zerstörerischen Kräfte des europäischen Nationalismus bannen können.» All das ist ‹Geschichte im Konjunktiv›, wie Alexander Demandt sagen würde, doch Gauland betont auch die Nachwirkungen dieser abgebrochenen Reichsmystik. «Mit dem Tod Friedrichs von Hohenstaufen verschwindet ein Zauber aus der deutschen Geschichte. Sein Reich zerfiel, seine Persönlichkeit aber leuchtete bis in die dunkelsten Tage des 20. Jahrhunderts.» Diese Faszination habe nicht nur Hitler geteilt, sondern auch den Widerstand gegen ihn ergriffen. Die letzte Lektüre des hingerichteten Admirals Wilhelm Canaris in der Todeszelle war die Biographie Friedrichs II. von Ernst Kantorowicz mit der Widmung: «Seinen Kaisern und Helden das Geheime Deutschland».[5]

Nach Ende des staufischen Zaubers beginnt in Deutschland «die kaiserlose, die schreckliche Zeit». Luther erscheint bei Gauland als eine negativ besetzte Gestalt, weitere Anti-Helden sind Friedrich der Große und Bismarck. Was haben diese drei gemeinsam? Sie haben gespalten, statt zu vereinigen, zusammenzuhalten und ins Weite auszugreifen. Luther, ein reiner Gewissensethiker, der sich nicht für Geschichte und gesellschaftlichen Zusammenhalt interessierte, hat die Spaltung der abendländischen Christenheit betrieben. Die Reformation war «mehr Abbruch als Aufbruch».[6] Auch das Zeitalter Friedrichs des Großen setzte den Abbruch fort: «Der eigentliche Kern, die eigentliche Essenz der preußischen Tradition war (...) das Fehlen einer Tradition.»[7] Mit ihm trat «an die Stelle des wohlgeordneten Kosmos der mittelalterlichen Weltordnung» die Aufklärung und damit zugleich «das Chaos rein säkularer Machtinteressen».[8] Als ein Störer und Spalter wird auch Bismarck eingeführt, der mit seiner Reichseinigung eine kleindeutsche Lösung durchsetzte. Statt ins Weite zu greifen, war sein Reich nur auf materiellen Erfolg ausgerichtet. «Es diente keinem werbenden Gedanken. Es stand für nichts, das über bloße Staatlichkeit hinauswies. (...) Die bürgerliche Gesellschaft des neuen deutschen Reiches blieb deshalb eine Gesellschaft ohne Selbstbewusstsein.»[9] Sympathieträger ist für Gauland dagegen Wilhelm II., der wieder «aus der Mittellage heraus ins Weite strebte» und sich noch einmal als Reichs-Träumer profilierte.[10]

Diese Beschreibung hätte sehr viel besser auf Hitler gepasst, strebte er doch aus der Mittellage Europas ins Weite, und war es doch das erklärte Ziel seines brutalen Vernichtungskrieges, die europäischen Nachbarn dabei zu entmachten, zu unterjochen und auszulöschen. Doch an dieser Stelle wird das auf Kontinuitäten angelegte Narrativ jäh unterbrochen. Das Hitler-Kapitel in Gaulands Buch ist mit «Nihilistische Versuchung» überschrieben und zeigt, wie man das Unkraut Hitler elegant aus dem Beet der deutschen Geschichte herausziehen und auf dem Abfallhaufen der Geschichte entsorgen kann. Die nationalsozialistischen Verbrechen werden hier nicht als «Vogelschiss» zusammengefasst, sondern als ein einziger Betriebsunfall, eine «politisch wie ökonomisch (...) sinnlose und moralisch zerstörerische Einzigartigkeit», die «in der deutschen Vergangenheit an keiner Stelle» angelegt ist. Deshalb sind nicht die Deutschen, sondern ist nur Hitler für diese zwölf Jahre verantwortlich. «Vielleicht zum letzten Mal bewahrheitet sich hier das Wort von den Menschen, die Geschichte machen, schlimmer noch, es war ein einziger Mensch, der sie machte.» Und noch deutlicher: «Alle haben mehr oder weniger mitgemacht, nur einer hat das Ganze gewollt, geplant und ausgeführt.»[11]

Diese Argumentationsstrategie des Selbstschutzes hat der Soziologe M. Rainer Lepsius als ‹Externalisieren› (im Gegensatz zu ‹Internalisieren›) bezeichnet. Das Böse, das man nicht aus der Welt schaffen kann und für das man keine Verantwortung übernehmen will, wird ausgelagert auf ‹Hitler› oder ‹Hitler und seine Schergen›. Neben der Externalisierung setzt Gauland zwei weitere Argumentationsmuster ein, um den Nationalsozialismus kleinzuschreiben und zu entsorgen. Die erste Strategie ist die Aneignung des deutschen Widerstands, denn wo viel Schatten ist, ist auch viel Licht: «In dieser dunklen Nacht der von Hitler und seinen Schergen angerichteten menschlichen und geistigen Katastrophe bildete allein der Widerstand eine leuchtende Ausnahme.»[12] Die Eintragung des Widerstands in ein nationales Geschichtsnarrativ ist unbedingt zu unterstützen. Es ist unverständlich, warum es so schwierig ist – abgesehen von ein paar kanonisierten Heiligen wie Stauffenberg, Bonhoeffer oder der Weißen Rose –, ein größeres gesellschaftliches Interesse für dieses Thema zu mobilisieren. Auch die historische Forschung zeigt sich auf diesem Gebiet mit einigen Ausnahmen nicht besonders engagiert. Möglicherweise ist es die Angst vor einer Indienstnahme des Widerstands für ein nationales Narrativ, die bisher eine breitere Anerkennung dieses Themas in den Medien verhindert hat, denn dieses Kapitel der Geschichte durfte Schuld und Verantwortung ja nicht vermindern und die Deutschen wohlfeil entlasten. Das hat zu einer bedenklichen Haltung des Verdrängens und der Indifferenz geführt, die ein differenzierteres Bild der Geschichte verhindert hat, weil sie diejenigen nicht wirklich in die Erinnerung aufgenommen hat, die sich dem breiten Strom der Zustimmung verweigert haben. Während also die Aufnahme des Widerstands in Gaulands Geschichtsnarrativ durchaus zu begrüßen ist, ist seine Verengung des Widerstands problematisch. Er reduziert ihn auf «die besten des preußischen Adels, die Witzleben, Yorck, Moltke, Hardenberg, Schwerin, Kleist, Lynar und Schulenburg» sowie ein paar höhere Beamte und Professoren und schwärmt mit Ernst Jünger von den «alten Stämmen», in denen wahre Sittlichkeit und die Bindung an «das heilige Deutschland» fortlebt.[13] Der deutsche Widerstand war jedoch viel weiter verbreitet und dabei äußerst heterogen und fragmentiert. Es gab Einzelkämpfer und mutige Menschen in allen sozialen Schichten, religiösen Gruppen und politischen Bündnissen. Der kommunistische Widerstand zum Beispiel kommt bei Gauland gar nicht vor.

Die zweite Strategie, mit der Gauland die NS-Geschichte entsorgt, ist das altbewährte deutsche Opfernarrativ. Er macht eines überdeutlich: Man war nicht nur nicht involviert und mitverantwortlich für Hitlers Verbrechen, man war selbst das Opfer Hitlers. «In den letzten Monaten wurde aus Hitlers Krieg gegen die Welt ein Krieg gegen das eigene Volk, denn es machte keinen Unterschied, ob man die Seinen in der Hölle von Theresienstadt oder von Plötzensee verlor.»[14] Diese Aneignung der Formulierung eines Widerstandskämpfers enthält eine doppelte Geschichtsfälschung. Denn erstens machte es einen Unterschied, ob man als Jude oder Jüdin aufgrund ethnischer Zugehörigkeit verfolgt und ermordet wurde oder ob man sich selbstbestimmt für den Widerstand entschied. Und zweitens verloren die meisten Deutschen die Ihren nicht in Plötzensee, sondern an der Front, im Bombenkrieg und auf der Flucht. In Gaulands Geschichte tauchen aber weder die Juden und andere verfolgte Minderheiten noch die europäischen Nachbarn als Hitlers Opfer auf, sondern ausschließlich die Deutschen.

Nach 1945 ist der Spuk vorbei und das Blatt wendet sich mit Adenauer und Kohl zum Guten. Adenauers Westbindung war «in einem physisch und moralisch ruinierten Land die einzige Möglichkeit nationaler Politik», und Kohl hat gezeigt, «dass ein deutscher Regierungschef wieder Weltpolitik machte, ohne das Land ins Chaos zu führen». Ende gut, alles gut. Gauland wandelt dafür einen Satz Bismarcks ab: «Helmut Kohl hat das deutsche Volk wieder in den Sattel gesetzt, doch reiten muss es nun selbst.» Fragt sich nur noch, wohin der Ritt bzw. die Reise gehen soll. Deutschland steht nämlich am Scheideweg, wie Gauland in einem 2017 verfassten Nachwort ergänzt. Nachdem Angela Merkel eine Million Flüchtlinge ins Land geholt hat, gibt es für ihn nur noch die Zwangsalternative: Will Deutschland «Nation bleiben mit einer festen Verankerung in seiner Kultur und Geschichte, oder will es sich auflösen, wenn nicht in Europa, dann doch in der Welt, der Menschheit»?[15]

Hitler war ein paradoxes Heilmittel der Geschichte, weil er Deutschland nach 1945 ungewollt auf den friedlichen und allgemein anerkannten Kurs der Westbindung setzte. Nach 2015 ist für Gauland jedoch wieder ein starker Nationalismus angesagt, und jetzt wird Hitler wieder zum Problem, denn nach der «Vergewaltigung durch Hitler»[16] trauen sich viele Deutsche nicht mehr, Patrioten zu sein. Für Gauland ist der schlimmste Schaden, den Hitler den Deutschen zugefügt hat, «die Zerstörung der Identität der Deutschen, ihres Stolzes, ihrer Vergangenheit und ihrer Erinnerungen».[17] Hitler blockiert in Deutschland noch immer den von der AfD propagierten aggressiven Nationalismus der Homogenisierung und Ausgrenzung.

Und das ist auch gut so. Denn es gibt inzwischen ja einen neuen Patriotismus und ein neues Nationalgefühl, mit dem die Deutschen in Europa und der Welt einen friedlichen Platz gefunden haben und damit auch eine neue Identität, einen anderen Stolz, einen klaren Blick auf die eigene Vergangenheit und eine inklusive Erinnerung. Wer sagt denn, dass sich Deutschland in Zeiten der Globalisierung abschafft und sich die Nation in einem hedonistischen Individualismus auflöst? Das ist die stets wiederholte Gräuelpropaganda von Thilo Sarrazin, Pegida und den Identitären. Deutschland schafft sich aber nicht ab, es schafft sich um. Die aktuelle Frage ist dabei, ob man die realexistierenden Folgen der Globalisierung durch aggressive Selbstbehauptung ausschalten kann oder ob man sich auf sie einlassen muss, ohne dabei seine politische Orientierung und sein kollektives Selbstbild zu verlieren.

Gauland verspricht eine Geschichte, «die uns erst zu denen macht, die wir sind» bzw. sein wollen, nämlich heroische Deutsche, die einerseits Hitler tapfer widerstanden oder aber zu

Hitlers Opfern wurden. Hitler trat aber nicht als «nihilistische Versuchung» in die deutsche Geschichte ein, sondern als Visionär mit großen Botschaften und noch größeren Versprechen, denen sich nur wenige zu entziehen vermochten. Nicht nur von Hitler müssen sich die Deutschen deshalb trennen, sondern auch von dem kollektiven Selbstbild, das Hitler für sie entworfen hat und das die meisten enthusiastisch verkörpert haben. Die Reise in die Zukunft führt deshalb über die bewusste Abkehr von der Tradition des alten Nationalismus hin zur Affirmation dieser neuen Grundlagen einer deutschen nationalen Identität.

10. Aktuelle Fragen zum Konzept der Erinnerungskultur

Neues Unbehagen an der deutschen Erinnerungskultur geht nicht nur von Minderheiten und Nationalisten aus, sondern findet sich auch unter Historikern. Ende 2018 hat Martin Sabrow einen Essay veröffentlicht, in dem er die Krise der Erinnerungskultur zum Thema gemacht und eine Bilanz gezogen hat.[1] Zunächst stellt er fest, dass in Deutschland die Grundlagen der selbstkritischen Erinnerungskultur inzwischen in die Prämissen unseres historischen Bewusstseins und in einen parteienübergreifenden Konsens eingegangen sind. Angesichts dieser gefestigten Übereinkunft stellt das Rütteln an diesen Grundlagen durch reaktionäre Stimmen und die Meinungsführer der AfD für ihn einen kalkulierten Tabubruch dar. Deren geschichtspolitische Provokationen, von der Anmahnung einer ‹geschichtspolitischen Wende um 180 Grad› durch Björn Höcke bis zur ‹Vogelschiss-Rede› von Alexander Gauland, sollen vor allem den inzwischen hergestellten Konsens stören. Sie erschüttern ihn aber nicht wirklich, so das Urteil von Sabrow, da es sich stets nur um punktuelle Angriffe handelt. Man beschwört zwar die Kontinuität einer tausendjährigen ruhmreichen Geschichte, aber ein alternatives historisches Narrativ sei derzeit nicht in Sicht. Hinzu kommt, dass auf jede «Provokation regelmäßig das Dementi» folge, sodass wir es hier eher mit einem eingespielten

Reflex als mit der Ansage einer echten Richtungsänderung zu tun haben.

Der wirkliche Druck auf die Erinnerungskultur kommt für Sabrow nämlich nicht *von außen* und damit von jenen, die hierzulande ein nationalistisches Geschichtsbild der Größe, Ehre und Stärke implantieren wollen, sondern *von innen* und damit von den Akteuren der Erinnerungskultur selber. Diese seien, so seine Einschätzung, «von der Aufklärung zur Affirmation» übergegangen.[2] Die Erinnerungskultur habe sich – hier wiederholt er inzwischen gut bekannte Formulierungen – im Zuge ihrer Ritualisierung und allgemeinen Ausbreitung erschöpft. Durch leere Wiederholung habe sich die Würde der Begriffe abgenutzt und die wissenschaftliche Neugier verflüchtigt. An den Gedenkorten sei der Zivilisationsbruch, das Trauma, der Schrecken der Geschichte, zum wohlfeilen Konsumgegenstand geworden, die Auseinandersetzung mit der Last der Geschichte sei durchweg kommerzialisiert und banalisiert.

Sabrow stellt einige überspitzte Beispiele zusammen, an denen er den Gesamtverfall und die Banalisierung der deutschen Erinnerungskultur abliest. Das ist aber nicht sein wichtigster Punkt. Was ihn am meisten an der deutschen Erinnerungskultur skandalisiert, sind Eingriffe von oben, also von Regierungsseite, die seiner Ansicht nach die Freiheit der (Geschichts-)Wissenschaft einschränken. Er verweist auf eine «eigentümliche Engführung von wissenschaftlicher Zeitgeschichte, staatlicher Geschichtspolitik und öffentlicher Geschichtskultur, die unseren Geschichtsdiskurs kennzeichnet». Und er fügt hinzu: «Wir leben in einer wechselseitigen Referenz- und Bestätigungskultur dieser drei Ebenen.»[3] Sabrow kritisiert, dass die deutsche Zeitgeschichtsforschung Lenkungsimpulse von der bundesstaatlichen Programmförderung und Projektausschreibung erhält, die Forschung ermutigt und finanziert, wie beispielsweise zum Umgang von staatlichen Institutionen mit ihrer NS-Geschichte oder zur Geschichte der Opfer der DDR-Diktatur. Dieses staatliche Interesse an historischer Forschung nennt er nicht nur «volkspädagogisch», er stellt sogar eine Parallele zur PiS-Partei in Polen her, deren staatliche Normierung des nationalen Geschichtsbildes inzwischen bekanntlich diejenigen mit Gefängnis bedroht, die sich der offiziellen Deutung der Geschichte widersetzen.

Zum Glück ist das nicht die Situation in unserem Land. Dennoch sieht Sabrow die Freiheit der Wissenschaft bedroht, weil sich inzwischen unterschiedliche Akteure für den Umgang mit der Vergangenheit verantwortlich fühlen.[4] Die Beschäftigung mit der Vergangenheit ist jedoch, wie ich betonen möchte, kein Monopol der Historiker, sondern das gemeinsame Anliegen von Politikern, Künstlern, Journalisten und zivilgesellschaftlichen Initiativen. Und es ist gerade diese Arbeitsteilung und dieses Zusammenspiel von Geschichtspolitik und Erinnerungskultur, das die Vielstimmigkeit und Vielgestaltigkeit der Zugänge ausmacht. Die Historiker kommen dabei aber keineswegs zu kurz, denn sie werden ja bei all diesen Projekten und Initiativen dringend gebraucht als Autorität für Evidenz, als Verwalter der Archive, als Berater, als Entdecker neuer Quellen und Perspektiven, als unabhängige Stimme und als Korrektiv.

Jede Erinnerungskultur besteht aus zwei Komponenten. Es gibt ‹Sicherungsformen der Dauer› – dazu gehören Datenträger, auf denen Inhalte gespeichert werden können wie Bücher, Filme und Akten, aber auch räumlich verankerte Denkmäler oder Gedenkstätten. Und es gibt ‹Sicherungsformen der Wiederholung› wie Riten, Jubiläen und Gedenktage, die überhaupt erst eine koordinierte kollektive Aneignung bestimmter Geschichtsereignisse und damit ein gemeinsames Gedächtnis ermöglichen. Sie bieten Anlässe nicht nur zur *Wiederholung* des Erinnerns über die Zeit hinweg, sondern auch zur *Aktualisierung* des Erinnerten, weil sich die Voraussetzungen dafür mit dem zeitlichen Wandel ja erheblich verschieben.

Rezente bundesdeutsche Gedenktermine im November 2018 und im Januar und Februar 2019 boten gerade auch Anstöße zum Überdenken des Erinnerns selbst, und in zwei Fällen kamen die Impulse von der Regierungsspitze. Erstes Beispiel ist die Rede von Bundespräsident Frank-Walter Steinmeier zum 9. November 1918, der anlässlich des 100. Geburtstags der Republik an dieses Datum als «Meilenstein der deutschen Demokratiegeschichte» erinnerte.[5] Er plädierte für ein Gedenken, «dem wir auch durch unser Handeln entsprechen», und betonte, dass die Deutschen zwei Traditionen hätten, eine negative und eine positive. Die Bundesrepublik erklärt sich deshalb «nicht allein ex negativo, nicht allein aus dem ‹Nie wieder!›. Man kann unser Land nicht begründen ohne die weitverzweigten Wurzeln von Demokratie- und Freiheitsstreben, die es über Jahrhunderte hinweg gegeben hat und aus denen die Bundesrepublik nach 1945 erst wachsen konnte.» Deshalb plädierte er für ein erweitertes, ein doppeltes Bekenntnis zur eigenen Geschichte: «Wir können stolz sein auf die Traditionen von Freiheit und Demokratie, ohne den Blick auf den Abgrund der Shoah zu verdrängen. (...) Wir können uns der historischen Verantwortung für den Zivilisationsbruch bewusst sein, ohne uns die Freude über das zu verweigern, was geglückt ist in unserem Land.»

Steinmeiers Impuls, positive Traditionen in der deutschen Geschichte aufzuzeigen und dem Nationalstolz in Form eines ‹aufgeklärten demokratischen Patriotismus› sein Recht zurückzugeben, ist unbedingt zu begrüßen.[6] Er zeigt auch, dass man ein *positives* nationales Gedächtnis nicht gegen ein *negatives* ausspielen muss, wie das die Kritik von rechts tut, wenn sie stets wiederholt, dass nur der *Stolz* den nationalen Zusammenhalt fördern könne, während *Schuld* ihn zerrütte.[7] Man kann aber auch noch einen Schritt weitergehen und zeigen, dass es Übergänge und Zusammenhänge gibt zwischen einem negativen und einem positiven nationalen Gedächtnis. Das Beispiel Deutschland zeigt: Negativ ist in diesem Falle das Menschheitsverbrechen des Holocaust, aber sicher nicht der inzwischen erworbene deutsche Umgang mit dieser Vergangenheit, der in vielen anderen Ländern inzwischen positiv aufgenommen wird und sogar als Vorbild anerkannt ist. Ein Beispiel ist Susan Neimans Buch *Learning from the Germans. Race and the Memory of Evil* über den Zusammenhang von Geschichtsvergessenheit und anhaltender rassistischer Gewaltgeschichte in den amerikanischen Südstaaten.[8] Denn in dem negativen ‹Nie wieder!› steckt ja ein positives Bekenntnis zu den Grundwerten der demokratischen Bürger- und Menschenrechte, die unsere nationale Verantwortung, Verpflichtung und Orientierung für die Zukunft ausmachen. Statt Negatives und Positives auseinanderzutrennen, sollten wir beide Seiten enger miteinander verschränken. Genau das möchte ich unter einem aufgeklärten demokratischen Patriotismus verstehen, den man auch den jüngeren Generationen und Einwanderern vermitteln kann. Dieser *selbstkritische Patriotismus*, wie wir ihn auch nennen können, ist heute wichtiger denn je, weil der neue Stolz immer öfter auf Kosten der Erinnerung geht. Mit Matteo Salvini und Jair Bolsonaro treten heute in Italien und Brasilien Politiker auf, die die faschistische Vergangenheit explizit gutheißen und wieder offen für Diskriminierung, die Verfolgung von Minderheiten und das Foltern von Regimekritikern eintreten. Ihre Zauberworte heißen Ehre, Ordnung und Stolz; Begriffe wie Verantwortung, Solidarität und historische Wahrheit sind aus ihrem Vokabular gestrichen.

Mein zweites Beispiel ist ein Text von Außenminister Heiko Maas, in dem er anlässlich des Gedenktermins am 27. Januar 2019 neue Akzente für die deutsche Erinnerungskultur setzte.[9] Mit Blick auf die Jugend konstatierte er zunächst einen dramatischen Schwund historischen Wissens. 40 Prozent der Jugendlichen wüssten kaum noch etwas über den Holocaust. Für diesen Einbruch historischer Bildung bei den nachwachsenden Generationen gibt es mehrere Gründe: die rückläufige Behandlung des Themas im Geschichtsunterricht, die kurzatmige, weil stets aktualitätsbezogene Berichterstattung der Massenmedien, die fragmentierte Kommunikation in den digitalen Medien, in denen sich die Nutzer eher bedienen als informieren und nur noch das aufnehmen, was sie jeweils suchen. Entscheidend ist aber auch die erhöhte kulturelle Diversität in dieser Altersgruppe. Die Gruppe derer, deren Familiengeschichten noch mit der NS-Geschichte verknüpft sind, nimmt ab, während der Anteil jener Jugendlichen steigt, die aus anderen Weltregionen kommen und mit anderen Erfahrungen, Traditionen und Geschichtsbildern aufgewachsen sind.

Maas ging vor allem auf den wachsenden zeitlichen Abstand zu den Verbrechen des NS-Regimes ein: «Wer heute geboren ist, für den ist etwa die Pogromnacht zeitlich genauso weit entfernt wie bei meiner Geburt ein Reichskanzler Bismarck.» Mit der unaufhaltsamen zeitlichen Entfernung verblassen die historischen Ereignisse und verlieren damit automatisch ihren aktuellen Bezug. Deshalb forderte er: «Unsere Geschichte muss von einem Erinnerungsprojekt noch stärker zu einem Erkenntnisprojekt werden.» Mit dieser Forderung folgt Maas der Sprachregelung der Geschichtsdidaktik und der Gedenkstättenpädagogik, die sich ähnlich wie Martin Sabrow von der Erinnerungskultur distanzieren und den Begriff ‹Erinnern› konsequent durch Begriffe wie ‹Wissen› oder ‹reflexives Geschichtsbewusstsein› ersetzen.[10] Das Wort ‹Wissen› steht dabei für Rationalität, Aufklärung und Individuum; das Wort ‹Erinnerung› dagegen wird vermieden und bekämpft, weil der Begriff diffus ist und, sobald er auf Gruppen bezogen wird, offenbar für das Gegenteil von Aufklärung steht, nämlich für Emotionalisierung, Irrationalität, Indoktrination, Identität und Nation. So wichtig der individuelle Zugang zur Vergangenheit ist, so verpönt ist unter linken Intellektuellen nach wie vor die Auffassung einer kollektiven Identität, die automatisch als konservativ oder rechtslastig eingestuft wird.

Auch in diesem Fall plädiere ich dafür, ‹Erinnerung› und ‹Erkenntnis› nicht gegeneinander auszuspielen. Information, Wissen, Lernen, und Erkenntnis sind die notwendige Voraussetzung einer Erinnerungskultur. Aber es gibt zweierlei Wissen: eines, das reinen Lernstoff bildet und Kompetenz und Karriere begründet, und eines, das die Bürger*innen eines Landes mit ihrer Vergangenheit, Gegenwart und Zukunft verbindet. Dieses Wissen ist bezogen auf eine gemeinsame Identität und bildet damit einen Rahmen, der Perspektive und Bedeutung, Relevanz und Emotionalität erzeugt. Das ist etwas anderes als die Zirkulation von Wissen, das ‹identitätsabstrakt› ist und alle Grenzen überschreitet. Es gibt nicht nur individuelle Identitäten, sondern auch solche, die wir mit anderen teilen. Dazu gehört die Familie, die Generation, die Geschichte, die Stadt, die Kultur. Erinnerung und Erkenntnis müssen sich also nicht ausschließen; kollektive Erinnerung ist angewiesen auf Aufklärung und Wissen über die eigene Geschichte, aber auch auf Interesse und Empathie. Dieses Wissen bleibt nicht abstrakt, wenn es sich durch Gedenkstättenbesuche, persönliche Begegnungen, Filme, Ausstellungen oder Lektüre in Erfahrung verwandelt. Persönliche Erfahrung ist die wichtige Brücke in diesem Dreiklang zwischen Wissen, Erfahren und Erinnern.

Je heterogener eine Gesellschaft wird in ihren historischen Erfahrungen und kulturellen Bezugspunkten, desto brüchiger und prekärer wird der Zusammenhalt auf der Ebene der Nation. Das heißt aber nicht, dass er entbehrlich wird, sondern dass er neu gewonnen werden muss. Das geht jedoch nicht allein durch Verordnungen, sondern nur durch Veränderung, Erweiterung und vor allem durch die Partizipation unterschiedlicher gesellschaftlicher Gruppen. Ein Beispiel dafür sind die Geschichtswerkstätten mit den «Stadtteilmüttern» in Neukölln. Die Frauen, die beim Diakonischen Werk eine Ausbildung zur Sozialarbeiterin bekommen hatten, sind von sich aus auf ‹Aktion Sühnezeichen Friedensdienste› (ASF) zugekommen, um die deutsche Erinnerungskultur besser verstehenzulernen. Dazu schreibt die ehemalige Leiterin von ASF, Elisabeth Raiser: «In den Werkstätten gibt es sehr lebhaften Austausch über den Holocaust, aber auch über die Erfahrungen und die Erinnerung der Einwanderungsfamilien in ihrem eigenen Umfeld, wobei natürlich ihre Opferrolle immer sehr betont wird. Darüber dann zu einem neuen Wissen und zu einem Austausch zu kommen, der über das einfache Erzählen der eigenen Geschichten hinausgeht, ist jeweils recht spannend!»[11]

Es ist wichtig, wie Steinmeier dies vorschlägt, den Blick auf die deutsche Geschichte zu erweitern. Das kann durch positive Bezugspunkte wie die Demokratiegeschichte geschehen, aber auch durch Aufnahme der Erfahrung der Migrant*innen in diesem Land. Dazu gehört auch die Aufgabe, «an einer neuen Erinnerungskultur zu arbeiten, die nicht eine ethnobiologische Form der Holocaust-Erinnerung in den Vordergrund stellt, sondern eine Form des Erinnerns, die das Genozidale als allgemeinmenschliche Möglichkeit voraussetzt. Die Möglichkeit, rassistische Gewalt zu verhindern, kann so aus der Erinnerung an die schamhafte Geschichte, die in Deutschland einzigartig ist, wachsen.»[12]

Wir erleben gerade, wie sich die Zusammensetzung des nationalen Wir dramatisch verändert. Damit stellt sich die Frage: Wer gehört dazu? Wer erzählt welche Geschichte? Wer wird ein- oder ausgeschlossen? Manche sehen die Existenz einer nationalen Erinnerungskultur als Integrationsblockade und Hemmnis auf dem Weg in eine kosmopolitische Einwanderungsgesellschaft. Homogene Erinnerungsgemeinschaften mit gemeinsamer Sprache und gemeinsamer Geschichte versperren tatsächlich die Zukunft. Hier ergeben sich ganz neue Aufgaben. Zum einen geht es darum, für Zuwanderer neue Wege und Zugänge zur bestehenden Erinnerungskultur zu öffnen. Einwanderer wandern ja nicht nur in ein Land, sondern auch in dessen Architektur, Landschaft und Geschichte ein. Sie leben in einem Land, in dem diese Geschichte als Umwelt in vielfältigen Spuren, in Denkmälern und Praktiken dauerhaft gegenwärtig ist. Zum anderen, nicht weniger wichtig, geht es darum, die bestehende Erinnerungskultur so zu erweitern, dass die Geschichten, Erfahrungen und Vergangenheiten in diesem Land vielfältiger werden. Und das bedeutet nicht zuletzt, dass auch die Erfahrung von Migration als Teil unserer gemeinsamen Geschichte gesammelt, gewürdigt und erzählt wird. Denn Susan Neiman hat recht: «an einer neuen deutschen Identität müssen wir alle arbeiten.»

SCHLUSS: PRÄMISSEN DER NEUEN ERINNERUNGSKULTUR

Bloße Naturwesen vergessen und fangen von vorn an.
Wir aber sind Menschen und werden nimmermehr wahrhaftig,
wenn wir nicht vor Augen haben, was getan wurde.
Karl Jaspers[1]

Die neue Wertschätzung der Erinnerung hat unser Verhältnis zur Vergangenheit grundsätzlich verändert. Die kulturellen Wirkungen, die mit dieser neuen Einstellung verbunden sind, lassen sich in fünf Prämissen zusammenfassen.

1. *Erinnern, sei es als Individuum oder als Gruppe, ist eine anthropologische Universalie.* Es ist damit eine zentrale Form menschlicher Selbstvergewisserung und Orientierung in Raum und Zeit. Diese Einsicht allein ist keineswegs neu, im Gegenteil, sie ist uralt und hat kulturelle Praktiken schon immer abgestützt und gesteuert. Sie ist nur zeitweilig durch die Vorherrschaft des modernen Zeitregimes, das ausschließlich die Zukunft privilegierte und die Vergangenheit entwertete, vergessen, außer Kraft gesetzt worden. Denn solange man davon ausging, dass die Vergangenheit irreversibel vergeht und deshalb keine Ressource mehr für die Gegenwart darstellen kann, konnte der menschlichen Fähigkeit des Erinnerns keine große soziale oder gar kulturschaffende Bedeutung zugeschrieben werden. Die Wiederentdeckung der anthropologischen, sozialen und kulturellen Bedeutung von Erinnerung hat zu einer wichtigen Erweiterung des Erinnerungsbegriffs vom Individuum auf Gruppen und von Gruppen auf kollektive Akteure geführt und damit zugleich zu seiner Ausdehnung auf Medien, Speichertechniken und Institutionen im Rahmen eines kulturellen Gedächtnisses. Diese Neufassung des Erinnerungsbegriffs, der von anthropologischen Grundlagen ausgeht und seine psychologischen, sozialen, politischen und kulturellen Dimensionen mit einschließt, läuft auf eine (Wieder-)Entdeckung von Kultur als Gedächtnis

hinaus, wie sie Jurij Lotman und Boris Ušpenskij programmatisch formuliert haben: Kultur ist «das nicht vererbbare Gedächtnis eines Kollektivs».[2]

Im Rahmen einer Erinnerungskultur wird Individuen, Gruppen und Kulturen ein grundsätzliches Menschenrecht auf eine eigene Perspektive, Erfahrung und ‹Identität› zugesprochen. Das bedeutet freilich keineswegs, dass damit jede Form der Erinnerungspraxis zugleich als legitim anerkannt wird. Mit der grundsätzlichen Anerkennung geht ein neues wissenschaftliches Interesse an individuellen Erinnerungen, erlebter Geschichte, generationeller Erfahrung und dem reichhaltigen Repertoire kultureller Formen eines erinnernden Vergangenheitsbezugs einher. Die Wende zur Erinnerungskultur wird auch von einer merklichen Zunahme des gesellschaftlichen Interesses an individuellen und inoffiziellen Erinnerungen wie Einzelschicksalen, Familiengedächtnissen, Zeitzeugen, Hinterlassenschaften von Tagebüchern, Briefen und Fotos sowie Fragen transgenerationeller Weitergabe begleitet.

2. *Erinnern ist Vergegenwärtigung von Vergangenheit.* ‹Vergegenwärtigung› bedeutet: in der Gegenwart und für die Gegenwart. Allein die Gegenwart ist der Ort, von dem aus etwas Vergangenes aufgerufen werden kann, und diese Gegenwart ist zugleich der Kontext, in den hinein es erneuernd rekonstruiert wird. Diese Akte verweisen auf ein Subjekt, das auf Vergangenes zurückgreift. Diese Subjektposition ist in der Perspektive notwendig beschränkt. Die Perspektive kann die eines Einzelnen oder einer Gruppe sein; es kann sich um Selbsterfahrenes handeln, das in der Erinnerung verarbeitet wird, oder um eine jahrhundertealte Erfahrung, die in Bildern, Texten und Erzählungen weitergegeben wird. Was dabei jeweils erinnernd aus der Vergangenheit beschworen wird, ist hochgradig selektiv und stets an aktuelle Bedürfnisse und Ansprüche des Einzelnen und der Gruppe gebunden. Unter diesen Umständen bedeutet Vergegenwärtigung – ganz im Sinne von Nietzsche – lebendige Erneuerung von Vergangenem, mithilfe derer die jeweiligen Akteure sich ihrer Geschichte vergewissern, ihre Eigenart markieren, ihr Selbstbewusstsein stärken und Orientierung für die Zukunft gewinnen. Die erinnerte Vergangenheit ruht also niemals in sich

selbst wie eine Gemme in einem Medaillon; vielmehr greift das, was von ihr ausgewählt und aufgerufen wird, unmittelbar in die Gegenwart ein, um Identitäten zu konstruieren, Einstellungen herbeizuführen, Motivationen zu stimulieren, Handlungen zu ermöglichen, Entscheidungen zu beeinflussen.

3. *Erinnern bedarf der Darstellung.* Da die ontologische Differenz zwischen dem, was ist, und dem, was war, nicht unterlaufen werden kann, ist die Möglichkeit einer einfachen Rückholoperation von Vergangenem in die Gegenwart grundsätzlich ausgeschlossen. Statt Rückholoperationen, die nur in den Zeitreisen der Science-Fiction-Filme möglich sind, haben wir es in der Erinnerungskultur nie mit der Vergangenheit an sich, sondern immer schon mit Repräsentationen von ihr und den damit verbundenen medialen Transformationen zu tun. «Die Fakten der Vergangenheit erreichen uns nicht im Rohzustand, sondern stets als Teil einer Geschichte.»[3] Gesehenes wird in Worte gefasst, ein Erlebnis wird zu einer Geschichte verarbeitet, ein Gefühl wird in ein Denkmal umgesetzt, ein historisches Ereignis wird in einen Film übertragen, eine Epoche wird als Ausstellung präsentiert. Als Repräsentationen sind ‹Erinnerungen› vererbbar und vermarktbar. Für das gestiegene Interesse an Erinnerungen gibt es inzwischen einen wachsenden Markt. Sie sind in den öffentlichen Medien (Presse, Buchmarkt, Bühne, Funk, Fernsehen, Film und Internet, Museen und Ausstellungen) zu einem wichtigen Thema geworden. Stets wird dabei die fehlende, unsichtbare und entzogene Vergangenheit durch etwas anderes ersetzt, mithilfe dessen wir uns sinnlich auf sie beziehen können. Diese symbolischen Stellvertreter sind niemals einfache Abbildungen, sondern immer schon Modellierungen, Deutungen, Konstruktionen dessen, worauf Bezug genommen wird. Erinnerungskulturen haben deshalb sehr viel mit Medien, Gattungen und Darstellungsformaten zu tun. Damit ist zugleich auch unsere Wahrnehmung für die konstruktiven und damit den Gegenstand immer auch schon begrenzenden Strukturen von Erzählschemata, Präsentationsverfahren, Deutungs- und Sinnbildungsprozessen geschärft worden. Da insbesondere die Künstler eine reiche Erfahrung darin haben, sich reflexiv mit den Möglichkeiten und Grenzen der Rahmenbedingungen ihrer jeweiligen Medien auseinanderzuset-

zen, spielen sie heute bei der Vergegenwärtigung von Vergangenheit und reflexiven Rückbezügen eine besonders wichtige Rolle.

4. *Das Neue an der Erinnerungskultur ist ihr ethischer Rahmen.* Solange wir Erinnerungen als Beute aller möglichen Aktivisten verstehen, die sie für ihre jeweiligen Zwecke ausschlachten, hätte man dafür nicht einen neuen Begriff erfinden müssen. Nostalgische und selbstherrliche Zugriffe auf die Vergangenheit hat es schon immer gegeben und wird es auch weiter geben. Dass Erinnern eine anthropologische Universalie ist, macht es ja an sich noch nicht zu etwas Gutem, denn es kann, wie Christian Meier betont hat, auch eingesetzt werden, um Hassgefühle zu schüren, Rache zu mobilisieren und Aggressionen anzuheizen. Nach dem Ersten Weltkrieg zum Beispiel war das kollektive Selbstwertgefühl der Deutschen durch Niederlage und symbolische Demütigungen tief verletzt. Damals dachte man gar nicht an ein heilsames Vergessen, sondern machte im Gegenteil dieses Leid zur Grundlage einer Massenbewegung und Mobilisierung. Das selbstbezogene Sinnbegehren diktierte den Zusammenhang von Erinnern und Handeln: Die gefallenen Soldaten durften nicht umsonst gestorben sein! Aus der Erinnerung an die Toten erwuchs die nationale Verpflichtung, sich gegen das erlittene Unrecht mit neuer, größerer Gewalt zu wehren.

Die Wertbindungen, mit denen politische Erinnerungen verknüpft waren, hatten in der Geschichte stets einen solchen partikularen, gruppenspezifischen Charakter. Sie hatten – ganz im Sinne von Nietzsches Plädoyer für einen eingeschränkten Horizont – die klare Funktion der Handlungsorientierung für die eigenen Ziele, der Stärkung des eigenen Selbstbilds und der Legitimierung der eigenen Taten. Auf der Ebene kollektiver Erinnerungskonstruktionen herrschte daher notwendig ein *clash of cultures*, eine Konfrontation der Weltanschauungen: Die alten polytheistischen Götter «entsteigen ihren Gräbern, streben nach Gewalt über unser Leben und beginnen untereinander wieder ihren ewigen Kampf».[4]

All das ist keineswegs vergangen, sondern bleibt, wie wir täglich in der Zeitung lesen können, beunruhigend aktuell. Neu ist demgegenüber eine ethische Prämisse, die das Erinnern an den universalistischen Wert der Menschenrechte bindet und damit der Verschränkung von Vergangenheit und Gegenwart eine ganz neue Qualität gibt. Im Kern geht es dabei nämlich gerade nicht mehr vorrangig um die stets lautstarken Ansprüche der Gegenwart, sondern um die noch kaum gehörten Stimmen, die die Hypothek einer noch unerledigten Vergangenheit einklagen. Kontexte für solche Ansprüche sind schwerwiegende Menschheitsverbrechen in der Geschichte, in deren Folge sich Leiden und Schädigung der Opfer mit der Zeit nicht einfach aufgelöst haben, sondern in die Gegenwart hineinreichen und einer nachträglichen Beantwortung und Bearbeitung harren. Diese Vergangenheit ist deshalb noch nicht vergangen, weil sie einen Anspruch auf Anerkennung, Wiedergutmachung, Versöhnung oder Erinnerung mit sich führt.

Die Übernahme einer Opferperspektive durch die Täter oder Sieger ist ein absolutes Novum in der Geschichte. Im Rahmen dieser neuen Erinnerungskultur im Zeichen der Menschenrechte spielt inzwischen ein ethischer Imperativ eine immer größere Rolle. Das Gebot ‹Du sollst dich erinnern!› gilt nämlich gerade dort, wo es keinen spontanen oder mobilisierenden, die eigene Gruppe stärkenden Impuls zum Erinnern gibt, wo sich – ganz im Gegenteil – ein starker Imperativ zum Vergessen ein- und vorschaltet, der Entsorgung und Entlastung von Scham und Schuld verspricht. Das Wort *monere*, das im Lateinischen meist als Verbum für ‹erinnern› eingesetzt wird, bedeutet ursprünglich ‹ermahnen›. Ein Mahnmal ist mit der Mahnung verbunden, etwas nicht zu vergessen, nicht nur, weil das Gedächtnis immer brüchig ist, sondern auch, weil es sich gegebenenfalls der Last der Erinnerung nur allzu gern verweigern möchte. Johan Huizinga hatte diese Dimension im Sinn, als er schrieb: «Geschichte ist die geistige Form, in der eine Gesellschaft sich Rechenschaft von ihrer Vergangenheit ablegt.»[5] Sich an etwas, das man lieber vergessen möchte, zu erinnern, entspricht keinem anthropologischen oder identitätssichernden Bedürfnis und macht deshalb den ethischen Charakter dieses Vergangenheitsbezugs aus. Er führt aus engen Gruppenbindungen heraus auf eine Ebene sei es universalistischer, sei es gemeinsamer im Sinne von: vergemeinschafteter Erinnerungen, die dazu angetan sind, die Leiden der Opfer anzuerkennen und ihre Geschichte in die Erinnerung mit aufzunehmen. Auf der Basis dieses ethischen Imperativs ist seit den 1990er Jahren eine neue Politik der Reue entstanden. Hier ist auf das ‹negative Gedächtnis› hinzuweisen, das durch Anerkennung der eigenen Schuld entstanden ist, die überall gilt, wo Staaten historische Schuld eingestehen und die Leidensgeschichte der von ihnen geschädigten Opfer anerkennen.[6] Seither ist Erinnerung noch mehr als nur ein Medium der individuellen und kollektiven Selbstbestätigung; sie kann auch einen schwierigen Prozess der Selbstkritik einleiten und mithelfen, im Rahmen dialogischer, verknüpfter und transnationaler Gedächtnisse die Würde entrechteter Gruppen wiederherzustellen und soziales Vertrauen zu stärken.

5. *Der Erinnerungsdiskurs als Chance kritischer Selbstreflexion.* Seit den 1990er Jahren ist parallel zur neuen Erinnerungskultur ein beträchtlicher internationaler und interdisziplinärer Forschungszweig herangewachsen, der als eine selbstreflexive Dimension die staatlichen und gesellschaftlichen Erinnerungsaktivitäten beobachtet und kritisch begleitet. Teilweise ist dieser wissenschaftliche Diskurs zu einem Forschungsfeld mit klarer Abgrenzung zu praktischen Bezügen und aktuellen Debatten geworden, teilweise bestehen aber auch enge Verflechtungen mit diversen Praxisfeldern wie Gedenkstätten, historischen Museen, Filmen etc., und zwar sowohl unterstützende, legitimierende als auch dekonstruierende und kritisch intervenierende. In markantem Gegensatz zur Situation im 19. und frühen 20. Jahrhundert ist festzustellen, dass Erinnerungskonstruktionen ihre Selbstverständlichkeit und damit auch ihre Unschuld verloren haben und sich heute gefallen lassen müssen, im kritischen Lichte wissenschaftlichen Sachverstands und transnationaler Vergleiche betrachtet zu werden.

Da Erinnern und Erinnerungen «weder a priori friedfertig noch moralisch» sind, besteht das kritische Potential der Erinnerungsforschung darin, sowohl die destruktiven Aspekte als auch die heilenden Möglichkeiten von Erinnerungskonstruktionen zu untersuchen. «Dass historisches Erinnern in der Geschichte (...) immer wieder hoch aggressiven Zwecken gedient hat und weiterhin dient, etwa in Gestalt der Verortung und Verstetigung von Feindbildern oder der Begründung und Anheizung angeblich ausstehender Rache oder Revanche», ist deswegen nicht ein blinder Fleck der Erinnerungsforschung, sondern ihr Gegenstand.[7] Der Gedächtnis-Diskurs läuft dadurch zweispurig und schließt seine Selbstbeobachtung mit ein. Dazu gehört auch, dass wir uns auf normative Gedächtniskonstruktionen stützen, von denen wir wissen, dass sie auf menschlicher Setzung und Verabredung gründen.

Die Wende von der traditionellen Erinnerungspraxis zum neuen Rahmen der Erinnerungskultur vollzog sich seit den 1980er Jahren, als sich die Koordinaten von Vergangenheit, Gegenwart und Zukunft immer mehr verschoben. Mit der Relativierung der bis dahin geschichtsmächtigen Erwartung, dass alles Handeln stets auf die Erwartung einer immer neuen Zukunft gegründet sein könne, wurde zum ersten Mal deutlich, dass auch die Vergangenheit Ansprüche an uns stellen kann, die wir nicht so einfach übergehen können. Das gilt insbesondere dann, wenn durch Verkennen, Ignorieren und Vergessen repressive Hierarchien verlängert werden und den Opfern dadurch weiterer Schaden zugefügt wird. So gesehen ist der Begriff Erinnerungskultur nichts anderes als ein allgemeiner Ausdruck dafür, dass sich der Verantwortungsradius westlicher Gesellschaften und Staaten erheblich erweitert hat, indem sie sich nicht nur ihrer positiven Grundlagen vergewissern, sondern auch negative Ereignisse ihrer Geschichte in ihr kollektives Selbstbild aufnehmen. Diese Umorientierung geht mit einer Wende in unserem Zeitbewusstsein einher. Wir haben uns von der Vorstellung gelöst, dass die Vergangenheit eine Sphäre des Nicht-Mehr ist, die menschlichem Einfluss grundsätzlich entzogen ist. Vielmehr ist die Überzeugung gewachsen, dass auch die Ordnung der Zeitstufen einer kulturellen Formung unterliegt und dass das, was als irreversibel entzogen, erledigt und abgehakt galt, unter bestimmten Bedingungen wieder in den Geltungs- und Handlungsraum der Gegenwart zurückgeholt werden kann. Soviel ist heute jedenfalls sicher: In der Nachwirkung traumatischer Gewaltgeschichten löst die Zeit allein keine Probleme. Verbrechen gegen die Menschlichkeit lösen sich nicht unter der Hand auf, sondern erfordern rückwirkende Handlungen der Anerkennung der Opfer und der Übernahme von Verantwortung. Der letzte Staatspräsident der DDR, Erich Honecker, pflegte seine öffentlichen Reden mit der Parole abzuschließen: «Vorwärts immer – rückwärts nimmer!» Diese Zuversicht, dass man auf dem Weg in die Zukunft die Vergangenheit hinter sich lassen kann, darf und muss, galt als Credo der Modernisierung diesseits und jenseits der Mauer. Das Veto gegen diese Zeit-Orientierung hat Elias Canetti in einem prägnanten Satz formuliert: «Vorbei ist nicht vorüber.» Mit dieser Überzeugung beginnt eine neue Zeitrechnung im Rahmen der Erinnerungskultur.

ANHANG

Anmerkungen

Einleitung

1 Sigmund Freud, Das Unbehagen in der Kultur (1930), in: ders., *Kulturtheoretische Schriften*, Frankfurt/M. 1974, 191–270, hier 218, 260.

2 Dana Giesecke/Harald Welzer, *Das Menschenmögliche. Zur Renovierung der deutschen Erinnerungskultur*, Hamburg 2012, 166; verwiesen wird dabei auf Joachim Radkau, *Natur und Macht. Eine Weltgeschichte der Umwelt*, München 2002, 164 ff.

3 Vgl. dazu Aleida Assmann, *Ist die Zeit aus den Fugen? Aufstieg und Fall des Zeitregimes der Moderne*, München 2013.

4 Hermann Lübbe, *Vom Parteigenossen zum Bundesbürger. Über beschwiegene und historisierte Vergangenheiten*, München 2007, 132.

5 Giesecke/Welzer, *Das Menschenmögliche*, 73.

6 Friedrich Nietzsche, Vom Nutzen und Nachteil der Historie für das Leben, in: ders., *Werke in drei Bänden*, hrsg. v. Karl Schlechta, München 1962, Bd. 1, 229–230.

7 Aleida Assmann/Ute Frevert, *Geschichtsvergessenheit – Geschichtsversessenheit. Vom Umgang mit deutschen Vergangenheiten nach 1945*, Stuttgart 1999.

Vergessen, Beschweigen, Erinnern

1. Probleme mit der Gedächtnisforschung

1 Tzvetan Todorov, *Hope and Memory. Lessons from the Twentieth Century*, Princeton, NJ 2003, 3. Hier und im Folgenden, sofern nicht anders vermerkt, Übersetzung ins Deutsche A.A.

2 Reinhart Koselleck, Gibt es ein kollektives Gedächtnis? Rede, gehalten am 6. Dezember 2003 in Sofia bei der internationalen Konferenz ‹Pierre Nora. Erinnerungsorte und Konstruktion der Gegenwart›. Ich war selbst dabei, als Koselleck diese Rede in Anwesenheit des französischen Kollegen Pierre Nora hielt, der auf dieser Tagung geehrt werden sollte. Koselleck nutzte die Gelegenheit zu seiner Absage an die Gedächtnisforschung. (Ich zitiere nach dem Transkript einer Tonbandaufzeichnung, die eine Kollegin aus Tallinn im Internet aufgestöbert hat und mir freundlicherweise zukommen ließ.)

3 Maurice Halbwachs, *Das Gedächtnis und seine sozialen Rahmenbedingungen*, Frankfurt/M. 1975.

4 Bodo Mrozek, Zur Frage des kollektiven Erinnerns. Die Semantik der Memoria, in: *Merkur* 66 (Mai 2012), 411–419, 412.
5 Tatsächlich unterstellt die am Hamburger Institut für Sozialforschung tätige Historikerin Ulrike Jureit den Deutschen, dass sie diese Grenze negieren oder absichtlich verwischen. Auf ihre These werden wir noch zurückkommen.
6 Koselleck, Gibt es ein kollektives Gedächtnis?, 4.
7 Ebd., 6.
8 Ebd.
9 Ebd., 5.
10 Hermann Düringer, Die Vergangenheit ist nicht abgeschlossen. Religiöse Aspekte des Erinnerns, in: Margrit Frölich/Ulrike Jureit/Christian Schneider (Hrsg.), *Das Unbehagen an der Erinnerung – Wandlungsprozesse im Gedenken an den Holocaust*, Frankfurt/M. 2012, 55–66, hier 59.
11 Jörn Rüsen, Was ist Geschichtskultur? Überlegungen zu einer neuen Art, über Geschichte nachzudenken, in: ders., *Historische Orientierung. Über die Arbeit des Geschichtsbewusstseins, sich in der Zeit zurecht zu finden*, Köln et al. 1994, 211–234.
12 Jan Philipp Reemtsma, Wozu Gedenkstätten?, in: *Aus Politik und Zeitgeschichte* 25–26 (2010), 3–9, hier 3.
13 Giesecke/Welzer, *Das Menschenmögliche*, 16.
14 Giesecke/Welzer, *Das Menschenmögliche*, 75.
15 Reemtsma, Wozu Gedenkstätten?, 9.
16 Koselleck, Gibt es ein kollektives Gedächtnis?, 3.
17 Mrozek, Zur Frage des kollektiven Erinnerns, 419.
18 Reemtsma, Wozu Gedenkstätten?, 7.
19 Vera Kattermann, Endlich fertig erinnert? Ein psychoanalytischer Beitrag zur Diskussion kollektiver Vergangenheitsarbeit, in: *Merkur* 66 (Mai 2012), 459–465, hier 463.
20 Volkhard Knigge, Zur Zukunft der Erinnerung, in: *Aus Politik und Zeitgeschichte* 25–26 (2010), 10–16, hier 10. Knigge kann mit seiner strikten Unterscheidung von ‹guter kritischer Geschichtswissenschaft› und ‹schlechter Erinnerungskultur› bzw. ‹Individualisierung› und ‹Kollektivierung› als ein Vertreter der Koselleck'schen Position gelten.
21 Ebd.
22 Ebd.

2. Arbeit am deutschen Familiengedächtnis – eine unendliche Geschichte?

1 *Der Spiegel*, 25. 3. 2013, 134.
2 Christian Buß, ZDF-Weltkriegsepos: Glaube, Liebe, Hitler, in: *Spiegel Online*, 13. 3. 2013.
3 *Der Spiegel*, 25. 3. 2013, 134.
4 *Der Spiegel*, 11. 3. 2013, 144.

5 Ebd.
6 Buß, ZDF-Weltkriegsepos.
7 Wolfgang Michal, Wunschtraumata der Kinder, in: *Frankfurter Allgemeine Zeitung*, 22. 3. 2013, 43.
8 Matthias Kamann, Grenzen der Erinnerung, in: *Welt am Sonntag*, 24. 3. 2013, 10.
9 Ulrich Herbert, Die Nazis sind immer die anderen, in: *tageszeitung*, 21. 3. 2013, http://www.taz.de/113239/ (zuletzt besucht 23. 7. 2013).
10 Anne Fuchs, *After the Dresden Bombing. Pathways of Memory, 1945 to the Present*, Houndmills 2012, 9–15.
11 Diese Sätze stammen aus einem Interview, das der Film- und Fernsehregisseur Dominique Graf mit dem Autor und Fernsehregisseur Oliver Storz (1929–2011) geführt hat. Storz gehörte der letzten Generation an, die noch in den Zweiten Weltkrieg eingezogen wurde. Er drehte seit den frühen 1960er Jahren Fernsehfilme für ein Publikum, das diese Zeit noch in lebendiger Erinnerungen hatte. In seinen Filmen waren die NS-Zeit und die in dieser Zeit begangenen Verbrechen sein permanentes Thema. Storz gehörte damit zu jenen, die das Schweigen der Nachkriegszeit immer wieder zu brechen versuchten, und dafür das noch experimentelle, gerade entstehende Massenmedium Fernsehen nutzten, um dieses Thema in die deutschen Haushalte und bringen.
12 Lübbe, *Vom Parteigenossen*.
13 Vgl. dazu jetzt Malte Herwig, *Die Flakhelfer. Wie aus Hitlers jüngsten Parteimitgliedern Deutschlands führende Demokraten wurden*, München 2013. Ich habe einen Dokumentarfilm über diese Generation gemacht: *Anfang aus dem Ende. Die Flakhelfergeneration* (2013).
14 Lübbe, *Vom Parteigenossen*, 18 f. Ähnlich drückte sich Elisabeth Noelle-Neumann aus: «das sind Meinungen, Verhaltensweisen, die man in der Öffentlichkeit äußern oder zeigen muss, wenn man sich nicht isolieren will.» Wolfgang Donsbach, Die Theorie der Schweigespirale, in: Michael Schenk (Hrsg.), *Medienwirkungsforschung*, Tübingen 1987, 324–343, hier 327; Elisabeth Noelle-Neumann, *Öffentliche Meinung. Die Entdeckung der Schweigespirale*, erw. Ausgabe, Berlin und Frankfurt/M. 1996 [1982].
15 Helmut König, Das Erbe der Diktatur. Der Nationalsozialismus im politischen Bewusstsein der Bundesrepublik, in: ders. et al. (Hrsg.), *Vertuschte Vergangenheit. Der Fall Schwerte und die NS-Vergangenheit der deutschen Hochschulen*, München 1997, 301–315, hier 308.
16 Lübbe, *Vom Parteigenossen*, 69.
17 Ebd., 95.
18 Die Normalität des Unnormalen. Hermann Lübbe im Gespräch mit Stephan Sattler, in: *Focus*, 3. 9. 2007.
19 Diesen Begriff übernehme ich von Christian Schneider. Vgl. Christian Schneider, Der Holocaust als Generationsobjekt. Generationsgeschichtliche Anmerkungen zu einer deutschen Identitätsproblematik, in: Margrit Frölich et al. (Hrsg.), *Repräsentationen des Holocaust im Gedächtnis der*

Generationen. Zur Gegenwartsbedeutung des Holocaust in Israel und Deutschland, Frankfurt/M. 2004, 234–253.

20 Diesen Satz richteten angesichts des Mauerbaus im August 1961 Günter Grass und Wolfdietrich Schnurre an den Schriftstellerverband der DDR. Er drückt aber auch deren Einstellung zum Beschweigen der NS-Vergangenheit aus, das Grass erst 45 Jahre später mit der Eröffnung über seine Mitgliedschaft in der Waffen-SS brach.

21 Peter Sloterdijk in einem Interview, in: Matthias Matussek, *Wir Deutschen. Warum uns die anderen gern haben können*, Frankfurt/M. 2006, 204.

22 Götz Aly, *Unser Kampf. 1968 – ein irritierter Blick zurück*, Frankfurt/M. 2008.

23 M. Rainer Lepsius, Das Erbe des Nationalsozialismus und die politische Kultur der Nachfolgestaaten des ‹Großdeutschen Reiches›, in: Max Haller et al. (Hrsg.), *Kultur und Gesellschaft*, Frankfurt/M. und New York 1989, 247–264.

24 Harald Schmid, Das Unbehagen in der Erinnerungskultur. Eine Annäherung an aktuelle Deutungsmuster, in: Frölich et al (Hrsg.), *Das Unbehagen*, 161–181.

25 Christian Schneider, Generation im Abtritt. Vom Schicksal historischer Gegenidentifizierungen, in: Frölich et al. (Hrsg.), *Das Unbehagen*, 85–100, hier 89.

26 Ulrike Jureit/Christian Schneider, *Gefühlte Opfer. Illusionen der Vergangenheitsbewältigung*, Stuttgart 2010, und Frölich et al. (Hrsg.), *Das Unbehagen*.

27 Frölich et al. (Hrsg.), *Das Unbehagen*, 31.

28 Zur Unterscheidung zwischen einer opferidentifizierten und einer opferorientierten Erinnerungskultur siehe Werner Konitzer, Opferorientierung und Opferidentifizierung. Überlegungen zu einer begrifflichen Unterscheidung, in Frölich et al. (Hrsg.), *Das Unbehagen*, 119–127.

29 Lübbe, *Vom Parteigenossen*, 32.

30 Ebd., 79–80.

31 Ebd., 11.

32 Giesecke/Welzer, *Das Menschenmögliche*, 7.

33 Lübbe, *Vom Parteigenossen*, 20.

3. Probleme mit der deutschen Erinnerungskultur

1 John Torpey, *Politics and the Past. On Repairing Historical Injustices*, New York und Oxford 2003, 3.

2 Jureit/Schneider, *Gefühlte Opfer.* Ich werde mich im Folgenden weitgehend auf die von Ulrike Jureit verfassten Kapitel beziehen.

3 Frölich et al. (Hrsg.), *Das Unbehagen.*

4 Dana Giesecke/Harald Welzer, *Das Menschenmögliche.*

5 Weshalb erinnern? *Vorgänge. Zeitschrift für Bürgerrechte und Gesellschaftspolitik*, Heft 2, Juni 2012.

6 Jureit/Schneider, *Gefühlte Opfer*, 84.
7 Giesecke/Welzer, *Das Menschenmögliche*, 49.
8 Es ist nie vorbei. Ein Interview mit dem Filmproduzenten Nico Hofmann, in: *Frankfurter Allgemeine Zeitung*, 18. 3. 2013, 27.
9 Lübbe, *Vom Parteigenossen*, 345.
10 Jureit/Schneider, *Gefühlte Opfer*, 25.
11 Reinhart Koselleck, Formen und Traditionen des negativen Gedächtnisses, in: Volkhard Knigge/Norbert Frei, *Verbrechen erinnern. Die Auseinandersetzung mit Holocaust und Völkermord*, München 2002, 21–32, hier 28.
12 Jureit/Schneider, *Gefühlte Opfer*, 33, 95 ff.
13 Konitzer in: Frölich et al. (Hrsg.), *Das Unbehagen*, 120 f.
14 Ebd., 124.
15 Jureit/Schneider, *Gefühlte Opfer*, 85.
16 Jureit in: Frölich et al. (Hrsg.), *Das Unbehagen*, 10, 27.
17 Diese Geschichte habe ich von Ignatz Bubis selbst gehört, der sie Mitte der 1990er Jahre in einer Rede im Audimax an der Universität Konstanz erzählte.
18 Harald Schmid, Das Unbehagen in der Erinnerungskultur. Eine Annäherung an aktuelle Deutungsmuster, in: Frölich et al. (Hrsg.), *Das Unbehagen*, 161–181, hier 169.
19 Ebd., 177.
20 Lübbe, *Vom Parteigenossen*, 90.
21 So lautet der Titel eines Aufsatzes von Vera Kattermann: Endlich fertig erinnert? Ein psychoanalytischer Beitrag zur Diskussion kollektiver Vergangenheitsarbeit, in: *Merkur* 66 (Mai 2012), 459–465.
22 Giesecke/Welzer, *Das Menschenmögliche*. Im Folgenden werde ich mich ausschließlich auf die von Harald Welzer geschriebenen Kapitel beziehen und deshalb auch nur seinen Namen nennen.
23 Ebd., 20.
24 Ebd., 23.
25 Bravourös bewältigt. Interview mit Hans-Ulrich Wehler, in: *Welt am Sonntag*, 8. 5. 2005. Ebenso betont Lübbe: «Die praktische Antwort auf die Erfahrungen mit dem Nationalsozialismus war die Bundesrepublik. Eben weil deren Gründung erfolgreich verlief, musste schließlich der Nationalsozialismus in seiner vollständigen Historisierung enden.» Die Normalität des Unnormalen. Hermann Lübbe im Gespräch mit Stephan Sattler, in: *Focus*, 3. 9. 2007.
26 Ebd.
27 Giesecke/Welzer, *Das Menschenmögliche*, 21.
28 Ebd., 25.
29 Torpey, *Politics and the Past*, 26.
30 Giesecke/Welzer, *Das Menschenmögliche*, 18.
31 Konrad H. Jarausch, Nightmares of Daydreams? A Postscript on the Europeanisation of Memories, in: Malgorzata Pakier/Bo Strath (Hrsg.),

A European Memory? Contested Histories and Politics of Remembrance, Oxford und New York 2010, 309–320, hier 314.

32 Giesecke/Welzer, *Das Menschenmögliche*, 98–99.

33 Vgl. dazu Hans Joas, Gewalt und Menschenwürde. Wie aus Erfahrungen Rechte werden (Ms. 2009), sowie Jay Winter, Foreword: Rememberance as a Human Right, in: Aleida Assmann/Linda Shortt (Hrsg.), *Memory and Political Change*, Basingstoke 2011, vii-xi.

34 Jürgen Habermas/Jacques Derrida, February 15, or What Binds Europeans Together: A Plea for a Common Foreign Policy, beginning at the Core of Europe, in: *Constellations* 10, Nr. 3 (2003), 291–297. Jacques Derrida, A Europe of Hope, in: *Epoché* 10, Nr. 2 (2006), 407–412.

35 http://www.tagesschau.de/ausland/friedensnobelpreis-eu100.html (zuletzt besucht am 3. 4. 2013).

36 Jureit/Schneider, *Gefühlte Opfer*, 34.

37 Mary Douglas, *Ritual, Tabu und Körpersymbolik*, Frankfurt/M. 1986.

38 Der 17. Juni, der von Bundespräsident Lübke 1963, zehn Jahre nach dem Aufstand in der DDR, in den Rang des nationalen Gedenktags erhoben wurde, hatte im politischen Gedenken der frühen Bundesrepublik den Stellenwert eines bürgerfernen, von oben verordneten Rituals. Die Jugend wurde gemahnt zur Erinnerungspflicht in «würdigem Gedenken». Damals waren Fackelzüge angesagt.

39 Reinhard Wesel, Gedenken als Ritual: Zum politischen Sinn ‹sinnentleerter Rituale›, in: Wolfgang Bergem (Hrsg.), *Die NS-Diktatur im deutschen Erinnerungsdiskurs*, Opladen 2003, 17.

40 Giesecke/Welzer, *Das Menschenmögliche*, 21.

41 Christian Schüle, *Deutschlandvermessung. Abrechnungen eines Mittdreißigers*, München und Zürich 2006, 100.

42 Annette Wieviorka, *L'ère du témoin*, Paris 1998.

43 Lübbe, *Vom Parteigenossen*, 93.

44 Hermann Lübbe, Correctness. Über Moral als Mittel der Meinungskontrolle, 1. 6. 2006, 1–20, hier 1, http://www.bund-freiheit-der-wissenschaft.de/downloads/texte/vt_010606_luebbe.pdf.

45 Ebd., 3.

46 Ebd., 16.

47 Jureit/Schneider, *Gefühlte Opfer*, 34–35.

48 Lübbe, Correctness, 15–16.

49 Parvin Sadigh, Wer hat sich mehr blamiert?, in: *Zeit Online*, 11. 10. 2007, http://www.zeit.de/online/2007/42/presseschau-eva-herman-kerner/seite-2 (zuletzt besucht am 12. 6. 2013).

50 Arne Hoffmann, *Der Fall Eva Herman. Hexenjagd in den Medien*, Grevenbroich, 2007.

51 Sadigh, Wer hat sich mehr blamiert?

52 Egon Flaig, Das Unvergleichliche, hier wird's Ereignis. Reflexion über die moralisch erzwungene Verdummung, in: *Merkur* 701 (Oktober 2007), 978–981.

53 Lübbe, *Vom Parteigenossen*, 73.
54 Brockhaus in: Frölich et al. (Hrsg.), *Das Unbehagen*, 112.
55 Lübbe, Correctness, 13, 15.
56 Brockhaus in: Frölich et al. (Hrsg.), *Das Unbehagen*, 113.
57 Rolf Schieder, Die Zukunft der Religion, zitiert nach dem Ms. eines Vortrags, der am 14. 1. 2013 an der Universität Konstanz gehalten wurde, 17.
58 Ebd.
59 Im Bereich der Kunst greifen die Regeln der Tabuisierung nicht. Im Gegenteil kann man sagen, dass die Überschreitung von Grenzen – auch in der Darstellung des Holocaust – einen zentralen Impuls künstlerischer Kreativität darstellt.
60 Schieder, Die Zukunft der Religion, 18–19.
61 Giesecke/Welzer, *Das Menschenmögliche*, 9.
62 Das Gespräch führte Jochen Frank, *Frankfurter Rundschau*, 16./17. 5. 2012, 32.
63 Giesecke/Welzer, *Das Menschenmögliche*, 100.
64 Jureit nach Frölich et al. (Hrsg.), *Das Unbehagen*, 84.
65 Ebd.
66 Alain Badiou, *Le siècle* (2005), hier zit. nach der deutschen Ausgabe: *Das Jahrhundert*, Zürich und Berlin, 2006, 17–18. Über den neuen ‹Machbarkeitskult› sowie Vorstellungen der Disziplinierung, Zurichtung und Züchtung vgl. insbesondere das Kapitel über «Neue Menschen» in: Jörg Baberowski, *Verbrannte Erde. Stalins Herrschaft der Gewalt*, München 2012, 132–154.
67 Lynn Hunt, *Inventing Human Rights. A History*, New York und London 2007, 204–205.
68 Jureit nach Frölich et al. (Hrsg.), *Das Unbehagen*, 31.
69 Rudolf Jaworski, Alte und neue Gedächtnisorte in Osteuropa nach dem Sturz des Kommunismus, in: ders./Jan Kusber/Ludwig Steindoff (Hrsg.), *Gedächtnisorte in Osteuropa. Vergangenheiten auf dem Prüfstand*, Frankfurt/M. und Wien 2003, 11–25, hier 21.
70 Arno Borst, Barbarossas Erwachen. Zur Geschichte der deutschen Identität, in: Odo Marquard/Karlheinz Stierle (Hrsg.), *Identität. Poetik und Hermeneutik VIII*, München 1979, 17–60, hier 19.
71 Lübbe, *Vom Parteigenossen*, 132–133. Frank Schirrmacher, Historisierung – Nur noch ein Kapitel im Geschichtsbuch, in: *Frankfurter Allgemeine Zeitung*, 18. 3. 2013, 3, 5.
72 «Erinnerung per Gesetz» nennt das der Münchner Historiker Winfried Schulze in einem Aufsatz für die Zeitschrift *Geschichte in Wissenschaft und Unterricht* (Heft 7/8 [2008], 364–381), in dem er eine erhellende Rückschau auf die europäische Erinnerungspolitik gibt.
73 Nikolay Koposov, «‹Memory Laws› in Europe: A New Civil Religion?». Vortrag an der Johns Hopkins University, 22. 1. 2013, http://columns.uga.edu/news/article/noted-russian-historian-to-lecture-on-memory-laws/

74 Giesecke/Welzer, *Das Menschenmögliche*, 49–50.
75 Ebd., 50, 52.
76 Ebd., 52.
77 Schüle, *Deutschlandvermessung*, 98.
78 Giesecke/Welzer, *Das Menschenmögliche*, 77.
79 John Torpey, The Pursuit of the Past, 251.
80 John Torpey, *Making Whole What Has Been Smashed. On Reparations Politics*, Harvard, MA 2006, 8–9.
81 Torpey, The Pursuit of the Past, 251.
82 Giesecke/Welzer, *Das Menschenmögliche*, 52.
83 Jacob Burckhardt, Weltgeschichtliche Betrachtungen, in: ders., *Gesamtausgabe*, hrsg. v. Albert Oeri und Emil Dürr, Bd. 7, Berlin/Leipzig 1929, 6 f.
84 Karl Reinhardt, Die Klassische Philologie und das Klassische, in: ders., *Vermächtnis der Antike. Gesammelte Essays zur Philosophie und Geschichtsschreibung*, Göttingen 1966, 334–360, hier 336.
85 Vgl. dazu Aleida Assmann, *Ist die Zeit aus den Fugen? Aufstieg und Niedergang des Zeitregimes der Moderne*, München 2013.

Praxisfelder der deutschen Erinnerungskultur

1 Jonathan Safran Foer, *Extrem laut und unglaublich nah*, Frankfurt/M. 2011, 105.
2 Giesecke/Welzer, *Das Menschenmögliche*, 20–21.

4. Die Erinnerung an zwei deutsche Diktaturen

1 Lepsius, Das Erbe des Nationalsozialismus, 247–262.
2 Volkhard Knigge, Zweifacher Schmerz. Speziallagererinnerung jenseits falscher Analogien und Retrodebatten, in: Petra Haustein et al. (Hrsg.), *Instrumentalisierung, Verdrängung, Aufarbeitung. Die sowjetischen Speziallager in der gesellschaftlichen Wahrnehmung 1945 bis heute*, Göttingen 2006, 250–264.
3 Gedenkstätten: Den doppelten Schmerz aushalten. Interview mit Volkhard Knigge, in: *Spiegel Online*, 25. 4. 2006, http://www.spiegel.de/politik/deutschland/gedenkstaetten-den-doppelten-schmerz-aushalten-a-412829.html (zuletzt besucht am 14. 6. 2013).
4 Philipp Oehmke, Zwickmühle der Vergangenheit, in: *Der Spiegel* 21 (2008), 166.
5 Katrin Göring-Eckardt, Kritisch Erinnern – Grüne Positionen zur Aufarbeitung der Vergangenheit (Manuskript 2008), 1.
6 Bernd Faulenbach, Probleme des Umgangs mit der Vergangenheit im vereinten Deutschland. Zur Gegenwartsbedeutung der jüngsten Geschichte, in: Werner Weidenfeld (Hrsg.): *Deutschland. Eine Nation – doppelte Geschichte. Materialien zum deutschen Selbstverständnis*, Köln 1993, 190. Die vom Bundestag eingesetzte Enquête-Kommission zur «Aufarbeitung der

Geschichte und der Folgen der SED-Diktatur» verfasste ein Werk von über 15 000 Seiten. Es folgte 1995 noch eine zweite Kommission.

7 Göring-Eckardt, Kritisch Erinnern, 15.

8 Ebd., 3.

9 Eckard Jesse, Die zweiten Materialien einer Enquete-Kommission zur SED-Diktatur: kein Aufguß der ersten, in: Jahrbuch für Historische Kommunismusforschung 2000/2001, Berlin 2001, 484–488.

10 Zum Schlussbericht der Enquête-Kommission «Deutsche Einheit» des Bundestages. Gemeinsame Erklärung des Parteivorstands und der Bundestagsgruppe der PDS vom 17.6. 1998, http://archiv2007.sozialisten.de/partei/geschichte/view_html?zid=3362&bs=41&n=48 (zuletzt besucht am 7.2. 2012).

11 Claus Peter Müller, Leerzellen der Geschichte, in: *Frankfurter Allgemeine Zeitung*, 5.1. 2010, 3.

12 Wolfgang Schuller, Erst Unrecht, dann Undank, in: *Die Welt*, 12.2. 2011 http://www.welt.de/print/die_welt/vermischtes/article12 515 731/Erst-Unrecht-dann-Undank.html (zuletzt besucht am 14.6. 2013).

5. Erinnern in der Migrationsgesellschaft

1 Jureit in: Frölich et al. (Hrsg.), *Das Unbehagen*, 36.

2 Hannelore Kraft, Rubrik Politik, in: *RP online*, www.rp-online.de/politik/deutschland/Hannelore-Kraft-und-Christina-Rau-das-passt_aid_972 730.html (zuletzt besucht am 8.3. 2011).

3 Leslie Fiedler, Cross the Border, Close the Gap, in: Wolfgang Welsch (Hrsg.), *Wege aus der Moderne. Schlüsseltexte der Postmoderne-Diskussion*, Weinheim 1988, 57–74, hier 73.

4 Christine Zeuner, Citizenship Education in Kanada: Zwischen Integration und Selektion, in: Hermann J. Forneck et al. (Hrsg.), *Teilhabe an der Erwachsenenbildung und gesellschaftliche Modernisierung*, Baltmannsweiler 2006, 65-82.

5 Aus einer Rede von John Ralston Saul bei einer Einbürgerungszeremonie in Vancouver am 1. März 2007: Some thoughts on Canadian citizenship, http://www.johnralstonsaul.com/eng/articles_detail.php?id=72%E2%8C%A9=eng. (zuletzt besucht im Oktober 2012). Ich danke Mischa Garbowitsch für den Hinweis.

6 Ghassan Hage, *Against Paranoid: Searching for Hope in a Shrinking Society*. Annandale, N.S.W. 2003, 100.

7 Hanno Loewy, *Taxi nach Auschwitz. Feuilletons*. Berlin und Wien 2002, 4, 3.

8 Dan Diner, Nation, Migration and Memory: On Historical Concepts of Citizenship, in: *Constellations* 4, Nr. I. 3 (1998), 293–306, hier 303.

9 Michael Rothberg/Yasemin Yildiz, Memory Citizenship: Migrant Archives of Holocaust Remembrance in Contemporary Germany, in: *Parallax* 17, Nr. 4 (2011), 32–48.

10 Wolfgang Michal, Wunschtraumata der Kinder, in: *Frankfurter Allgemeine Zeitung*, 22. 3. 2013, 43.
11 Harald Welzer, Weitgehend ohne Moral, in: *Frankfurter Rundschau*, 16./17. 5. 2012, 32.
12 Viola B. Georgi, *Entliehene Erinnerung: Geschichtsbilder junger Migranten in Deutschland*, Hamburg 2003.
13 Jan Motte/Rainer Ohliger, Geschichte und Gedächtnis in der Einwanderungsgesellschaft: Einführende Betrachtungen, in: dies. (Hrsg.), *Geschichte und Gedächtnis in der Einwanderungsgesellschaft: Migration zwischen historischer Rekonstruktion und Erinnerungspolitik*, Essen 2004, 7–16.
14 Ralston Saul, Some thoughts on Canadian Citizenship.
15 Severin Weiland, Zwickauer Zelle: Republik im Schockzustand, in: *Spiegel Online*, 13. 11. 2011.
16 Seine Tochter Semiya Simsek hat soeben ein Buch über die elf Jahre der Ungewissheit veröffentlicht. Semiya Simsek/Peter Schwarz, *Schmerzliche Heimat. Deutschland und der Mord an meinem Vater*, Berlin 2013.
17 Vgl.: Mordserie: Friedrich spricht erstmals von Rechtsterrorismus, in: *Welt Online*, 13. 11. 2011, http://www.welt.de/politik/deutschland/article13714953/Friedrich-spricht-erstmals-von-Rechtsterrorismus.html (zuletzt besucht am 14. 6. 2013).
18 Koselleck, Gibt es ein kollektives Gedächtnis?
19 Knigge, Zur Zukunft der Erinnerung, 10, 15.
20 Diese Zukunftsthemen werden von Welzer/Giesecke nicht erwähnt. Eine Gefahr von Seiten der Neonazis wird von Welzer sogar explizit ausgeschlossen: «Demokratiegefährdungen gehen weniger von dezidierten Gegnern der Demokratie (wie Neonazis) aus als von Normenauflösungen, die scheinbar sachlich geboten sind – wie etwa der Einsatz der Bundeswehr im Inneren, Übertretungen des Folterverbots oder die Infragestellung von Rechten des Persönlichkeitsschutzes.» (Giesecke/Welzer, *Das Menschenmögliche*, 95).
21 Astrid Messerschmidt, *Weltbilder und Selbstbilder. Bildungsprozesse im Umgang mit Globalisierung, Migration und Zeitgeschichte*, Frankfurt/M. 2009, 205.
22 Ebd.
23 Wilhelm Heitmeyer, Gruppenbezogene Menschenfeindlichkeit in einem entsicherten Jahrzehnt, in: ders. (Hrsg.), *Deutsche Zustände*, Frankfurt/M. 2012, 15–41; Beate Küpper, Gruppenbezogene Menschenfeindlichkeit in Deutschland. Bericht aus einem Langzeitprojekt, in: *Die Abwertung der Anderen. Theorien, Praxis, Reflexionen*, Frankfurt/M. 2011, 6–9.
24 Navid Kermani, Lessing-Preis-Rede in Hamburg, 23. 1. 2011 (Manuskript), 8.
25 Hannes Zender, Die Neue Rechte zwischen Konservatismus und Rechtsextremismus. Neurechte Deutungsmuster am Beispiel der Debatte um Thilo Sarrazin (Magisterarbeit, Universität Heidelberg, 2011).

26 «Acht Türken, ein Grieche und eine Polizistin – Die Opfer der Rechtsterroristen» von Matthias Deiß. Der 43-minütige Film wurde am 12. März 2012 im WDR gesendet (http://www.youtube.com/watch?v=LrcYfAw6vso).
27 Bundespräsident trifft Hinterbliebene, in: *Frankfurter Allgemeine Zeitung*, 19. 2. 2013, http://www.faz.net/aktuell/politik/inland/rechtsextremismus/nsu-mordserie-bundespraesident-trifft-hinterbliebene-12 084 807.html (zuletzt besucht am 15. 6. 2013).
28 Die Ausstellung wurde im Kasseler Büro des Netzwerks ‹Bleib in Hessen› vom November 2012 bis Februar 2013 an der Universität Kassel gezeigt, wo sie um neue Elemente ergänzt wurde.
29 Kurzbeschreibung des Projekts. Ich danke den Künstlerinnen für die Übermittlung der Unterlagen.
30 Zitat aus der Ausstellung Augenzu, Fotomotel Kassel, Juni-September 2012.
31 Paul Rusesabagina, *An Ordinary Man. An Autobiography*, London 2006, 190.

Transnationale Perspektiven

6. Opferkonkurrenzen

1 Tzvetan Todorov, *Hope and Memory. Lessons from the Twentieth Century*, Princeton, NJ 2003, 142–143.
2 Charles S. Maier, A Surfeit of Memory? Reflections on History, Melancholy and Denial, in: *History and Memory* 5, Nr. 2 (1993), 136–151, hier 143, 146.
3 Ebd., 147.
4 Dietmar Rothermund, Rezension: Ismaël-Sélim Khaznadar, Aspects de la repentance, in: H-Soz-u-Kult (April 2013), http://www.h-net.org/reviews/showpdf.php?id=38 938 (zuletzt besucht am 23. 4. 2013).
5 Friedrich Nietzsche, Jenseits von Gut und Böse, in: ders., *Sämtliche Werke*, hrsg. v. Giorgio Colli und Martino Montinari, Berlin und New York 1988, Bd. V, 86.
6 Martin Sabrow, Erinnerung als Pathosformel der Gegenwart, in: *Vorgänge. Zeitschrift für Bürgerrechte und Gesellschaftspolitik* 51, Nr. 2 (2012), 4–15, hier 14, 10.
7 Martin Sabrow, Held und Opfer. Zum Subjektwandel deutscher Vergangenheitsverständigung im 20. Jahrhundert, in: Frölich et al. (Hrsg.), *Das Unbehagen*, 46.
8 Ebd., 53.
9 Ebd., 54.
10 Jie-Hyun Lim, Victimhood Nationalism in Contested Memories: National Mourning and Accountability, in: Aleida Assmann/Sebastian Conrad (Hrsg.), *Memory in a Global Age – Discourses, Practices and Trajectories*, Houndmills 2010, 138–162, hier 139.

11 Sabrow, Erinnerung als Pathosformel, 11.

12 Ebd.

13 Micha Brumlik, Bildung nach Auschwitz im Zeitalter der Globalisierung, in: *Vorgänge. Zeitschrift für Bürgerrechte und Gesellschaftspolitik* 51, Nr. 2 (2012), 41–50, hier 45.

14 Es sei hier noch angemerkt, dass bei diesen Reibungen unterschiedlicher Geschichtsbilder auf internationaler Ebene auch die offizielle Terminologie eine problematische Rolle spielt. In der Skala der Verbrechen gibt es eine deutliche Hierarchisierung. An der Spitze steht der Begriff ‹Genozid›, als dessen Inbegriff sich der Holocaust im Weltbewusstsein etabliert hat. Weiter unten rangiert der Begriff ‹Massaker›. Wer sich in der Täterrolle findet, wird den Begriff Genozid unbedingt vermeiden und sich lieber an das Wort Massaker halten. Das entspricht dem derzeit offiziellen Kurs der Türkei. Wenn es um die Ermordung der Armenier im Schatten des Ersten Weltkriegs geht, spricht man im Ausland üblicherweise von Genozid, in der Türkei aber nur von Massaker. Wer jedoch aus einer Opferrolle spricht, wird umgekehrt das Wort Genozid gegenüber dem Wort Massaker vorziehen. Das zeigt die aktuelle Reaktion eines russischen Fernsehmoderators auf den ZDF-Dreiteiler *Unsere Mütter, unsere Väter*. Er warf dem Fernsehfilm Geschichtsfälschung vor. Der Film habe nicht die Vernichtung von 22 Millionen Russen durch deutsche Soldaten gezeigt. «Deutschland hat uns überfallen. Das war der größte Genozid in der Geschichte der Menschheit an russischen Menschen! Aber alle reden nur vom Holocaust.» Verkürzte Wahrheit, verfälschte Geschichte – Russische Medien und anti-westliche Propaganda am Beispiel *Unsere Mütter, unsere Väter*, Deutschlandfunk, 5. 5. 2013, Reporter: Thomas Franke.

15 Friedrich Nietzsche, Vom Nutzen und Nachteil der Historie für das Leben, in: ders., *Werke in drei Bänden*, hrsg. v. Karl Schlechta, München 1962, Bd. 1, 214.

16 Birgit Schwelling, Gedenken im Nachkrieg. Die «Friedland-Gedächtnisstätte», in: *Zeithistorische Forschungen/Studies in Contemporary History* 5, Nr. 2 (2008), http://www.zeithistorische-forschungen.de/16126041-Schwelling-2-2008 (zuletzt besucht am 15. 6. 2013).

17 Jens Kroh, Das erweiterte Europa auf dem Weg zu einem gemeinsamen Gedächtnis?, in: Frölich et al. (Hrsg.), *Das Unbehagen*, 201–216, hier 215–216.

18 Vgl. Jan T. Gross mit Irena Grudzinska Gross, *Golden Harvest. Events on the Periphery of the Holcaust*, Oxford 2011.

19 Diese Task Force hat 2012 ihren Namen geändert und heißt jetzt ‹International Holocaust Remembrance Alliance› (IHRA).

20 Amtsblatt der Europäischen Union vom 27. 1. 2005: Holocaust, Antisemitismus und Rassismus. Entschließung des Europäischen Parlaments zum Gedenken an den Holocaust sowie zu Antisemitismus und Rassismus, eurlex.europa.eu/LexUriServ/LexUriServ.do?uri=OJ:C:2005:253E:0037:0039:DE:PDF.

21 Dan Diner, *Gegenläufige Gedächtnisse. Über Geltung und Wirkung des Holocaust*, Göttingen 2007.

22 Alon Confino, The Holocaust as a Symbolic Manual: The French Revolution, the Holocaust, and Global Memories, in: Haim Hazan/Amos Goldberg (Hrsg.), *Marking Evil: The Dialectic of Globalizing the Holocaust*, New York 2013.

23 Ebd.

24 Jens Kroh, *Transnationale Erinnerung. Der Holocaust im Fokus geschichtspolitischer Initiativen*, Frankfurt/M.; ders., Das erweiterte Europa.

25 Janusz Reiter, Fremde Federn: Geteilte Erinnerung im vereinten Europa, in: *Frankfurter Allgemeine Zeitung*, 7. 5. 2005, 8.

26 Emmanuel Droit, Die Shoah: Von einem westeuropäischen zu einem transeuropäischen Erinnerungsort?, in: Kirstin Buchinger/Claire Gantet/Jakob Vogel (Hrsg.), *Europäische Erinnerungsräume*, Frankfurt/M. und New York 2009, 257–265.

27 Ihre Holocaust-Autobiographie ist auch auf Deutsch erschienen: Simone Veil, *Und dennoch leben. Die Autobiographie der großen Europäerin*, Berlin 2009.

28 Zit. nach dem Wortlaut der Rede: http://www.die-union.de/reden/altes_neues_europa.htm. (zuletzt besucht am 14. 6. 2013). Sandra Kalniete hat ihr Schicksal in dem Buch, *Mit Ballschuhen im sibirischen Schnee. Die Geschichte meiner Familie*, München 2005, erzählt.

29 Ebd.

30 Entschließung 1481 (2006). Vgl. dazu Katrin Hammerstein/Birgit Hofmann, Europäische «Interventionen». Resolutionen und Initiativen zum Umgang mit diktatorischer Vergangenheit, in: Katrin Hammerstein et al. (Hrsg.), *Aufarbeitung der Diktatur – Diktat der Aufarbeitung? Normierungsprozesse beim Umgang mit diktatorischer Vergangenheit*, Göttingen 2008, 196–202.

31 Kroh, Das erweiterte Europa, 215, 214.

32 Brumlik, Bildung nach Auschwitz, 46.

33 Aus einem Blog zum Thema 23. August als neuer Gedenktag (18. 3. 2013, 06:35, von goscho; *Spiegel online*).

34 Charles S. Maier, Heißes und kaltes Gedächtnis: Über die politische Halbwertszeit von Nazismus und Kommunismus, in: *Transit* Nr. 22 (Winter 2001/2002), 153–165.

35 Eva Kovács, Das Gedächtnis der Shoah als mémoire croisée der verschiedenen politischen Systeme, in: *Eurozine* (2007), http://www.eurozine.com/articles/article_2007-04-18-kovacs-de.html (zuletzt besucht am 4. 3. 2011).

36 Claus Leggewie, *Der Kampf um die europäische Erinnerung. Ein Schlachtfeld wird besichtigt*, München 2011, 11.

37 Interview mit Irina Veisaitė, The Lessons of the Holocaust, in: Joseph Levinson (Hrsg.), *The Shoah in Lithuania*, Vilnius 2006, 494.

38 Uilleam Blacker/Alexander Etkind, *Memory and Theory in Eastern Europe*, Cambridge 2013, 6.

39 Vgl. Zuzanna Bogumil, Stone, Cross and Mask: Searching for Language of Commemoration of the Gulag in the Russian Federation, in: *Polish Sociological Review* 177, Nr. 1 (2011), 71–90.
40 Auszug aus einer E-Mail von Pavel Tychel vom 7. 3. 2011.
41 Blacker/Etkind, *Memory and Theory*, 12.
42 Zum Begriff der «international» oder «imagined super-community» vgl. Michel-Rolph Trouillot, Abortive Rituals: Historical Apologies in the Global Era, in: Jeffrey Olick et al. (Hrsg.), *The Collective Memory Reader*, Oxford 2011, 458–468, hier 462.
43 Mark Osiel, Mass Atrocity, Collective Memory, and Law, in: Olick et al. (Hrsg.), *The Collective Memory Reader*, 468–470, hier 470.
44 «Kalenderblatt: Vergebungsbitten im Petersdom», verantwortlicher Redakteur: Peter Hertel, gesendet am 12. 3. 2010 im Deutschlandfunk, http://www.dradio.de/dlf/sendungen/kalenderblatt/1 140 262 (zuletzt besucht am 14. 6. 2013).
45 Michael Martens, Rednerische Irrfahrten, in: *Frankfurter Allgemeine Zeitung*, 26.4.2013, 1.
46 Pascal Bruckner, *La Tyrannie de la Pénitence. Essai sur le masochisme occidental*, Paris, 2006. Zit. nach der deutschen Ausgabe: Pascal Bruckner, *Der Schuldkomplex. Vom Nutzen und Nachteil der Geschichte für Europa*, Berlin, 2008, 173.
47 Ann Rigney, Transforming Memory and the European Project, in: *New Literary History* 43 (2012), 607–628, hier 615.
48 Dipesh Chakrabarty, History and the Politics of Recognition, in: Keith Jenkins/Sue Morgan/Alun Munslow (Hrsg.), *Manifestos for History*, London und New York 2007, 77–87.
49 Ebd., 78.
50 Ebd., 80. Exemplarisch dafür Saul Friedländer, *Das Dritte Reich und die Juden.* Erster Band: *Die Jahre der Verfolgung: 1933–1939*, München 1998.
51 Olick et al. (Hrsg.), *The Collective Memory Reader*; John Torpey, The Pursuit of the Past. A Polemical Perspective, in: Peter Seixas (Hrsg.) *Theorizing Historical Consciousness*, Toronto, Buffalo und London 2004, 240–265.
52 Michael Rothberg, *Multidirectional Memory. Remembering the Holocaust in the Age of Decolonization*, Stanford, CA 2009, 1.
53 Chakrabarty, History and the Politics of Recognition, 82.
54 Rothberg, *Multidirectional Memory*, 313.
55 So spricht man z. B. von der Sklavenerinnerung in den USA oder von der Vertriebenen-Erinnerung in Deutschland als einer ‹Holocaustisierung›. Vgl. Eva Hahn, Über die Holocaustisierung des Vertreibungsdiskurses, in: *Jenseits von Steinbach. Zur Kontroverse um ein Vertreibungszentrum im Kontext des deutschen Opferdiskurses*, hrsg. v. Arbeitskreis geschichtspolitische Interventionen, Berlin 2010, 11–13.
56 Rothberg, *Multidirectional Memory*, 11.

7. Vier Modelle für den Umgang mit traumatischer Vergangenheit

1 Reemtsma, Wozu Gedenkstätten?, 3.

2 Avishai Margalit, *The Ethics of Memory*, Cambridge, MA 2003, vii-ix.

3 Er unterscheidet weiterhin zwischen *covering up* und *blotting out* und plädiert für die erste Form. Das Auslöschen negativer Erfahrung hält er nicht für eine gangbare Option, wohl aber das Abdecken, das Nicht-darüber-Sprechen.

4 Christian Meier, *Das Gebot zu vergessen und die Unabweisbarkeit des Erinnerns. Vom öffentlichen Umgang mit schlimmer Vergangenheit*, München 2010.

5 Vgl. Nicole Loraux, *La Cité divisée. L'oubli dans la Mémoire d'Athènes*, Paris 1997; Hinderk Emrich/Gary Smith (Hrsg.), *Vom Nutzen des Vergessens*, Berlin 1996; Gary Smith/Avishai Margalit (Hrsg.), *Amnestie, oder Die Politik der Erinnerung*, Frankfurt/M. 1997.

6 William Shakespeare, *Richard II*, I, 1, 156; *The Complete Works of William Shakespeare*, hrsg. v. W. J. Craig, London 1959, 382.

7 Tony Judt, The Past is Another Country: Myth and Memory in Postwar Europe, in: *Daedalus* 121 (Herbst 1992), 83–118, 87, hier 89.

8 Randolph S. Churchill (Hrsg.),*The Sinews of Peace. Post-War Speeches by Winston S. Churchill*, London 1948, 200. (Ich verdanke diesen Hinweis Marco Duranti.)

9 Aleida Assmann, *Ist die Zeit aus den Fugen? Aufstieg und Niedergang des Zeitregimes der Moderne*, München 2013.

10 Folgende Sätze hat der Journalist Hans Ulrich Kempski von dem Besuch Adenauers in Tel Aviv festgehalten: «Die Nazi-Zeit hat ebenso viele Deutsche wie Juden getötet ... Wir sollten diese Zeit nun in Vergessenheit geraten lassen.» Konrad Adenauer, *Die letzten Lebensjahre 1963–1967. Briefe und Aufzeichnungen, Gespräche, Interviews und Reden*, Bd. II: September 1965 – April 1967, bearb. v. Hans Peter Mensing, Paderborn 2009. Rainer Blasius, *Akten zur Auswärtigen Politik der Bundesrepublik Deutschland, 1966*, München 1997.

11 Hannah Arendt, *The Origins of Totalitarianism* (1951), hier zit. nach der dt. Ausgabe: *Elemente und Ursprünge totaler Herrschaft. Antisemitismus, Imperialismus, Totalitarismus*, 9. Aufl., München 2003, xxix.

12 Arendt, *Elemente und Ursprünge*, xxx.

13 «Aus der Asche der Todeslager ist ein grotesker neuer Baum der Erkenntnis gewachsen, und wir alle haben seine bitteren Früchte gekostet und wissen, was unsere Vorfahren nicht wussten: wenn dies möglich ist, ist alles möglich.» Yosef H. Yerushalmi, *Diener von Königen und nicht von Dienern. Einige Aspekte der Geschichte der Juden*, München 1995, 55.

14 Arendt, *Elemente und Ursprünge*, xxxi.

15 Ebd.

16 Ebd.

17 Geoffrey H. Hartman (Hrsg.), *Bitburg in Moral and Political Perspective*, Bloomington 1986.

18 Norbert Frei, *Vergangenheitspolitik. Die Anfänge der Bundesrepublik und die NS-Vergangenheit*, 2. Aufl., München 1997; Edgar Wolfrum, *Geschichtspolitik in der Bundesrepublik Deutschland: Der Weg zur bundesrepublikanischen Erinnerung 1948–1990*, Darmstadt 1999.

19 Einen Überblick über diese Aktivitäten gibt Pierre Hazan in seinem Beitrag: Das neue Mantra der Gerechtigkeit. Vom beschränkten Erfolg verordneter Vergangenheitsbewältigung, in: *Der Überblick. Deutsche Zeitschrift für Entwicklungspolitik* 43, Nr. 1+2 (2007), 10–22, der Problemen der Gerechtigkeit nach Konflikten gewidmet ist.

20 Marc Bloch, Für eine vergleichende Gesellschaftsbetrachtung in der europäischen Gesellschaft, in: Matthias Middell/Steffen Sammler (Hrsg.), *Alles Gewordene hat Geschichte. Die Schule der Annales in ihren Texten 1929–1992*, Leipzig 1994, 121–167, hier 159.

21 Europäische Kommission, Arbeitsprogramm 2009; Kooperationsthema 8: Wirtschafts- und Sozialwissenschaften und Geisteswissenschaften, Rev. 18, http://ec.europa.eu/atwork/planning-and-preparing/work-programme/index_de.htm (zuletzt besucht am 18.6. 2013).

22 Dazu ausführlicher Aleida Assmann, Europe: A Community of Memory? Twentieth Annual Lecture of the GHI, 16. November 2006, in: GHI *Bulletin* 40 (Frühjahr 2007), 11–25.

23 Alexander und Margarete Mitscherlich, Nachwort, in: dies., *Die Unfähigkeit zu trauern. Grundlagen kollektiven Verhaltens*, München 1977, 365.

24 Richard Sennett, Disturbing Memories, in: Patricia Fara/Keraly Patterson (Hrsg.), *Memory*, Cambridge 1998, 10–26, hier 14.

25 Konrad Schuller, Sie schonen sich nicht. Polen debattiert «Unsere Mütter, unsere Väter», in: *Frankfurter Allgemeine Zeitung*, 22.6. 2013, 38. Schuller betont allerdings, dass die 3,7 Millionen Polen, die den Film im polnischen Fernsehen gesehen haben, ihn trotz empörender Passagen zum Teil auch sehr differenziert aufgenommen haben.

26 Peter Jahn, 27 Millionen, in: *Zeit Online* Nr. 25, 14.6. 2007, http://www.zeit.de/2007/25/27-Millionen-Tote (zuletzt besucht am 18.6. 2013).

27 Luisa Passerini, Shareable Narratives? Intersubjectivity, Life Stories and Reinterpreting the Past, Berkeley Paper 11.–16. August 2002, 5, 14; zit. nach der Online-Fassung: bancroft.berkeley.edu/ROHO/education/docs/shareablenarratives.doc (zuletzt besucht am 15.6. 2013).

28 Péter Esterházy, Alle Hände sind unsere Hände, in: *Süddeutsche Zeitung*, 11. 10. 2004, 16.

29 György Konrád, Aufruhr. Rede zur Eröffnung des 50-jährigen Bestehens der Aktion Sühnezeichen am 3. Mai 2008 im Haus der Kulturen der Welt in Berlin, www.asf-ev.de/fileadmin/asf_upload/aktuelles/Jubilaeum2008/gyoergy.pdf.

30 Amos Oz, Israelis und Araber: Der Heilungsprozeß, in: *Trialog der Kulturen im Zeitalter der Globalisierung*, Sinclair-Haus Gespräche, 11. Ge-

spräch, 5.–8. Dezember 1998, Herbert-Quandt-Stiftung, Bad Homburg v. d. Höhe, 82–89, hier 83.

31 Dazu Peter Reichel, Der Nationalsozialismus vor Gericht und die Rückkehr zum Rechtsstaat, in: ders./Harald Schmid/Peter Steinbach (Hrsg.), *Der Nationalsozialismus – Die zweite Geschichte: Überwindung – Deutung – Erinnerung*, München 2009, 22–61.

Neue Entwicklungen

1 Die wissenschaftliche Forschungsgruppe ist am Institut für interdisziplinäre Konflikt- und Gewaltforschung der Universität Bielefeld angesiedelt und wird durch die Stiftung ‹Erinnerung Verantwortung Zukunft› gefördert.

2 www.stiftung-evz.de/fileadmin/user_upload/EVZ_Uploads/Pressemitteilungen/MEMO_PK_final_13.2.pdf.

8. Jüdisches Unbehagen: Gedächtnistheater

1 Y. Michal Bodemann, *Gedächtnistheater. Die jüdische Gemeinschaft und ihre deutsche Erfindung*, Hamburg 1996, 118.

2 Max Czollek, *Desintegriert euch!*, München 2018, 9, 30.

3 Johann Baptist Metz, *Jenseits bürgerlicher Religion. Reden über die Zukunft des Christentums*, Mainz und München 1985, 31. Bereits in den 1960er Jahren, mitten in der Zeit des ‹kommunikativen Beschweigens›, hatte er geschrieben: «Wir kommen über diese Schuld nur hinaus, wenn wir sie redlich annehmen und mitnehmen in eine ‹Flucht nach vorn›.» Johann Baptist Metz, Gott vor uns. Statt eines theologischen Arguments, in: Siegfried Unseld (Hrsg.), *Ernst Bloch zu Ehren. Beiträge zu seinem Werk*, Frankfurt/M. 1965, 227–242, hier 237.

4 Jureit/Schneider, *Gefühlte Opfer* (siehe oben Kap. 3)

5 Czollek, *Desintegriert euch!*, 98.

6 MEMO, Umfrage zur Erinnerungskultur veröffentlicht am 11. April 2019, https://www.stiftung-evz.de/presse/pressemitteilungen-2019/pm-memo-2019.html.

7 Als Beispiele möchte ich nennen: Joachim Krause (Hrsg.), *Fremde Eltern. Zeitgeschichte in Tagebüchern und Briefen 1933-45*, Markkleeberg 2016; Hermann Kinder, *Die Herzen hoch und hoch den Mut. Das Familienalbum meines lutherischen Vaters 1942-1949*, Tübingen 2018; Géraldine Schwarz, *Die Gedächtnislosen. Erinnerungen einer Europäerin*, Zürich 2018.

8 Für Versuche einer integrativen und nicht nur bereinigenden Geschichtsschreibung verweise ich auf meinen Film *Anfang aus dem Ende. Ein Porträt der Flakgeneration* (2013) und meinen Aufsatz »Das Zeitzeugengespräch als Quelle und Zugang zur Vergangenheit: Erinnerung, Geschichtsbewusstsein und Geschichtsvermittlung zwischen den Generationen», in: *heiEDUCATION* Journal 4 (2019), 29-48.

9 Czollek, *Desintegriert euch!*, 139–153.
10 Ebd., 118.
11 Bodemann, *Gedächtnistheater*, 125.
12 Czollek, *Desintegriert euch!*, 32–33.
13 Ebd., 37.
14 Jan Plamper, *Das neue Wir: Warum Migration dazugehört. Eine andere Geschichte der Deutschen*, Frankfurt/M. 2019.
15 Czollek, *Desintegriert euch!*, 37–38.
16 Ebd., 39.
17 Ebd., 184.
18 Ebd., 119.
19 Der von Y. Michal Bodemann und Gökçe Yurdakul herausgegebene Sammelband *Migration, Citizenship, Ethnos* (New York und Basingstoke 2006) untersucht Formen von Staatsbürgerschaft ohne Staat.
20 Susan Neiman, Rezension von Jan Plamper, Das neue Wir, *Spiegel Online* vom 12. Mai 2019, https://www.spiegel.de/kultur/gesellschaft/das-neue-wir-von-jan-plamper-migration-als-erfolgsgeschichte-a-1264831.html.
21 Czollek, *Desintegriert euch!*, 192.

9. Unbehagen von rechts: Die Wiederaufrüstung der Nation

1 György Konrád, «Aufruhr». Rede zur Eröffnung des 50-jährigen Bestehens der Aktion Sühnezeichen am 3. Mai 2008 im Haus der Kulturen der Welt in Berlin (www.asf-ev.de/fileadmin/asf_upload/aktuelles/Jubilaeum 2008/gyoergy.pdf).
2 MEMO, Umfrage zur Erinnerungskultur veröffentlicht am 11. April 2019, https://www.stiftung-evz.de/presse/pressemitteilungen-2019/pm-memo-2019.html.
3 Björn Höcke, Rede vom 18. Januar 2017 in Dresden; https://www.sueddeutsche.de/politik/parteien-die-hoecke-rede-von-dresden-in-wortlaut-auszuegen-dpa.urn-newsml-dpa-com-20090101-170118-99-928143.
4 Alexander Gauland, *Die Deutschen und ihre Geschichte*, Berlin 2018 (erweiterte Fassung der Ausgabe von 2009).
5 Ebd., 14–16, 23.
6 Ebd., 31.
7 Ebd., 45
8 Ebd., 38.
9 Ebd., 83–84.
10 Ebd., 86.
11 Ebd., 121–122.
12 Ebd., 131.
13 Ebd.
14 Ebd., 133.
15 Ebd., 162, 164–165, 168.

16 Ebd., 169.
17 Ebd., 133.

10. Aktuelle Fragen zum Konzept der Erinnerungskultur

1 Martin Sabrow, Die Krise der Erinnerungskultur, in: *Merkur* 835, Dezember 2018, 92–99.
2 Ebd., 96.
3 Ebd., 97.
4 Entsprechendes gilt für Norbert Frei, der ebenfalls im Zusammenspiel zwischen Staat und Zivilgesellschaft eine Entmachtung der Historiker sieht. Den Gedenkstättenvertrag zum Beispiel kritisiert er als eine illegitime Form «staatlicher Geschichtsbemächtigung» und gießt seinen Spott aus über das Unwort ‹Erinnerung›: «Unter dem Tugendwort der Erinnerung scheint weiten Teilen der politischen Klasse jeder Begriff von den Vorzügen einer Geschichtsschreibung, die sich unabhängig von *politischen Identitätsstiftungsversuchen* und Nützlichkeitserwägungen entfaltet, abhandengekommen zu sein.» (*Die Zeit*, 16. 3. 2009, Hervorhebung A.A.).
5 «Es lebe die Republik!», Rede des Bundespräsidenten Frank-Walter Steinmeier zum 9. November 2018 im Bundestag in Berlin, https://www.bundestag.de/resource/blob/577898/1fabb911443e38b78dc622d2b7d1aee6/Rede_BPraes_09November2018-data.pdf
6 Steinmeier hat diesen Worten auch Taten folgen lassen. Er hat im Dezember 2018 nicht nur Historiker verschiedener Demokratiebewegungen, vom Kieler Matrosenaufstand 1918 bis zu den 1968er Feministinnen und Homosexuellen, mit dem Bundesverdienstkreuz ausgezeichnet, sondern im Februar 2019 auch ein Haus der Demokratie in Weimar feierlich eröffnet, in dem die erste Nationalversammlung der neuen deutschen Republik in der Form eines historischen Reenactments noch einmal am historischen Ort des Nationaltheaters tagte. Gestützt wurden diese Aktionen nicht nur durch einen neu gegründeten ‹Verein Weimarer Republik›, sondern auch durch Enkel und Urenkel der historischen Protagonisten, die aktiv an den Feierlichkeiten teilnahmen – ein beeindruckendes Bekenntnis zur Demokratie und eine Brücke über 100 Jahre Geschichte hinweg!
7 Soeben schrieb mir wieder ein unbekannter Absender in einer E-Mail: «Ich halte es nicht für förderlich, insbesondere die Jugend ständig mit dem unsäglichen Leid und dem üblen Ballast, den ihr die Vorfahren hinterlassen haben, zu konfrontieren. Negative historische Fakten lähmen die Energie, die es zum Aufbau von Neuem und zur Fortentwicklung von Bestehendem braucht.»
8 Susan Neiman, *Learning from the Germans. Confronting Race and the Memory of Evil*, New York 2019.
9 Heiko Maas, «Das Unwissen der deutschen Jugendlichen ist gefährlich», Gastbeitrag zur Welt am Sonntag, 27. 1. 2019.

10 Das ist mir in einem instruktiven Gespräch mit Thomas Lutz (Gedenkstättenpädagogik) klar geworden und hat sich in einem weiteren Gespräch mit meiner Kollegin Christiane Bertram (Geschichtsdidaktik) bestätigt.
11 Auszug aus einer E-Mail von Elisabeth Raiser vom 23. April 2019.
12 Susan Neiman zitiert hier Jan Plamper in ihrer Rezension seines Buches *Das neue Wir*, *Spiegel Online* vom 12. Mai 2019, https://www.spiegel.de/kultur/gesellschaft/das-neue-wir-von-jan-plamper-migration-als-erfolgsgeschichte-a-1264831.html.

Schluss: Prämissen der neuen Erinnerungskultur

1 Karl Jaspers, Wahrheit, Freiheit, Friede. Dankesrede zur Verleihung des Friedenspreises des Deutschen Buchhandels 1958, http://www.friedenspreis-des-deutschen-buchhandels.de/sixcms/media.php/1290/1958_jaspers.pdf (zuletzt besucht am 14. 6. 2013).
2 Jurij M. Lotman/Boris A. Uspenskij, *The Semiotics of Russian Culture*, Ann Arbor, MI 1984, 3.
3 Todorov, Hope and Memory, 142.
4 Max Weber, Wissenschaft als Beruf (1919), in: ders., *Schriften 1894–1922*, hrsg. v. Dirk Kaesler, Stuttgart 2002, 474–511, hier 502.
5 Johan Huizinga, *Im Schatten von morgen. Eine Diagnose des kulturellen Leidens unserer Zeit*, Bern und Leipzig, 1936, 9.
6 Torpey, *Politics and the Past*, 3.
7 Knigge, Zur Zukunft der Erinnerung, 10–11.

Personenregister

Aus dem Verlagsprogramm

Aleida Assmann

Der europäische Traum

Vier Lehren aus der Geschichte

5., aktualisierte und erweiterte Auflage. 2020.

224 Seiten. Klappenbroschur

Beck Paperback Band 6343

Aleida Assmann

Der lange Schatten der Vergangenheit

Erinnerungskultur und Geschichtspolitik

3. Auflage. 2018. 320 Seiten. Broschiert

Claus Leggewie

Der Kampf um die europäische Erinnerung

Ein Schlachtfeld wird besichtigt

2011. 224 Seiten mit 7 Abbildungen. Broschiert

Beck'sche Reihe Band 1835

Etienne François, Hagen Schulze (Hrsg.)

Deutsche Erinnerungsorte Bd. I

2009. 727 Seiten mit 77 Abbildungen. Broschiert

Beck'sche Reihe Band 1813

Deutsche Erinnerungsorte Bd. II

2009. 741 Seiten mit 77 Abbildungen. Broschiert

Beck'sche Reihe Band 1814

Deutsche Erinnerungsorte Bd. III

2009. 784 Seiten mit 86 Abbildungen. Broschiert

Beck'sche Reihe Band 1815

Pierre Nora (Hrsg.)

Erinnerungsorte Frankreichs

Mit einem Vorwort von Etienne François

2005. 667 Seiten mit 38 Abbildungen. Leinen